나의 조국 나의 마라톤

나의 조국
나의 마라톤

손기정 자서전

벌써 47년의 세월이 흘렀다. 그러나 그 날 세계 마라톤의 정상에 서서 흘렸던 가슴 속 뜨거운 눈물은 지금도 마르지 않고 내 혈관 속을 돌고 있다. 순간이 영원으로 이어지는 것일까. 압제에 시달리던 식민지의 이름 없는 젊은이가 한순간에 이룬 작은 일을 자각의 불씨로 받아들였던 뜨거운 동포애로 인해 나는 오늘 광복된 조국의 땅에 '일본의 손기정'이 아닌 '대한민국의 손기정'으로 떳떳이 설 수 있음을 자랑스럽게 생각한다.

때마침 수십 년을 헤어져 살던 이산가족들의 만남이 눈시울을 뜨겁게 한다. 나 역시 고향을 잃은 실향민이다. 일가붙이들이 살고 있을 정든 땅 신의주를 마지막 밟아본 지도 30여 년. 상봉의 기쁨보다는 응어리진 한을 주체하지 못해 쏟아내는 눈물이 숨겨두었던 우리 민족의 아픈 상처들을 들춰내는 것 같아 더욱 안쓰럽다.

비극의 시대였다. 희망도 꿈도 없는 길고 긴 암흑의 터널이었다. 절망만이 가득하던 그 시대에 내가 택한 것이 마라톤이었다. 희망을 향한 탈출구라도 좋았고 파멸로 향한 길이라도 좋았다. 한시라도 뛰지 않고서는 견딜 수 없었다. 나는 마치 평지를 달리듯 눈 덮인 언덕, 얼어붙은 자갈길을 뛰고 달렸다.

마침내 올라선 마라톤 세계 정상에서 맛본 것은 끝없는 좌절감뿐이었다. 마라톤의 우승은 나의 슬픔, 우리 민족의 슬픔을 뼈저리도록 되새겨주었다. 나라가 없는 놈에게는 우승의 영광도 가당치 않은 허사일 뿐이었다.

되찾은 내 나라의 광복 기념 체육대회에서 태극기를 들고 들어가며 나는 가슴속에 묻어두었던 감격에 겨워 울었다. 나라를 가진 민족은 행복하다. 제 나라 땅에서 구김살 없이 달릴 수 있는 젊은이는 행복하다. 과연 그들을 막을 자가 누구인가.

나는 자라나는 우리 청소년들이 젊은 패기로 자신을 위해, 나라를 위해 무엇엔가 미쳐 살고 끝내는 자신이 목적한 일을 성취해주기를 바란다. 불우했던 나의 옛날을 다시 옮겨 적는 뜻이 바로 여기에 있다.

정상으로 향하는 길은 수없이 많다. 그러나 수고하지 않고 오를 수 있는 길은 하나도 없다. 쇠잔한 과거의 기억을 되살리기 위해 국내외의 많은 문헌과 기록을 참고했음을 이 자리에서 밝혀둔다.

1983년 8월
손기정

책을 펴내며

| 차례 |

일러두기

- 이 책은 1983년 한국일보사에서 출간한 초판을 바탕으로 한 개정판이다.
- 한국어 표기는 지금의 한글맞춤법을 따랐으며, 원문의 맥락과 손기정의 어투를 해치지 않는 선에서 어법에 맞지 않거나 어순이 어색하고 의미가 모호한 문장을 다듬었다.
- 초판에는 거의 모든 한국 인명에 한자명이 병기되어 있었으나, 김구·이승만·여운형 등 유명 역사 인물의 한자명은 생략했다.
- 외국 인명, 지명 등은 지금의 외래어표기법을 따르고, 처음 나오는 곳에 원어를 병기했다.
- 외국 인명의 경우 초판에 대부분 성(姓)만 적혀 있었는데, 처음 나오는 곳에 성과 이름을 모두 표기했다.
- 인명과 대회명, 날짜, 경기 기록 등의 사실 오류는 확인 가능한 범위에서 사실에 맞게 수정했다.
- 용어 설명이 필요한 경우나 인물과 사건에 대한 손기정의 기억이 사실과 다른 경우는 미주로 설명을 추가했다. 이 책의 미주는 모두 편집자 주이다.
- 이 책에 나오는 손기정의 나이는 만 나이로 표기했다.
- 초판에 실린 안춘생(서문)·홍종인·최정희의 글은 부록으로 옮겨 실었다.
- 1983년 초판 출간 이후부터 손기정 타계까지의 시기에 대해 손기정의 외손자인 이준승 손기정기념재단 사무총장의 회고를 새로 실었다.
- 손기정기념관으로부터 도판을 제공받아 초판에는 실리지 않은 손기정의 사진들을 다수 실었다.

얼마나 이 순간을 기다려왔던가.
여기에 서기 위해 얼마나 많은 굴욕과 고통을 참아야 했던가.
젊음을, 아니 인생을 송두리째 건 모험이 지금 나를 기다리고 있다.

꿈길 105리

햇볕이 따갑다. 정오를 훨씬 넘겼지만 한여름 무더위는 좀처럼 누그러지지 않는다.

오후 3시. 마침내 운명의 시각이 파도처럼 밀려와 내 다리를 휘감는다. 스타트 라인에 줄지어 선 56명의 선수. 심호흡으로 뛰는 가슴을 쓸어내리며 스탠드를 빈틈없이 메운 10만 관중을 휘둘러본다. 모두가 낯선 모습들. 노랑머리, 파랑 머리, 갈색 머리… 작은 기를 흔드는 사람, 두 주먹을 쥐어흔드는 사람… 그리고 장이진(張利鎭) 씨.

"아 저기! 김용식(金容植) 씨."

반가운 얼굴들이 나를 향해 손을 흔든다.

'그렇구나! 내게도 저렇게 우승을 기원해주는 친구가 있었지.'

10만 관중에서 찾아낸 두 얼굴, 가슴이 뭉클해진다. 꼭 이겨야겠다고 다짐해 본다.

얼마나 이 순간을 기다려왔던가. 여기에 서기 위해 얼마나 많은 굴욕과 고통을 참아야 했던가. 다시 한번 입술을 깨물어본다. 젊음을,

아니 인생을 송두리째 건 모험이 지금 나를 기다리고 있다.

'탕!' 출발 신호와 함께 56명의 선수가 한 덩어리가 되어 뛰어나간다. 트랙 한 바퀴를 눈 깜짝할 사이에 돌아 벌써 선두는 스타디움을 빠져나간다.

'이건 마라톤이 아닌가. 무언가 잘못됐어.'

세계 최고 기록을 가지고 자신만만했던 나였다. 그런데 선두 그룹이 너무나 빨라서 따라잡을 수 있을까 근심이 생겼다. 그러나 4km도 채 못 가서 기세 좋게 앞서 달리던 친구들이 헉헉거리며 처지기 시작한다. 벌써 레이스를 포기해버린 친구들도 보인다.

'역시! 올림픽이라는 것도 별 게 아니군. 저런 의지로 어떻게들 나왔을까. 나라와 민족의 이름을 건 싸움인데….'

이젠 안심이다. 10km를 넘어서면서 보니 벌써 선두에서 네 번째다. 그러나 고통은 이제부터다. 점점 숨이 가빠온다. 기대하지도 않았던 영국의 하퍼, 나란히 달리는 그가 큰 힘이 되고 있다. 반환점을 지나면서도 둘이 함께 뛴다는 게 퍽 마음 든든하다.

"기정아! 그 정도면 문제없어!"

뜻밖에도 반환점에서 기다려준 권태하(權泰夏) 선배. 물을 끼얹어주며 외치는 목소리가 귀에 쟁쟁하다.

영국 친구여! 언제까지 같이 달릴 것인가. 마지막 트랙에서라도 하퍼는 긴 다리로 손쉽게 나를 제칠 수 있을 것이다. 친절하게도 나의 오버 페이스를 염려해주기까지 했지만 일찍 도망가는 게 상책이리라.

자발라의 흰 정구(庭球) 모자가 눈앞에 보인다. 반환점에서부터 흔들거렸는데 아직도 선두를 달리고 있다. 30km 지점을 넘어선 길 복판. 마침내 자발라는 무너지듯 쓰러져버린다. 하지만 참 장한 사나이다. 그렇게 심한 오버 페이스로도 이제껏 끌어왔으니.

이젠 내가 선두다. 인적이 뜸한 길 양편으로는 나무숲이 시커멓다. 갑자기 불안감이 엄습해온다. 쫓아야 할 목표물을 잃어버린 탓일까. 이젠 내가 내 뒤를 쫓는 무서운 시선들의 표적이 되어버렸다. 고통도 점차 가중된다. 가슴이 답답하다. 팔에서도 다리에서도 점차 힘이 빠져나가는 것을 느낀다.

끝도 없을 듯이 가물거리는 아스팔트. 그 옆으로 하벨강의 잔잔한 물결이 햇살을 받아 은빛으로 빛난다. 수면에 가득 담긴 무수한 은빛 화살…. 가벼운 현기증이 인다. 신기루처럼 옛날이 머리를 스쳐간다. 압록강을 따라 흐르던 뗏목의 긴 행렬. 뗏목을 따라 강변 자갈길을 달리던 나. 홍수로 떠내려가버린 집. 찌든 살림에 행상 보따리를 이고 나서던 어머니. 뜀박질로 땀 밴 솜옷을 빨아대기 힘겨워서 여자 고무신을 사 신기던 어머니. 그 고무신을 새끼줄로 묶고서라도 달리지 않고는 못 배기는 아들의 고집에 꺾여 끝내는 주머니를 털어 산 '다비(일본식 버선)'를 행상 꾸러미에서 꺼내 주시던 어머니. 그러고는 아들의 성공을 눈물로 기원하시던 어머니….

머리를 흔들어 옛 추억을 떨쳐버린다. 눈앞에 마지막 큰 고비 비스마르크 언덕이 성난 공룡의 목줄기처럼 하늘로 치솟아 있다. 힘을 내자! 여기만 견디면 모든 게 끝난다. 가파른 언덕길에 다리의 피로보다 가슴이 찢어질 듯 아파온다. 머릿속이 비어버린 듯 멍하다.

남은 힘을 쥐어짜 마침내 고갯마루에 올라서자 친절한 독일 간호사가 반기며 물을 권한다. 이제 좀 살 것 같다. 메인 스타디움을 향한 완만한 내리막길. 여러 굽이를 돌아 이제 마라톤 게이트가 눈앞이다. 메인 스타디움에 뛰어든 순간 천둥 같은 환호성이 귀를 울린다.

다시 다리에 치솟는 힘. 결승점을 향해 100m 스프린터처럼 돌진한다. 마침내 가슴에 와 감기는 결승 테이프. 아, 내가 이겼구나! 드디어 해냈구나! 어머니, 감사합니다. 뜨거워오는 눈시울을 지그시 누르며 눈물을 꿀꺽 삼킨다. 오른발이 쑤셔온다. 신발을 벗으니 벌겋게 달아오른 발의 모습이 참혹하다. 달리는 동안에는 아픈 줄도 몰랐는데.

105리 길도 뛰어왔는데… 우승자답게 당당하게 걸어가자. 절룩거리지 않으려고 애쓰며 시상대 맨 윗단에 올라선다. 2위는 하퍼, 3위는 남승룡(南昇龍) 선배. 금메달이 수여되고 승리의 월계관이 머리에 씌워지고… 그리고 마침내 국기 게양의 순간, 아, 저 민족의 울분과 굴욕의 상징 일장기가 올라가다니….

나는 코리아의 손기정이다! 나는 일본 사람이 아니다. 왜 나의 우승에 일장기가 올라가야 하는가. 왜 〈기미가요(君が代, 일본 국가)〉가 베를린 하늘에 울려 퍼져야만 하는가. 이것이 정말 나의 우승이란 말인가. 가슴에 핏자국처럼 박힌 일장기. 나라 빼앗긴 족속의 낙인을 지워버리지 못한 내 꼴이 저주스럽다.

나는 한 번도 일본을 위해 뛰어본 적이 없다. 나와 내 나라 조선을 위해 뛰었을 뿐이다. 그런데도 나의 우승은 나라를 빼앗긴 슬픔, 빼앗긴 땅에서 태어난 절망만을 더욱 절실하게 되새겨줄 뿐이로구나.

다시는 뛰지 않으리라. 일장기의 멍에가 사라지지 않는 한 나의 마라톤은 다시 없으리라. 목구멍으로 삼킨 눈물은 가슴속을 폭포처럼 떨어져 내려간다.

끝없는 마라톤

1936년 8월 9일, 베를린 올림픽 마라톤에서 나는 2시간 29분 19초 2의 올림픽 신기록으로 우승했다. 스포츠 세계에서 가장 먼 거리를 가장 빨리 달려 승리의 월계관을 쓴 그 날, 나는 일장기 아래서 감격과 울분이 뒤섞인 눈물을 흘렸다. 그때까지 내가 일본을 위해 달린다고는 상상해보지 못했다. 나는 떳떳하고 자랑스러운 독립된 나라 코리아의 손기정이 되고 싶었다.

기쁨보다는 슬픔이, 웃음보다는 눈물이 앞섰던 시대였다. 내게 있어서나 모든 조선 민족에게 있어서나 희망보다 절망이 더 큰 시대였다. 그 절망과 혼돈의 시기에 마라톤에 전념할 수 있었던 것이 내겐 오히려 고통을 잊는 유일한 길이었다.

105리의 고독한 전장(戰場). 흔히 마라톤을 올림픽의 꽃, 레이스 중의 레이스라고 말한다. 사람과 시간과의 싸움이다. 내가 빠른가, 시간이 빠른가. 일단 시작하면 끝까지 뛰어야만 한다. 누가 대신 뛰어줄 수도 없다. 끈질긴 인내심과 정신력이 필요하다.

105리의 거리를 달리는 사나이들에겐 그만한 고집과 의지가 있게 마련이다. 모진 인생. 다른 사람과 좀처럼 타협하려고도, 융화하려고도 않는 독불장군의 왕고집이 대부분이다. 그러니 인생은 얼마나 외롭고 고달픈가. 마라톤 우승의 영광을 안기 전까지도, 그 이후에도 내 인생은 여전히 외롭고 고달팠다.

나의 마라톤은 아직 끝나지 않았다. 인생은 마지막 숨을 거둘 때까지 계속 뛰어야만 하는 참으로 길고도 먼 코스의 마라톤이다. 수많은 사람과 도우며, 또 싸우며…. 마라톤에 뜻을 세웠으면 백절불굴의 정신력으로 밀고 나가지 않으면 안 된다. 어린 시절 어머니의 만류에 못 이겨 달리기를 멈추었더라면 보통학교 우등생은 되었을지 모르겠지만 마라톤 우승의 영광도, 지금의 손기정도 없었을 것이다.

사실 인간은 그 누구도 혼자 힘만으로 결코 위대해질 수 없다. 부모, 친구, 이웃의 보이거나 보이지 않는 많은 도움과 희생 없이는 결코 한 사람의 성공도 이루어지지 않는 것이다. 어머니의 눈물겨운 당부, 은사 김수기(金守基) 선생님의 따뜻한 보살핌, 권태하 선배의 뜨거운 격려, 그리고 수많은 분의 도움이 없었더라면 나의 우승 또한 이룰 수 없었으리라.

어린 시절의 추억

가진 것 없이는 운동을 하려 해도 별로 할 것이 없었다.
날리기, 오직 달리기만이
어떤 장애도 없고, 비용도 들지 않는 멋진 운동이었다.

내 고향 신의주

　내 고향 신의주는 한반도 서북단의 만주와 맞닿아 있던 곳이다. 신의주는 원래 압록강 상류 산림에서 베어낸 아름드리 통나무들을 긴 뗏목처럼 엮어 강을 따라 내려보내면, 이것을 목재로 다듬어내던 한촌에 지나지 않았다고 한다. 그러나 일제의 대륙 침략이 시작되면서 대륙으로 향한 전진기지로 개발되기 시작, 의주군의 한 빈촌에서 일약 평안북도 도청 소재지로 발전하게 되었다.

　신의주와 의주 사이의 압록강 한복판에 작은 섬 위화도가 떠 있다. 그 섬은 고려 왕조의 운명이 결정된 역사의 섬이다. 국운이 쇠한 고려 우왕이 명나라의 혹심한 공물 요구에 견디다 못해 최영을 팔도도통사로, 이성계를 우군도통사로 임명해 요동 정벌에 나섰으나 이성계가 위화도에서 군사를 돌려 개경(지금의 개성)을 들이쳐 우왕을 폐하고 최영을 참살, 고려의 정권을 빼앗게 되었던 것이다. 최영은 죽음에 앞서 "내가 만에 하나라도 사리사욕을 탐했다면 내 무덤에 풀이 날 것이요, 정말 나라를 위했다면 내 무덤에 풀이 나지 않으리라"

하고 숨을 거두었다 한다. 풀이 나지 않은 채 붉은 무덤으로 남았다 하여 충절의 표상으로 일컬어졌다.

내가 나기 한 해 전인 1911년에는 한반도와 대륙을 잇는 유명한 압록강 철교가 완성되었다. 이 철교의 완성으로 신의주는 경의선의 종착역이자 대륙 전진의 시발점이 되었다. 경의선은 압록강 너머의 안둥(安東, 지금의 단둥)을 지나 만주와 중국 대륙으로 이어졌다.

944m의 압록강 철교는 하루 두 번인가 허리 부분 한 토막이 좌우로 회전해서 물길을 열었고, 때맞추어 황해에서 올라오는 큰 배들이 지나다니곤 했다. 그러나 이런 정경은 훗날 내가 메이지대학(明治大學)에 다닐 무렵 수풍댐이 완공됨으로써 사라졌다. 댐이 강 허리를 잘라 배의 왕래를 막았기 때문이다. 철로 양옆으로는 서너 사람이 나란히 걸어 다닐 정도의 인도도 마련되어 있었다.

교통도시가 대개 그러하듯 신의주 역시 신흥 도시로서 아늑함보다는 되통스러운 구석이 더 많았다. 시가는 바둑판처럼 반듯반듯했지만 정붙일 곳이 별로 없었다. 그러나 백두산에서 시작해 장장 2,000리(790km)를 흘러흘러 황해를 향해 밀려 내려가는 거대한 압록강 물줄기는 지금도 잊지 못할 정취 어린 풍경을 이루고 있었다.

"어허이야 디야 어허이…."

아름드리 원목들이 이리저리 엮인 뗏목은 앞과 뒤를 한눈에 볼 수 없을 만큼 길게 뻗쳤고, 그 위에 서서 뽑아대는 어른들의 목청은 무슨 소리인지 잘 분간할 수는 없었지만 압록강 양안에 메아리쳐 울리곤 했다.

기다란 뗏목이 떠내려올 때면 우리 꼬마들은 재빨리 수적(水賊)으로 변했다. 뗏목마다 어른들이 지켜 서 있는 것은 아니어서 우리에 겐 신나는 모험의 무대가 펼쳐지곤 했다. 우리는 뗏목 위로 뛰어오 르기가 무섭게 그 아름드리 통나무의 껍질을 재간껏 벗겨냈다. 나무 통이 워낙 커서 감싸고 있는 껍질 또한 무척 두꺼웠다. 큰 쇠못이나 어디서들 주워 왔는지 전공(電工)이나 사용할 듯한 기다란 송곳 따 위를 이리저리 갈라진 나무껍질의 결에다 쐐기를 박아 껍질을 벗겨 내서는 뗏목이 다시 둑 곁을 스칠 때 재빨리 뛰어내렸다.

처음 한두 명의 장난으로 비롯된 이 뗏목 타기는 곧 모든 아이의 모험심과 호기심을 채워주는 멋진 놀이가 되었다. 우리가 들고 온 나무껍질은 좋은 땔감으로 큰 환영을 받았다. 대부분이 가난해서 부 모들도 수적 놀이로 땔감을 가져온 아이들을 나무라기보다는 오히 려 대견스럽게 여기는 눈치였다. 목재의 집산지인 신의주에는 왕자 (王子)제지회사가 있었는데 색연필, 습자용지, 12색 종이 등을 만들 어내 아이들에게 퍽 인기가 있었다.

압록강 하구에서 줄지어 올라오는 중국 사람들의 집배(정크)는 장 관이었다. 좁다란 배 한가운데에 지붕을 덮어 물 위에 둥둥 떠서 세 수도 하고 밥도 짓고 빨래도 하며 사는 것이었다. 더러는 배 한편에 돼지우리까지 만들어 사람과 돼지가 함께 배에서 먹고 자고 했다.

이 압록강 둑에서, 그리고 압록강을 가로지른 철교 위에서 나의 마 라톤은 시작되었다. 동네 꼬마들과 떼 지어 압록강 둑을 따라 들개 처럼 쏘다니는 게 어린 시절 나의 일과였다. 뗏목이나 배를 쫓아 얼 마나 달렸는지 날이 어두워져서야 비로소 집을 멀리 떠난 공포감에 울먹이던 일, 둑길이건 자갈밭이건 목표만 정해지면 달리기 내기를

하던 일. 의식하지 않은 가운데 원시 형태의 마라톤은 이미 시작된
셈이었다.

가난했던 어린 시절

가난을 겪어보지 않은 사람은 가난한 사람의 설움을 모른다. 내가
벌인 싸움의 첫 상대는 가난이었다. 불행하게도 나는 운명처럼 가난
과의 완벽한 결합 속에서 살아왔다. 마라톤 우승의 그 날까지 나는
달리며 시간과 싸우기에 앞서 배고픔을 이겨야만 했다.

어떻게 이기느냐. 배고픔을 잊고 더욱 열심히 달리는 것뿐이었다.
그래도 안 되면 맹물로라도 주린 배를 채우고 또 달리는 것이었다.
칼로리라는 말은 들어보지도 못하던 때였다. 신의주에서 보낸 어린
시절부터 나는 가난의 시련을 견디며, 또 배고픔을 적당히 속여 넘
기며 지내는 요령을 터득해야 했다.

아버지와 어머니는 동갑으로 37세 되시던 1912년 음력 8월 29일
나를 낳으셨다. 위로 누님 한 분과 형님 두 분이 있었다. 아버지는 손
인석(孫仁碩), 어머니는 김복녀(金福女)이다.

아버지와 어머니는 영문도 모른 채 나라 잃은 설움 속에서 살다
가신 지극히 평범한 이 땅의 서민이었다. 내가 태어났을 때 이 조국
이 땅은 이미 우리 겨레의 것이 아니었다. 일본은 1905년 한반도를
보호한다는 구실로 보호조약을 체결, 조선의 외교권을 박탈했다. 그
리고 내가 태어나기 이태 전인 1910년 8월 29일, '조선의 안녕과 질

서를 보장하며, 동양 평화를 유지하기 위해서 조선의 희망에 따라 그 통치권 위탁을 수락한다'는 어처구니없는 궤변으로 조선을 빼앗아갔다. 조선 황제가 일본 천황에게 나라를 다스려줄 것을 간청해서 두 나라를 합친다는 것이었다.

내가 나서 살던 곳은 남민포동(南敏浦洞)이다. 신의주에서도 강둑 밖으로 내쳐진 가난한 마을이었다. 모두가 그 날 벌어 그 날 먹고사는 가난한 사람들이었다. 시내에는 수도라는 것이 있어 꼭지만 틀면 깨끗한 물이 쏟아져 나왔지만 내가 살던 마을에서는 지하수를 퍼 올려 먹어야 했다. 수질이 나빠 벌건 것이 흙탕물 같았다. 사람들은 모래, 자갈, 숯을 넣은 통으로 물을 걸러 한 지게에 1전씩 받고 팔았다.

아버지는 조그마한 가게를 열고 계셨다. 그러나 돈 버는 일보다는 약주 한잔 들고 젊은 시절 정월대보름 때 하던 돌팔매 싸움 얘기에 더 흥을 내곤 하셨다. 돌팔매를 무척 잘해서 언제나 싸움판에서 빠지는 법이 없었다고 한다. 여섯 식구가 살기엔 넉넉지 않은 살림이었다. 어머니는 여러 가지 일용 잡화를 머리에 이고 다니며 팔아 가계를 도왔다.

달리기에 대한 매력과 자각

먹고살기에 바빠 어른들은 아이들 일에 무관심했다. 우리는 노는 일에만 정신이 팔려 있었다. 신의주는 겨울이면 영하 20도를 오르내리는 추운 곳이어서 아이들의 놀이란 대개 축구나 스케이팅 같은 것

어린 시절의 추억

이었다. 축구나 스케이팅을 못하면 아예 바보 축으로 몰려 함께 어울릴 수도 없었다.

한겨울에는 물 고였던 자리마다 얼음판으로 변해 도처에 스케이트장이 널려 있었다. 압록강 그 넓은 물줄기까지도 꽁꽁 얼어붙었다. 부잣집 아이들은 날이 번쩍이는 긴 신식 스케이트로 자랑스럽게 얼음판을 획획 지쳐나갔다.

나는 언제나 그 날씬하고 멋진, 날이 번쩍이는 스케이트가 타고 싶었다. 그러나 가난한 우리 집 형편으론 어림도 없는 일이었다. 넓적한 쇠붙이를 주워 대장간에서 두들기고 갈아서 나무판에 붙여 신발에 매고 달리는 게 나 같은 가난뱅이 아이들이 할 수 있는 스케이팅이었다. 제대로 만든 롱 스케이트를 타고 씽씽 미끄러져가는 녀석들의 꽁무니도 따라잡기 힘들었다. 분통 터지는 노릇이었다.

가진 것 없이는 운동을 하려 해도 별로 할 것이 없었다. 달리기, 오직 달리기만이 어떤 장애도 없고, 비용도 들지 않는 멋진 운동이었다. 그래서 내가 택한 운동이 바로 달리기였다.

아직 여러 가지 재미있는 스포츠가 소개되기 전이라 달리기는 언제 어디서나 성행하던 가장 대중적인 운동이었다. 가끔 구역 대항 장거리 경주가 열려 온 마을이 떠들썩하게 잔치 분위기에 휩싸이기도 했다. 역 돌아오기나, 다리 건너오기 같은 경주대회는 아직 체계화되기 이전 상태의 역전경주[1]나 단축 마라톤이었다.

그런 경주의 선수 대부분은 달리는 일이 직업이던 인력거꾼, 수레꾼 들이었다. 사람을 태우거나 무거운 짐을 싣고 하루 종일 거리를 달리는 게 전문인 그들은 근육이 울퉁불퉁 잘 발달된 우람한 다리를 가지고 장거리 경주를 휩쓸다시피 했다.

장거리 경주에는 으레 푸짐한 상품들이 마련되어 출전 선수들을 들뜨게 했고 구경꾼들도 흥이 나서 응원을 했다. 소비조합 같은 데서는 회비를 거두어 이발 기계, 양초 등 일용품 외에 테니스 라켓 같은 운동용품을 구입해서 상품으로 내걸어 달리기 대회를 열곤 했다. 경주에서 누구든 이기면 그 마을에서 1등이라고 칭찬이 자자했다. 그러다 보면 마을마다 경쟁이 붙어 마을 대항전까지 벌어지는 것이었다.

아이들 사이에서도 어른들을 졸라 타낸 용돈을 모아서는 이것저것 상품을 사놓고 내기 운동을 하는 게 유행처럼 되었다. 나도 아버지가 벌여놓은 가게에서 몰래 빼낸 잔돈을 모아 노트, 고무 지우개, 습자지 등 상품을 걸고 아이들과 달리기 내기를 자주 했다. 달리기엔 별로 지는 일이 없어서 내가 준비한 상품들은 도로 내 차지가 되기 일쑤였다.

달리기는 하면 할수록 재미났다. 달리기는 눈으로 확연히 들여다보는 가운데 승부가 가려진다. 선수마다 스타트부터 마지막 결승선에 들어설 때까지 머리와 심장과 팔, 다리가 피스톤처럼 일치된 동작으로 전력을 다해 정직하고 분명하게 우열을 가리게 된다. 다른 술수가 끼어들 수 없기에 앞서고 뒤서는 선수들의 레이스 운영이 일각일각 긴장과 스릴을 더하게 되는 것이다.

나는 누구보다도 달리기에 흥미를 느꼈고, 누구보다도 잘 달릴 수 있었다. 어린 나이에 스스로 나의 특기를 자각할 수 있었던 것은 참 다행한 일이었다.

내가 다니던 약죽(若竹)보통학교로 가는 2km가량의 자갈밭은 좋은 연습 코스가 되었다. 덥거나 추울 때마다 누구나 투정하는 그 5리 길을 나는 불평 없이 뛰어다녔다. 교실 책상 앞에 앉으면 박박 깎아 버린 머리 위에서 김이 모락모락 피어오르기도 했다. 압록강 철교가 걸린 둑길, 강변의 모래밭이 모두 훌륭한 나의 연습장이었다. 틈만 나면 나는 달리고 또 달렸다.

겨울철 매일 단벌 무명옷으로 학교길을 달리다 보니 옷 구석구석 에 고약한 땀 냄새가 배어 코를 찌를 지경이었다. 집안 살림을 꾸려가 기에도 지친 어머니는 무거운 솜옷 빨래를 할 때마다 역정을 내시곤 했다. 일요일에 어머니가 단벌옷을 빨아 널어둘 동안에도 나는 옷이 마를 때까지 이불을 두르고 앉아 좀이 쑤시는 것을 견디지 못했다.

"공부 않고 달리기나 하려거든 아예 학교 갈 생각도 말아라."

어머니는 가끔 옷을 감추고는 이렇게 으름장을 놓기도 했다. 내 대 답은 언제나 "공부만 할게요"였지만 집을 빠져나오면 여전히 달리기 에 열중했다.

어머니는 공부보다 달리기에 더 열을 올리는 나를 무척이나 걱정 하셨다. 일부러 여자 고무신을 사서 신기기도 했다. 여자 고무신을 신고 뛰려면 자꾸 신발이 벗겨져나가 여간 성가신 게 아니었다. 나 는 꾀를 내어 신발 허리께를 발등에 붙도록 새끼줄로 묶었다. 제법 뛰기에 편해졌다. 그러나 여린 발등 살갗이 견뎌낼 리 없었다. 새끼 줄이 스치면서 발등이 까져 피가 맺혔지만 꾹 참고 뛰기를 계속했 다. 솜옷 차림에 책 보따리를 허리에 차고 여자 고무신을 새끼줄로 묶은 채 달리는 꼴이란 참 가관이었다.

신의주에서도 부잣집 아이들은 자전거로 통학했다. 책 보따리를 자전거 뒤에 매달고 신나게 페달을 밟아 달려가는 것이었다. 여자 고무신에 새끼줄을 묶고 달리는 내 곁을 녀석들은 여봐란듯이 휙휙 지나쳤다. 은근히 화가 치밀었지만 붙잡고 싸울 수도 없는 일이었다. 나는 달리기 연습을 하고 있다는 사실을 나 자신에게나 그들에게나 확인시키기 위해 더욱 기를 쓰고 달렸다. 자전거를 타고 달리기 연습을 할 수는 없는 노릇 아닌가. 내겐 자전거가 무용지물이라고 생각하면 마음도 한결 편해졌다.

오히려 자전거를 타고 다니는 아이들이 내 달리기 연습에 도움이 되기도 했다. 목표 없이 달리느니 자전거를 따라잡는다는 기분으로 더 잘 달릴 수 있었다. 뭐든 제 편할 대로 생각하면 기분이 훨씬 좋아지게 마련이었다.

어린 행상

약죽보통학교 5학년 때 여름이던가. 커다란 해일이 신의주를 덮쳐 온 시가지가 바닷물에 잠겨버렸다. 남민포동의 우리집 조그만 가게는 흔적도 없이 사라졌다. 가뜩이나 쪼들리던 살림도 말이 아니게 되었다.

보통학교 월사금[2]은 50전이었다. 학교에 가려면 내 손으로 돈을 버는 수밖에 없어서 학교를 중단하고 장사에 나섰다. 그렇지 않아도 늦게 들어간 보통학교를 또 쉬어야 할 판이었다.

열네 살 나이에 참외 장사, 각설탕 장사를 시작했다. 부지런히 쫓아다닌 덕에 2학기엔 다시 학교에 나갈 수 있었다. 보통학교를 졸업할 때까지 나는 내 손으로 학비를 벌어야 했다. 낮에는 학교로, 방과 후에는 밤늦도록 행상 보따리를 들고 길거리를 돌아다녔다.

철 따라 물건을 바꿔서 여름이면 참외와 옥수수, 겨울이면 군밤, 각설탕, 털장갑, 털목도리 등을 내다 팔았다. 남자들 일이 아니라지만 그때는 뜨개질도 곧잘 했다. 털실을 사다가 내 손으로 장갑이나 양말을 짜서 팔면 이익이 훨씬 많이 남았다.

대륙에 붙은 신의주는 여름이면 30도를 웃돌고 겨울이면 영하 20도를 밑돌 만큼 기온차가 컸다. 여름철 길거리 장사도 피곤한 일이지만 겨울엔 강추위가 덮쳐 그 고통은 말로 표현하기 어려울 정도였다. 밤늦게 군밤을 팔고 있노라면 귀가 제대로 붙어 있는지 발이 얼었는지 감각조차 사라졌다.

압록강 건너편 안둥에서 들여온 각설탕은 잘 팔리는 상품 중 하나였다. 맛있는 사탕이나 과자가 흔치 않아 사람들은 각설탕을 사탕과자처럼 즐겨 사 먹었다. 각설탕은 대부분 밀수품이었다. 신의주 시내에서는 구하기 어려워 안둥에서 숨겨 들여오는 것이 보통이었다. 국경지대에서 이러한 밀매는 다반사였다. 신의주에는 경성(지금의 서울)에서보다 안둥에서 들어오는 물건이 더 많을 정도였다. 신의주 시내에서 구하기 어려운 식료품이나 생활용품, 의류까지도 안둥으로부터 흘러들어왔다. 신의주와 안둥 사이의 검문도 대단치 않았을 뿐더러 한겨울 얼어붙은 압록강 위를 사람들은 자유롭게 왕래할 수 있었다. 어떤 때에는 전보 배달을 다니기도 했다. 전보 배달 때는 그래도 신나게 달릴 수 있어 훨씬 고통이 덜한 편이었다.

장사해서 번 돈으로 학비를 모으고 학용품도 샀다. 그러고도 남는 돈은 어머니께 드렸다. 어머니로부터 돈을 타내는 일은 좀처럼 없게 되었다. 어머니가 속상해하실 때에는 차마 돈 이야기로 더 괴롭혀 드릴 수 없었고, 기쁜 얼굴을 하고 계실 때에도 돈 이야기로 언짢게 해드릴 수가 없었기 때문이다.

어머니의 눈물

5학년 때 담임 이일성(李一成) 선생님을 만나게 되었다. 선생님은 갓 의주사범학교를 나와 수업지도의 열의가 대단하셨다. 방과후에 도 상급학교에 진학할 학생들을 따로 모아 과외지도를 하셨다. 집안 이 궁해 일찌감치 진학을 포기한 나로서는 여간 언짢고 섭섭하지 않 았다. 한 번은 "선생님, 왜 과외수업에 차별을 둡니까? 왜 그 애들한 테만 따로 공부를 가르칩니까?" 하고 따지고 들었다가 호된 꾸중을 듣기도 했다.

이일성 선생님은 당시 5,000m, 10,000m의 육상선수로 평안북도 대표선수이기도 했다. 한창 뜀뛰기에 열중하던 때라 나는 선생님의 연습에 따라나섰다. 대표선수면 얼마나 잘 뛰는지 보고 싶었다. 웬만 큼 쫓아 뛸 수 있었다.

'이런 정도면 나도 선수가 될 수 있겠는데….'

내심 자신이 생겼다. 지금 돌이켜보면 건방진 생각이었다. 선생님 은 일부러 천천히 달리며 내가 뛰는 모양을 주의 깊게 살피신 것이었다. 선생님도 나에 대해 새로운 생각을 갖게 되었다.

'야, 이 녀석이 제법 뛰겠는데, 아주 엉터리는 아니야.'

이일성 선생님이야말로 처음 내 소질을 인정해주신 분이었다. 내게 처음으로 달리는 법을 가르쳐주시고, 내 일생의 방향을 정해주신 분이었다. 선생님은 어린 나에게 절대적인 영향을 끼쳤고 육상선수로서의 길로 인도해주었다.

마을에 점차 내가 달리기를 잘한다는 소문이 퍼졌다. 이곳저곳에서 열리는 달리기 대회에 나가 상을 타는 일도 점점 많아졌다. 어머니는 언제나 내가 공부 잘하기만을 바라셨다. 그것이 오로지 가난에서 벗어나는 유일한 길이라 생각하신 것이다. 그러나 아들이 그렇게도 운동을 좋아하고, 모두들 1등이라고 추켜세워주는 데야 기분 나쁘기만 한 것도 아니었다.

어느 날 학교에서 열린 운동회에 어머니는 혼자 몰래 와서 구경을 하셨다. 내가 아무것도 모른 채 힘껏 달려 다른 아이들을 제치고 1등 하는 것도 모두 보셨다. 무슨 일에서든 남에게 이긴다는 것은 흐뭇하고 기분 좋은 일이다. 비록 공부는 아니지만 달리기에서 1등을 해 낸 아들이 오죽 대견스러웠으랴.

그날 저녁 집에 돌아와서도 나는 시치미를 뚝 떼고 아무 말도 하지 않았다. 어머니는 나를 불러 앉히고서는 일본 사람들이 실내 운동할 때 신는 다비를 꺼내놓으셨다.

"기정아, 그렇게 달리기가 좋으면 하려무나. 기왕 나섰으면 어떤 고통도 참고 이겨내야 한다."

어머니는 고무신보다는 가볍고 좋으리라고 생각해 헝겊으로 만든

다비를 사 오신 것이었다. 어머니 눈에서도 내 눈에서도 눈물이 핑그르 돌았다. 어머니는 이제야 아들이 택한, 아들이 갈 길을 승낙해 주신 것이었다. 그리고 눈물을 흘리시며 아들의 성공을 빌어주셨다. 나는 아무 말도 못 한 채 소매로 눈물만 훔쳤다. 그러면서 마음속으로 달리기 선수로 대성하리라 다짐하고 또 다짐했다.

6학년 때부터는 신의주 대표로 뽑혀 다닐 정도가 되었다. 만주 안둥과 신의주가 대결하는 안의(安義)육상대항경기에도 나갔다. 안둥 대표는 기골이 장대한 어른이었다. 안둥 사람들은 상대 선수가 열다섯 살 까까머리인지라 뛰기 전부터 다 이긴 것처럼 우쭐댔다.

"야, 신의주엔 사람이 없구나! 저렇게 어린아이를 선수라고 내보내다니. 가서 젖 좀 더 먹고 와야겠다!"

그들은 어린 나를 깔보며 빈정거렸다. 그렇지만 두고 보아라. 신의주를 출발해 압록강 다리를 거쳐 안둥까지 가는 길은 거의 매일같이 달리는 나의 연습 코스였다. 나는 큰 힘 들이지 않고 나는 듯이 달려 1등을 했다. 숨을 몰아쉬며 뒤따라온 안둥 대표는 계면쩍은 듯 아무 말도 못 했다. 신의주 사람들은 신이 났다.

"야, 안둥 대표 할 말 있으면 좀 해 봐라!"

일본으로의 장정

졸업이 가까워왔다. 아이들은 저마다 제 갈 길을 설계하고 부푼 꿈에 들떠 있었다. 나는 신의주상업학교로부터 입학 제의를 받았다. 육상선수로서 내 소질을 인정한 것이다. 나 역시 선수로서의 대성을 열망하고 있었다. 하늘이 준 기회인 것만 같았다.

그러나 꿈은 그렇게 쉽사리 이루어지지 않았다. 학교에 다닐 만큼 집안 형편이 나아지지 않았기 때문이다. 눈물을 머금고 제 발로 찾아온 기회를 포기할 수밖에 없었다.

'이렇게 된 바엔 자동차 기술이나 배우자. 아직 기술자가 부족할 때이니 성공할 수 있을 거야.'

나는 역시 학문보다는 기술이 더 적성에 맞는다고 생각했다. 그러나 정작 기술도 배우고 돈도 벌 수 있는 마땅한 일자리를 찾는 게 쉽지 않았다. 마침 신의주엔 장대높이뛰기 선수였던 일본 사람이 경영하는 인쇄소가 있었다. 운동에 대한 이해가 깊은 사람이라 나는 쉽게 그가 경영하는 압강(鴨江)인쇄소에 취직했다. 열여섯 살 때였다. 길을 가다가 교복 차림의 내 또래나 옛친구들과 마주치기라도 하면 절로 눈물이 솟구쳤다. 그러나 어려운 때라 나와 같은 처지의 친구들도 적지 않았다.

하루 종일 덜커덕거리는 인쇄기 소리에 귀가 따가웠다. 원고를 날라주고 활자를 뽑다 주고 정신없이 바빴다.

"야, 거기 문(文) 자 4호 하나 가져와."

"예? 민(閔) 자요!"

시끄러운 인쇄기 소리에 묻혀 희미하게 들리는 어른들의 주문에 눈치껏 활자를 뽑아서 가져다주었다. 그러나 바쁜데 엉뚱한 걸 가져왔다고 뺨을 얻어맞기가 일쑤였다.

인쇄소에서 매달 6원의 봉급을 받았다. 쌀 한 가마에 3원인가 했을 때이니 내 나이로서는 제법 큰 벌이었다. 집안 살림에 도움은 되었지만 훌륭한 선수가 되리라던 내 꿈은 점점 멀어져만 갔다.

마침 약죽보통학교에서 사범학교 의무연한을 마치고 일본으로 유학을 떠났던 이일성 선생님이 여름방학을 틈타 신의주로 돌아오셨다. 선생님은 풀이 죽어 있는 나에게 일본 이야기를 들려주셨다. 내가 듣지 못했던 새로운 세계, 우리나라를 빼앗아간 사람들의 나라, 그러면서도 신문명에 보다 가까이 갈 수 있는 나라, 그곳에서 새로운 길을 찾아라.

"뜻을 세웠으면 어떤 일이 있어도 밀고 나가야 한다. 일본에 가면 공부도 할 수 있고 운동도 할 수 있다."

이 선생님은 꺼져가던 운동을 향한 나의 열망에 거센 불길을 당겼다. 집으로 달려간 나는 아버지와 어머니께 내 뜻을 말씀드렸다.

"이대로 주저앉아서는 아무것도 안 됩니다. 일본에 가서 꼭 성공하고 돌아오겠습니다."

어머니는 울며불며 반대하셨다. 누구도 내 말을 받아주지 않았다. 그러나 나는 뜻을 굽히지 않았다. 약죽보통학교 동창생인 계광순과 함께 떠나기로 했다. 일본인 가게에서 일하며 공부도 하고 운동도 하리라 마음먹었다. 이일성 선생님은 일본에서 일손을 구하는 일본 상인의 부탁을 받고 우리에게 일본 여행의 모험을 권하신 것이었다. 선생님으로부터 30원씩의 여비를 건네받았다.

열여섯 나이를 먹는 동안 한 번도 신의주 울타리를 벗어나보지 못했던 내게 일본까지는 엄청난 원정이었다. 유일한 길동무인 계광순과 함께 부산행 열차를 탔다. 부산에서 일본 시모노세키(下關)까지는 연락선을 탔고, 다시 기차로 나가노현(長野縣)까지 갔다. 신의주에서 부산 가는 것만큼이나 긴 기차 여행이었다.

목적지 나가노로 가는 기차 안에서 마쓰모토상업고등학교 야구선수들을 만났다. 그들은 일본야구선수권대회에서 우승하고 개선하는 길이었다. 모든 사람이 그들에게 축하의 환호를 보내고 있었다. 나는 머릿속으로 육상선수로서 대성한 장래의 내 모습을 그려보았다. 가슴이 벅차올랐다.

깨어진 대선수의 꿈

1928년 9월, 새로운 생활이 시작되었다. 내가 정착한 곳은 나가노현 가미스와역(上諏訪駅) 앞의 아사쿠로 오복점(吳服店)이었다. 고마쓰라는 일본 사람이 경영하는 큰 포목점이었다. 나는 그 가게 점원이 된 것이다.

일손이 그다지 바쁘지는 않았다. 그러나 처음 대하는 일본 옷을 걸치고 있기가 수월치 않았다. 앞자락이 갈라져 자세가 조금만 흐트러져도 속이 훤히 들여다보였다. 무릎을 가지런히 꿇고 앉아 있자니 다리의 감각을 잃을 정도였다. 저녁이나 이른 새벽에는 충분히 시간을 내어 달리기 연습을 할 수 있었다. 친구 계광순은 포목점 주인의 형이 운영하는 양조장에서 일했다.

일본 생활도 순탄치는 않았다. 포목점의 운영 상태가 점점 나빠지자 고마쓰 씨는 그해 겨울 마침내 포목점을 접고 음식점을 열었다.

3개월가량 안정적이던 나의 운동은 또다시 뒤죽박죽이 되고 말았다. 밤 12시가 되도록 그릇통을 들고 음식 배달을 다녀야 했다. 모두 사기그릇이라 잘못 다루었다가는 깨어지기 십상이었다. 아침에는 눈을 비벼가며 밤늦게 배달했던 그릇들을 되찾아와 닦는 게 일이었다. 고달픈 생활이었다. 운동은커녕 매일매일 일과를 넘기기에도 지쳐버릴 정도였다.

어떻게 하면 운동 시간을 벌 수 있을까. 이 궁리 저 궁리 끝에 꾀를 내었다. 이웃 이발소에서 일하는 일본인 친구에게 새벽에 나를 깨워달라고 부탁했다. 녀석은 매일 새벽 스와호(諏訪湖)에서 스케이팅을 즐겼다. 밤 12시에 일을 끝내는 나로서는 지쳐서 도저히 혼자 일어날 수 없었다. 나는 일본인 친구와 상의 끝에 소란 떨지 않고 조용히 집을 빠져나가기 위한 방법을 마련했다. 발목에다 끈을 묶고 한쪽 끝을 창밖으로 늘여놓는 것이었다. 그 친구가 끈을 잡아당기기만 하면 내 발목이 당겨져 잠에서 깨어나게 되었다.

나가노의 겨울은 신의주만큼이나 추웠다. 새벽 찬 공기를 마시면 잠은 저 멀리 달아나버렸다. 우리는 얼어붙은 스와호를 스케이트로 지쳐나갔다. 스와호는 15km²나 되는 큰 호수였다.

어느 날 밤 깊은 잠에 빠져 있었다. 갑자기 다리에 묶인 끈이 휙 당겨져 깜짝 놀라 일어났다. 아직도 컴컴한 밤중이었다.

"이 녀석이 정신 나갔나."

투덜거리며 창밖으로 머리를 내민 순간 기막힌 일이 벌어졌다. 엉망으로 술 취한 사람이 끈에 매달려 용변을 보고 있는 것이 아닌가. 소리도 못 지르고 발목을 죄어드는 끈을 마주 잡고서 꼼짝없이 곤욕

어린 시절의 추억

을 치러야 했다.

새벽 스케이팅과 달리기 연습이 끝나고 날이 밝아오면 다시 그릇통을 들고 빈 그릇들을 수거해 실어 날랐다. 고된 하루하루의 생활에 지쳐 운동이고 공부고 제대로 되는 게 없었다. 우동 그릇을 들고 뛰어다니는 내 꼴은 일본 땅을 처음 밟으며 머릿속에 그려본 대선수가 되는 꿈과는 너무도 거리가 먼 것이었다. 피곤하고 우울한 나날이었다.

'돌아가자. 돌아가서 다시 시작해 보자.'

일본 생활은 결국 나의 운동에 아무런 도움도 주지 못했다. 그러나 고마쓰 씨는 이런저런 구실로 나를 붙잡아두었다. 처음부터 6개월 동안 일해야 한다는 조건을 나는 미처 알지 못했던 것이다. 신의주에서 받은 여비 30원의 대가였다.

신의주로 돌아오는 발걸음은 무거웠다. 아무것도 이룬 것이 없었다. 성공해서 돌아오리라던 약속도 헛된 것이었다. 계광순은 일본에 남고 나만 혼자 쓸쓸히 귀향길에 올랐다.

평안북도 대표선수

신의주로 돌아온 나는 동익상회(同益商會)에 취직했다. 동익상회는 곡물을 위탁판매하는 곳이었다. 도처에서 우차(牛車)에 곡물을 싣고 온 농부들이 동익상회에 짐을 넘기고 며칠씩 쉬어가기도 했다. 일손은 바빴으나 먹고 지내기에 불편은 없었다.

상회 주인은 공정규(公禎奎) 씨로, 안과 진료와 한글 타자기의 보급에 힘쓰고 있던 공병우(公炳禹) 박사의 선친이었다. 평안북도 벽동(碧潼) 출신으로 대단한 갑부였다.

동익상회에서 일하던 어느 날 독립군의 신의주 형무소 탈취사건이 일어났다. 독립군들은 억울하게 갇힌 양민들과 동포들을 풀어주고는 도주했다. 그러나 미처 도망가지 못하거나 죄수복을 갈아입지 못해 일본군에게 쫓기던 많은 사람이 사살되거나 다시 붙들려 들어갔다. 독립군들은 법정에서 당당했다. "너희가 강도요 도둑놈이지, 나라를 되찾겠다는 내가 어떻게 죄인이냐!" 일본인 판사는 독립군들로부터 이런 호통을 당하기 일쑤였다.

신의주는 한겨울 추위로 압록강이 얼어붙기만 하면 독립군들이 출몰해 뒤숭숭했다. 독립군을 모병해간다는 소문도 돌았다. 벽동에서는 자금을 구하러 나온 독립군들의 재미난 이야기들도 흘러나왔다. 밤중에 어느 부잣집에 뛰어든 독립군이 주인에게 "돈 내놓으라!" 하고 윽박질렀다. 주인이 없다고 하자 손님은 권총을 들이대며 쏘는 시늉을 해 보였다. 기겁한 주인은 "나 죽었소? 살았소?" 하고 물었다. 손님이 도리어 기가 막혀 "죽었으면 어떻게 말을 하오?"라며 나무라니, 주인이 "여보시오, 총을 쏴도 안 주는 돈이 어디 있겠소?"라고 대꾸했다고 한다.

나도 한때는 이렇게 사느니 독립군에나 들어가볼까 생각도 했다. 그러나 나는 내가 가장 잘할 수 있는 일이 운동이요 달리기란 사실을 잊지 않았다. 주인어른도 달리기에 열을 올리는 나를 이해하고 많은 도움을 주셨다. 그 덕택에 나는 이곳저곳 배달 일과 거래 손님

어린 시절의 추억

들 뒷바라지가 끝나면 틈나는 대로 달리기 연습에 몰두했다. 캄캄한 새벽에 일어나 방마다 불을 지펴놓고는 상회가 문 열 시각까지 눈 덮인 압록강변을 달리고 또 달렸다. 상회 안주인은 "일하기도 힘들 텐데, 왜 그렇게 달리기를 하는가?" 하고 걱정해주셨다. "달리기하려면 우선 잘 먹어야지" 하며 음식을 푸짐하게 내주시기도 했다.

드디어 내 능력을 평가해볼 기회가 찾아왔다. 신의주 내의 구역대항경주가 열린 것이다. 신의주에서 의주로 가는 길의 중간 지점을 왕복하는 약 40리(약 16km) 거리였다. 출전 선수들 대부분은 20대, 30대 장정들이었다.

열심히 연습해온 덕으로 나는 1위를 차지했다. 1등 상품으로 들고 온 쌀가마를 보고 주인 내외분은 물론 함께 일하던 사람들이 모두 반겨 맞아주었다. 열여덟 살짜리가 어른들을 당당히 제치고 1등 상을 탔으니 여간 대견스럽지 않았던 것이다.

주인어른이 안둥에서 동익공사(同益公司)라는 새로운 사업을 시작하면서 나도 그곳으로 옮겨갔다. 취인소(取引所)라는 곳으로, 어음이나 금·은붙이를 취급했다. 동익상회에서보다 시간 여유가 많아져 달리기에도 더욱 정진할 수 있었다.

달리기에 대한 나의 신념은 확고했다. 나처럼 달리기를 즐기고 열심히 연습한 사람도 많지 않을 듯하다. 비가 오나 눈이 오나 번개가 치거나 천둥이 치거나 내가 가진 모든 시간을 오직 달리기 연습에 쏟아부었다. 연습 환경이 나빠질수록 나는 더욱 굳은 정신력으로 나태해지려는 내 육신을 채찍질했다. 18세가 되며 나는 신의주는 물론 웬만한 평안북도 내 경주대회를 모두 휩쓸었다.

**달리기 연습과 대회 출전을
지원해준 동익공사에서**

어려운 집안 형편으로 학업을
미루고 신의주 동익상회와 안
둥 동익공사에서 일하면서도
달리기 연습을 계속한 손기정
은 동익공사 사장 부부와 동료
들의 배려로 각종 육상대회에
출전할 수 있었다. 1936년 베
를린 올림픽 마라톤에서 우승
한 후 동익공사를 찾아 함께 기
념사진을 찍었다. 앞줄 가운데
가 손기정이다.

1930년 10월, 마침내 나는 평안북도 대표로 조선신궁경기대회[3]에
나가게 되었다. 경성에서 열린 이 대회는 조선 내 각 도 대표가 모두
참가한 체육대회로, 내가 처음 출전한 공식 대회였다.

최초의 공식전에서 거둔 성적은 5,000m 2위였다. 전 조선에서 모
여든 재주꾼들이어서 모두가 만만치 않았다. 5,000m 1위는 평안남
도 대표 변용환(邊龍煥)이 차지했다. 변용환은 만능선수였다. 탁구,
정구 등 운동이라면 못하는 게 없었다. 그는 특히 장거리 경주에 소
질이 있어 5,000m를 16분대로 기록했다.

달리기 인생의 첫 좌표, 파보 누르미

첫 공식 대회에서 재어본 나의 기록은 5,000m 19분대. 우승도, 좋은 기록도 얻지 못했으나 나의 꿈은 따로 있었다. 언젠가는 세계적인 대선수, 저 유명한 핀란드의 파보 누르미(Paavo Nurmi) 같은 선수가 되고 말겠다는 것이 나의 목표였다. 운동 선배들로부터 전해 들은 파보 누르미는 나의 우상이자 달리기 인생의 첫 좌표였다. 누르미의 5,000m 기록은 14분대. 나도 열심히 연습하면 충분히 그를 따를 수 있으리라 생각했다.

1897년 핀란드에서 태어난 누르미는 1920년 안트베르펜 올림픽에 출전, 10,000m에서 31분 45초로 우승하고, 5,000m에서는 15분으로 2위를 차지했다. 1924년 파리 올림픽에서는 5,000m에서 14분 31초 2의 세계 신기록으로 우승한 데 이어 같은 날 1,500m에 출전, 3분 53초 6의 세계 신기록으로 우승해서 2관왕이 되었다. 1928년 암스테르담 올림픽에도 참가해 10,000m에서 30분 18초 8의 세계 신기록으로 우승했으며, 5,000m에서는 14분 40초로 2위를 차지했다.

1920년부터 10여 년간 그는 세 번 올림픽에 참가, 여섯 개의 메달을 따냈으며, 열아홉 번이나 세계 신기록을 세우며 중장거리를 휩쓸어 초인(超人)으로 칭송받았다. 서른여덟 살이던 1936년까지도 그는 여덟 개의 세계 최고 기록을 보유하고 있었다.

마라톤과의 대면

운동이야말로 조선의 젊은이들에게 남은 마지막 숨통이었다.
얼마나 많은 조선의 젊은이가 운동을 통해 일본을 누르고 쾌재를 부르며
조선 민족의 생존을 자각하게 되었는지 그들은 깨닫지 못했다.

마라톤과의 첫 대면

전국의 내로라하는 명선수들이 모두 모인 조선신궁경기대회에서 나는 새로운 사실을 알게 되었다. 마라톤이라는 희한한 종목이 있다는 것이었다. 김은배(金恩培)라는 사람이 마라톤에서 2시간 30분대의 신기록을 냈다 해서 떠들썩했다.

'응? 내가 제일 먼 거리를 뛰는 선수인 줄 알았는데…. 더 멀리 달리는 마라톤이라는 게 있다고? 105리나 뛴단 말이지?'

놀라운 일이었다. 이제껏 겨우 20여 리를 뛰어다녔는데 105리라면 거의 다섯 배나 되는 거리였다. 나는 그때까지도 내가 뛰는 5,000m와 10,000m가 가장 긴 레이스인 줄로만 알고 있었다. 김은배, 권태하 선배들의 명성도 그때 처음 들었다. 신의주에 돌아온 나는 마라톤이라는 새로운 레이스의 매력에 대해 생각해보았다. 이왕이면 제일 긴 레이스를 해보고 싶은 욕심도 있었다. 친구를 꾀어 신의주에서부터 의주군의 압록강변에 있는 통군정(統軍亭)까지 뛰어보기로 했다.

통군정은 러일전쟁 때 일본군의 포대를 설치했던 곳으로 경치가 매우 아름다웠다. 신의주에서 40리 정도 떨어진 꽤 먼 곳이었다. 나는 달려서 가고 친구 녀석은 자전거에 옷이랑 도시락을 매달고 내 옆을 달렸다. 통군정에 도착해 친구의 손목시계로 시간을 재어보고는 둘 다 놀랐다. 세계 기록에 가까웠다. 굉장한 스피드였다. 마라톤이란 것도 해볼 만한 것이구나. 기고만장해서 압록강물에 목물을 하고 점심을 먹었다.

한참을 쉰 후 이번엔 통군정에서 신의주까지 뛰어보기로 했다. 기가 막힌 일이었다. 갈 때보다 더 빠른 기록이 나왔다. '그것 참 이상하다. 갈 때나 올 때나 비슷하게 뛰었는데….' 시계를 보고 또 보다가 우리는 배꼽을 쥐고 말았다. 시계가 잠자고 있었다. 자전거가 울퉁불퉁한 자갈길을 달리는 동안 고물 시계가 제멋대로 가다 말다 했던 것이다. 세계 최고 기록이 나오지 않을 수 없었다.

마라톤 데뷔전

동익공사에서 지내는 동안 나도, 나의 운동도 성숙하고 있었다. 경성 나들이도 점차 빈번해졌다. 1932년 3월 나는 동아일보사에서 주최하는 경영마라톤대회[4]에 참가하기 위해 다시 경성으로 올라갔다. 경성에 가서도 동익공사 주인 공정규 씨 자제인 공병우 박사의 화동(지금의 북촌 일대) 댁에서 신세를 졌다.

그때만 해도 경성 나들이가 쉽지 않았다. 경성 거리를 다니며 가장 크게 놀란 것은 전차였다. 기차처럼 철로 위를 달리는데 이상스럽게도 열차 지붕 위에 전깃줄이 달려 띄엄띄엄 서 있는 전봇대를 따라 시내 한복판을 달리는 것이었다. 화동 집에서 그 이야기를 해서 사람들을 한바탕 웃게 했다.

"아주머니, 그게 뭐라는 거지요?"

"그건 전차라는 거요."

"아! 던차요."

"아니, 던차가 아니고 전차라구요."

그때의 전차는 출입구도 창문도 구별할 수 없이 옆으로 휑하니 터져 천장과 바닥만이 붙어 있었다.

그보다 더 우스운 일이 벌어졌다. 대회 전날 코스 사전 답사에 나섰다가 동아일보 사옥에서 급한 용변을 보게 되었다. 그만 일어서야 할 텐데 아무리 궁리해도 하얀 사기 변기를 원래대로 깨끗이 치울 묘안이 떠오르지 않았다. 한참 망설이던 끝에 머리 위에 드리운 줄을 한번 당겨보았다. 쐐 하는 물소리와 함께 그렇게 일이 간단히 해결될 줄은 몰랐다. 훗날 신의주 친구들에게 그 얘기를 했을 때도 누구 하나 믿으려 들지 않았다.

코스 답사의 출발 지점에서부터 시작된 곤혹스런 일이 종일 끊이질 않았다. 광화문에서 반환점인 영등포까지 차비도 아낄 겸 걸어서 갔다 오기로 했다. 경성역(지금의 서울역)을 지나 한참 걷다가 길 가는 사람에게 여기가 어디냐 물어보니 마포라고 했다. 영등포나 마포나 비슷한 포구려니 하고 헤매었으나 도저히 반환점을 찾을 길이 없었다. 해도 저물고 다리도 아프고 해서 하는 수 없이 전차를 타고 그냥 시내로 돌아왔다. 화동 집에 들어갔더니 모두 촌놈을 잃어버린 줄 알았다며 난리였다.

코스 답사는커녕 고생만 실컷 하고 다음 날 대회에 출전했다. 경성역을 지나 삼각지까지는 제대로 코스를 찾아 선두를 달렸다. 그러나 이리저리 갈래를 뻗은 삼각지에서는 어느 쪽이 제 코스인지 어리벙벙했다.

변용환이 바짝 따라붙어 오다가 내가 망설이는 사이에 재빨리 선두에 나섰다. 이젠 그의 꽁무니만 쫓는 수밖에 없었다. 다음 코스의 방향을 모르니 손해가 막심했다. 그가 왼쪽 커브를 질러서 돌아가면 나는 길 반대편 쪽을 달리다가 황급히 커브를 멀리 돌아 뒤따라가느라 무진 애를 먹었다. 한강을 건너자 온통 흙먼지와 모래가 펄썩거렸다. 코스를 모른 채 마음의 준비도 없이 사육신묘 옆의 가파른 경사를 올라가자니 혀를 빼물 지경이었다. 결국 변용환에게 또 우승을 뺏기고 2위를 했다. 지형도 모른 채 전투를 벌였으니 작전이고 뭐고 엉망이었다.

변용환은 이후에도 조선총독부팀, 경성실업전수학교(이하 '경성실전')팀 소속으로 출전해 많은 활약을 했다. 그는 언제나 소속팀의 가장 믿음직한 주자로서 큰 몫을 해냈다. 그러나 그는 자신의 재능을 과신한 탓인지 선수 생활 중에도 술과 담배를 즐기더니 끝내 크게 성공하지 못하고 운동을 그만두었다.

경영마라톤대회에 참가하다

1932년 3월에 열린 제2회 경성-영등포 간 왕복마라톤대회에 참가했다. 경성 지리를 잘 몰라 코스 답사를 제대로 할 수 없던 바람에 아쉽게도 변용환에 이어 2위를 했다. 사진은 경기 시작 전의 개회식 장면(위)과 출전 선수들의 모습(아래)이다. 아래 사진의 가장 왼쪽에 있는 이가 1위를 한 변용환이고, 바로 옆이 손기정이다.

경성을 오가며 많은 선수와 어울리는 가운데 운동을 하기 위해서도, 공부를 하기 위해서도 학교에 가야 한다는 새로운 열망이 나를 사로잡았다. 보통학교 졸업 이후 일본과 신의주에서의 직장 생활로 인해 나는 배움에 굶주려 있었다.

나는 한 번도 과학적이고 체계적인 운동을 배운 적이 없었다. 학교 운동부에 들어가면 훨씬 효과적으로 운동을 할 수 있을 것이었다. 경영마라톤대회 2위의 성적을 들고 나는 양정고등보통학교(이하 '양정') 육상부 문을 두드려보기로 했다. 양정은 당시 조선에서 가장 우수한 육상부를 가진 명문이었다.

양정이 세워진 것은 1905년, 조선으로서는 기구한 운명의 해였다. 일본이 러일전쟁에서 승리하여 러시아로부터 조선 독점의 권익 보장을 받아냈다. 이토 히로부미는 고종에게 무리한 강요를 계속했고, 결국에는 일본군의 시위 속에서 치욕적인 을사조약을 맺게 되었다. 《황성신문》주필 장지연 선생은 〈시일야방성대곡(是日也放聲大哭)〉이라는 논설을 게재해 정간 처분을 당하고, 시종무관장 민영환 선생은 〈국민들에게 고하는 유서〉를 남기고 자결했다.

양정은 기울어져가는 나라의 기운을 교육을 통해 구해보자던 선각자 춘정(春庭) 엄주익(嚴柱益) 선생에 의해 설립되었다. 고종의 계비며 영친왕 이은 공의 생모이신 엄귀비(순헌황귀비)는 조카뻘되는 엄 선생에게 음으로 양으로 도움을 베풀어 사학 양정 발전의 기틀을 갖추게 했다.

1905년 양정의숙(養正義塾)이라는 이름으로 처음 도렴동(지금의 세종문화회관 뒤편)에 대지 300평과 목조 기와집 세 채로 법률 전문부가 문을 열었다. 초대 교장은 엄주익 선생이었다. 학교 운영비는 주로 엄 선생과 유지들의 기부금으로 꾸려나가 옹색했다. 1907년 엄비가 경선궁과 영친왕궁에 속한 전국 각지의 토지를 하사해 양정은 본격적인 교육기관으로 면모를 갖추게 되었다.

후일 일본에 볼모로 간 영친왕은 일제하의 시련을 견디며 제사 때마다 양정을 찾아와 "나도 우리말을 잊지 않고 있으니 여러 젊은이도 조국과 우리말과 그 정신을 잊지 말라"고 격려하곤 했다.

양정은 이러한 분위기 탓인지 일제의 탄압 속에서도 대부분 조선인 선생님들이 조선말로 학생들을 가르쳤고 호명도 조선말로 했다. 몇몇 일본인 교사들이 채용되기는 했으나 엄주익 선생이나 2대 교장 석정(石丁) 안종원(安鍾元) 선생, 3대 교장 유관(遊觀) 서봉훈(徐鳳勳) 선생 등 조선인 선생님들의 당당한 위풍에 눌려 큰 숨도 쉬지 못했다 한다.

1913년에 조선교육령에 따라 양정고등보통학교라 이름을 바꾸었으며, 그후 나미오카, 미네기시 등 일본인 체육 교사들을 채용해 체육 교육에 힘써 육상 명문의 기반을 다져나갔다.

육상선수 출신인 미네기시 쇼타로(峯岸昌太郎) 선생은 부임하면서부터 학생들에게 뜀박질만 가르쳐 원성이 높았다 한다. 100m, 200m를 달리다가 운동장 몇 바퀴, 나중에는 교정을 출발해 한강인도교를 왕복하는 등 전교생에게 엄한 체육 훈련을 시켰다. 학생들은 운동 팬츠 바람으로 낙오된 채 혼자 어슬렁거리며 걷는 것도 창피하고 다음 과목 준비도 해야 해서 죽기 살기로 뛸 수밖에 없었다.

마라톤과의 대면

육상 명문 양정의 문을 두드리다

1932년 경영마라톤대회 성적을 들고 양정고등보통학교 육상부의 문을 두드려 육상 명문인 양정에 입학했다. 전문적인 달리기 훈련은 물론 집안 형편으로 멈추었던 학업에 대한 열망 때문이었다. 위 사진은 1930년대 양정 전경으로, 현재 손기정기념관이 들어서 있다. 왼쪽은 1936년 5월 12일에 양정에서 발행한 손기정의 신분증명서로 이름, 주소, 생년월일과 함께 '본교 제5학년 생도임을 증명함'이라고 쓰여 있다.

양정 교정 밖으로는 온 마을이 감나무를 심어 가을이면 온통 감빛으로 물들었다. 미네기시 선생은 학생들의 운동 팬츠를 그 풍성한 감빛으로 통일, 감빛 팬츠의 육상 명문 양정의 신화를 만들어냈다. 일본인이지만 미네기시 선생은 양정의 체육, 양정의 육상을 위한 주춧돌이 되었다. 양정 운동부의 활동은 점차 활발해졌고, 특히 육상부는 일본을 대표해 1932년 로스앤젤레스 올림픽 마라톤에 출전하게 된 김은배 등 대선수들을 배출해냈다. 그 외에도 유해붕(柳海鵬)·조인상(趙寅相)·정상희(鄭商熙)·이성실(李聖實)·오정근(吳定根)·김진배(金珍培)·강찬격(姜燦格) 등 중장거리의 맹장들이 줄을 이어 어느 대회고 나갔다 하면 우승하기 마련이었다. 1930년 4월 3일 경성 우체국을 출발해 상인천역을 돌아오는 역전경주에서 양정팀은 첫 구간에서만 조선총독부팀에 선두를 빼앗겼을 뿐 제2구간부터 결승점까지 5구간을 내리 선두로 독주해 당당 1위를 차지했다.

이듬해인 1931년 4월 3일 두 번째 대회에서도 양정은 A·B팀으로 나누어 출전해 A팀이 우승을, B팀이 4위를 차지했다. 일본인과 조선인이 혼성된 조선총독부팀은 2위를 했다. 조선총독부팀 역시 변용환과 양정 선배인 최경락(崔慶洛) 등 조선인들이 주축이 되어 큰 활약을 했다. 배재고등보통학교(이하 '배재')팀도 점차 중장거리에서 활약해 이 대회에서 3위를 차지했다. 배재의 주축은 박태병(朴台秉)·김인식(金仁植)·이우득(李雨得)·김흥삼(金興森)·이명호(李明鎬) 등이었다.

양정은 경성-인천 간 역전경주 2연승에 앞서 일본에 원정, 일본의 한신(阪神, 오사카大阪-고베神戶) 역전경주에서도 3년 연속 우승을 차지해 내외에 명성이 자자했다. 당시 양정이 대회에서 우승하지 못했다는 것이 오히려 더 이상하고 큰 뉴스거리가 되었다.

만학의 길

양정 입학의 뜻을 굳힌 나는 양정 육상부에 있던 신의주 고향 선배 황대선(黃大善)을 찾아갔다. 800m가 전문인 그는 조선신궁경기대회에서도 우승했던 양정 육상부의 보배였다. 그는 연희전문학교(지금의 연세대학교) 입학을 준비하고 있었다.

"은혜는 잊지 않겠습니다. 꼭 양정에 입학할 수 있게 도와주십시오."

황대선 선배는 통사정에 못 이겨 나를 양정 육상부의 실력자들인 주장 유해붕과 조인상 선배에게 안내했다.

"고향 후배인 데에다 장거리 경주엔 소질이 있다네. 양정 육상부에도 필요한 사람일 것 같아 데려왔네. 좋은 후배를 길러놓고 나가는 것도 선배들 일이 아닌가?"

황대선 선배는 좋은 말로 나를 소개해주었다.

"달리기라면 자신 있습니다. 선배들의 명성에 욕되지 않게 열심히 할 테니 양정 육상부에 넣어주십시오."

나의 실력을 그들에게 증명해보일 자료라고는 경영마라톤대회 2위라는 성적밖에 없었다. 게다가 나이가 벌써 스무 살이나 되어 은근히 걱정스러웠다. 나는 두 살 낮춰 열여덟으로 나이를 고쳤다.

나의 간곡한 부탁에 그들은 고개를 끄덕이며 학교에 가서 공작해볼 테니 기다려보라고 했다. 황대선 선배는 일이 잘될 것 같으니 안심하라고 위로해주었다.

황대선 선배 역시 학창 생활이 순탄치 못했다. 원래 신의주고등보통학교에 다니던 그는 광주 학생들의 의거에 호응, 신의주 학생들의 일제에 대한 항거 모의에 관여했다는 혐의로 퇴학당했다. 서울로 온 황 선배도 어려운 과정을 거쳐 간신히 양정에 들어올 수 있었다.

1929년에 일어난 광주학생항일운동은 일제의 비인간적인 학대에 대한 조선 학생들의 봉기였다. 나주역에 내린 광주여자고등보통학교 여학생의 머리댕기를 잡아당긴 일본인 학생들의 희롱이 발단이 되어 조선과 일본 학생 간에 편싸움이 벌어졌고 급기야 학생들의 독립운동으로 발전했다.

연이은 학생들의 시위에 일본 경찰이 투입되어 경찰서 유치장만으로는 부족해 도청 앞뜰까지 잡혀온 시위 학생들로 북적였다. 수천 명의 학생이 정학 또는 퇴학당하고 더러는 심한 고문을 당하는 고초를 겪기도 했다.

이 일로 경성, 평양, 신의주 등 전국 곳곳에서 독립 시위운동이 일어나 일본 경찰은 시위 진압을 위해 눈이 벌개져서 뛰어다녔다.

신의주로 돌아와 입학 허가의 회신을 기다리는 동안 일이 손에 잡히지 않았다. 어떻게 하면 운동을 계속할 수 있을지 나로서는 일본 원정 이래의 중대한 고비였다.

마침내 기다리던 답변이 왔다. 유해붕 선배로부터 입학 허가를 받아냈으니 올라오라는 전갈이었다. 당장에 보따리를 꾸렸다. 달리기 선수로서의 인생을 펼칠 수 있는 또 한 번의 기회가 주어진 것이었다. 만 20세의 고등보통학교 신입생. 가슴이 부풀어 올랐다.

그동안 나의 달리기 연습을 격려해주고 돌보아준 동익공사부터 인사를 다녔다. 고집불통에 무뚝뚝한 뜀꾼과의 이별이었지만 모두들 섭섭한 표정이었다. 그러면서도 나의 장래를 걱정하고 축복해주었다. 오래 사귀어왔던 심영섭(沈永燮) 형은 장도(壯途)를 위해 곳곳의 중개점 주인들을 찾아다니며 90원(圓)이나 모금해주었다. 경성 전찻삯이 3전이었으니 엄청나게 큰돈이었다.

마라톤과의 대면

아버지, 어머니께도 두 번째 하직 인사를 올렸다. 어머니는 여전히 옷고름으로 눈물을 찍어내셨다.

"제대로 모시지도 못하고 또 떠납니다. 이젠 자식 하나 죽었거니 여기시고 아예 걱정일랑 마십시오."

심영섭 형이 만들어준 여비에서 50원을 떼어 어머니 손에 쥐어드렸다. 비록 조선 안이지만 다시 집을 떠난다는 생각에 나도 집안 식구들도 마음이 무거웠다.

양정 입학으로 학업과 운동 두 가지 소망이 모두 실현되었다. 양정 선배들의 후의에 보답하기 위해서도 더욱 열심히 운동을 하지 않을 수 없었다.

이른 새벽마다 더운 김을 뿜어내며 가까운 삼청동 골짜기를 타고 북악 산정까지 뛰어 올라갔다. 그렇게 큰 산은 아니지만 등성이를 타고 올라가면 가슴으로 등으로 땀이 흘러내리고 숨이 턱에 닿는 듯했다. 경성 도성을 에워싼 돌벽이 산등성이로 이어져 있었다. 성벽이라고 보기에는 너무 낮고 작아서 오히려 대갓집 후원 담장 같은 느낌이 들었다. 정상에 올라서면 경성 시가가 발아래 엎드려 있었다. 십자로 걸쳐진 큰길을 오가는 사람들이 개미처럼 작게 보일 듯 말 듯하고 청계천이 실뱀처럼 나무 사이로 꼬리를 감추고 있었다. 정상에 서 있는 동안은 무슨 일이든 어려움이 없을 듯했다.

산을 내려오는 것 또한 좋은 훈련이 되었다. 나무가 줄지어 선 숲길을 내려오면서 나는 나무와 나무 사이를 일정한 리듬으로 달렸다. 마라톤은 음악처럼 리드미컬한 것이다. 장거리 레이스에서는 팔다리의 움직임과 호흡을 어떻게 맞춰가느냐, 어떻게 부드러운 호흡과 무리 없이 강한 추진력을 조화시키느냐로 성패가 가려지게 된다. 산비탈 나무 사이를 달려 내려오며 이러한 훈련을 효과적으로 쌓을 수 있었다. 평지를 달릴 때는 쉽게 경험할 수 없는 일이었다.

학교에서 일과가 끝나면 또다시 원남동 로터리를 돌아 창경원(지금의 창경궁) 돌담을 끼고 큰길을 달렸다. 정확하게 어느 정도의 거리를 어느 정도의 스피드로 달려야 하는지 과학적 훈련은 엄두도 못 낼 형편이었다. 거리 측정도 그렇고, 시계 없이는 시간 측정도 불가능했기 때문이다. 그저 무작정 달리는 것만이 내가 할 수 있는 모든 것이었다.

나는 나만의 묘책을 생각해냈다. 주머니를 기워 모래를 넣고 쏟아지지 않게 봉한 다음 다리에 달아매고 달리는 것이었다. 훈련의 강도가 엄청나게 높아졌다. 이 힘든 연습을 한 후 모래주머니를 떼고 나면 날아갈 듯 다리가 가벼웠다.

나는 동료들에게 방과후 함께 길거리를 달리자고 여러 번 권했지만 호응을 얻지 못했다. 모두가 지금까지의 연습 정도로도 조선 바닥에서 첫째, 둘째니 더 이상의 연습은 필요하다고 생각지 않았다. 입학 때의 약속도 있고, 또 누구에게든 지지 않겠다는 욕심으로 나는 눈이 오나 비가 오나 연습을 멈추지 않았다. 나쁜 날씨를 핑계로 연습하지 않는다면 도대체 연습할 수 있는 날이 며칠이나 되랴 싶었다.

원남동 찻길을 혼자 달리던 내 꼴이 사람들에겐 신기하고 바보스럽게 여겨졌을지도 모른다. 눈 오는 겨울이면 눈발이 앞을 가려 손바닥으로 이마 위를 가리며 달렸다. 비오는 날엔 물에 빠진 생쥐 꼴이 되었다.

1학년 때인 1932년 나는 양정 선수로 처음 일본 원정길에 나섰다.
일본《요미우리신문(讀賣新聞)》의 자매 신문인 체육 전문지《호치신
문(報知新聞)》이 주최하는 제13회 도쿄(東京)-요코하마(橫濱) 왕복
중등학교 역전경주에 출전하게 된 것이다. 4월 17일 장정에 올랐다.
조선 팀으로서는 처음 일본 중앙 무대에 진출하는 것이어서 주위의
이목이 집중되었다.

전통 있는 양정팀도 일본 한신 역전경주에 출전해 3연승의 위업을
이루었지만 일본 강호들이 모두 참가하는 도쿄-요코하마 역전경주
에서의 성과는 예측할 수 없었다.

주장 유해붕과 조인상, 남승룡, 김국태, 김유수(金裕洙), 나, 그리고
후보선수로 안영재(安永載)가 참가했다. 여섯 명의 주자로 이어진 이
역전경주에서 양정팀은 일본의 20개 중등학교팀을 모두 물리치고
당당히 우승했다.

일본 육상계가 발칵 뒤집혔다. 일본에서도 가장 권위 있는 도쿄-
요코하마 역전경주에서 조선팀이 '대일본제국'의 명문 강호들을 누
르고 우승했다는 데 놀라지 않을 수 없었던 것이다. 일본의 몇몇 사
립 중학교에서는 우리를 서로 스카웃하려고도 했다.

우리를 인솔했던 지도교사 서웅성(徐雄成) 선생님은 말할 수 없이
기뻐했다. 선생님은 우리를 자신이 졸업한 다치카와(立川)비행학교
에 데리고 갔다. 단발 비행기에 두 명씩 차례로 태우고서 도쿄 상공
을 비행했다. 처음 타본 비행기여서 조마조마하기도 했지만 도쿄 시

1932년 제13회 도쿄-요코하마 왕복 중등학교 역전경주에서 우승하고서

양정 육상부는 일본에서 가장 권위 있는 이 대회에서 일본 팀들을 모두 물리치고 당당 1위를 함으로써 양정과 조선 선수들의 역량을 보여주었다. 양정 선수들과 찍은 우승 기념사진으로 아래 왼쪽에서 두 번째가 손기정. 뒤에 양복 입은 이가 서웅성 인솔교사다.

가를 내려다보는 기분은 통쾌했다.

양정 육상부는 이제 경쟁상대가 없을 만큼 막강했다. 1931년 제1회 경영마라톤대회 우승자이며 조선신궁경기대회에서 2시간 26분 12초의 세계 최고 기록(비공인)을 낸 김은배, 장거리에 뛰어난 주장 유해붕과 조인상, 남승룡, 손기정, 단거리 주자 김극환(金克煥)과 이을형(李乙炯), 높이뛰기의 이병옥(李炳玉) ….

김은배 선배는 당시 조선에서 마라톤 일인자였으며 1932년 로스

마라톤과의 대면

처음 타본 비행기, 도쿄 상공을 날다

교사 서웅성은 다치카와비행학교를 수석 졸업하고 전일본비행조종사경기대회에서 두 차례나 우승한 뛰어난 비행사였다. 그는 양정의 우승에 기쁜 나머지 학생들을 데리고 자신이 졸업한 비행학교를 찾아가 우승 기념 비행을 했다. 손기정은 이때 처음 비행기를 타고 도쿄 시내를 내려다보아 통쾌했다고 회상했다. 맨 오른쪽이 서웅성 교사, 그 옆이 손기정이다.

앤젤레스 올림픽에 권태하 씨와 함께 일본 대표로 출전해 6위에 입상했다. 남승룡 선배 역시 메이지대학에 진학, 나와 함께 1936년 베를린 올림픽 마라톤에 나가 3위를 차지했다. 장거리 선수로 용명을 떨쳤던 유해붕 선배는 나중에 《조선중앙일보》 체육 기자로, 조인상 선배는 《경성일보》 정치 기자로 활약했다. 100m 전문이던 김극환 선배는 달리기에 대단한 재능을 보이더니 메이지대학에 입학한 후로는 레슬링으로 전향, 레슬링에서도 뛰어난 기량을 과시했다. 김 선배는 훗날 대한레슬링협회 회장직을 지내며 레슬링 발전에 이바지했다. 그밖에도 한종흠(韓種欽), 임완순(任完淳)이 역전경주 멤버로 이름을 날렸다.

이때까지도 내 종목은 중장거리에서 벗어나지 못했고, 최초의 마라톤 도전은 처참한 실패로 끝나버렸다. 국내에서 제법 뛰어 이름이 날 무렵 나는 일본 메이지신궁경기대회[5] 마라톤에 출전했다. 도쿄국립경기장을 출발해 반환점인 로쿠고바시(六鄕橋)까지 잘 달렸다. 돌아오던 중 오오모리(大森)에서 기름 냄새와 자동차 매연으로 속이 뒤집혀 끝내 기권하고 말았다. 시나가와(品川)역 앞에는 일본 체육전문학교에 다니던 많은 조선 학생이 응원을 나왔다가 터덜터덜 걸어오는 내 모습에 실망의 빛을 감추지 못했다.

메이지신궁경기대회 마라톤 코스는 도쿄에서 요코하마로 가는 화물 수송 간선도로였다. 경성과는 비교할 수도 없이 많은 차량이 검은 연기를 뿜어대며 달려가고 달려왔다. 비교적 한적한 곳에서 살던 촌사람이 오며 가며 가솔린 냄새를 맡고 매연을 들이마셨으니 멀미가 날 수밖에 없었다. 콧속은 굴뚝처럼 시커멓고 목에서는 기름내가 올라오는 것 같았다.

일제하의 스포츠

조선에서나 일본에서나 스포츠에 대한 열의가 대단하던 때였다. 특히 육상은 어디서나 가장 기본적이고 인기 있는 종목으로 각광받았다. 곳곳에서 마라톤대회, 역전경주가 열렸으며, 일본에서는 때때로 일본·미국 친선 육상대회가 열려 수준 높은 경기를 보여주었다.

일본 선수 중에는 오타 토미오(太田富夫), 난부 추헤이(南部忠平) 등이 세단뛰기, 멀리뛰기 같은 도약경기에서 세계 기록을 경신하는 등 큰 활약을 보였으며, 100m, 200m 같은 단거리에도 출전해 일본 육상계를 대표했다.

조선 선수들은 여러 가지로 불리하고 어려운 여건에도 불구하고 대제국임을 자랑하는 일본 선수들과 겨뤄 여러 종목에서 뛰어난 실력으로 일본 선수들의 기를 꺾었다.

육상 장거리의 기라성 같은 선수들 외에 야구의 손효준(孫孝俊) 씨는 일본에서도 스타 플레이어로 각광받았다. 빙상에서는 김정연(金正淵), 이성덕(李聖德), 장우식(張祐植) 등이 일본 선수들을 능가하는 대단한 실력을 보였으며, 1936년 독일 가르미슈파르텐키르헨에서 열린 제4회 동계올림픽에 일본 대표로 출전했다.

평안남도 강서군 출신인 김정연은 부유한 집안에서 태어나 일찍 스케이팅을 시작, 1930년대 중장거리에서 조선과 일본을 석권했다. 압록강에서 벌어진 제5회 전일본스피드스케이트선수권대회는 특히 그에게 잊지 못할 대회였다. 김정연은 500m 3위, 1,500m 3위, 5,000m 1위로 세 종목 종합 기록에서 당당 선두였다. 그는 14위 이내에 든 선수들만이 출전하는 마지막 10,000m 레이스에 나섰다. 세퍼레이트 코스 한편엔 일본 선수 고이케(小池)가 대기하고 있었다. 그는 10,000m 일본 기록 보유자였다.

스타트 라인을 박차고 나선 김정연은 맹렬한 기세로 스피드를 올려 500m 첫 바퀴의 랩타임[6]을 52초로 끊었다. 세 번째 바퀴까지 52초대, 그 후 점차 페이스가 떨어졌으나 다시 혼신의 힘을 기울여 마지막 스무 번째 바퀴를 57초로 돌았다. 스케이팅의 마라톤이라 할 그의 10,000m 기록은 19분 2초 8로 일본 신기록이었다. 종전 기록 보유자인 고이케는 김정연에게 무려 400여m나 뒤져 들어왔다. 김정연은 종합 1위를 차지해 일본 스피드스케이트 선수권자가 되었다. 2위는 이성덕, 3위는 최용진(崔龍振)으로 조선 선수들이 모두 상위를 휩쓴 통쾌한 대회였다.

복싱에서는 서정권(徐廷權), 황을수(黃乙秀), 이규환(李奎煥), 축구에서는 김용식, 농구에서는 장이진, 이성구(李性求), 염은현(廉殷鉉) 등이 큰 활약을 했으며, 이영민(李永民), 김정복(金正福) 씨 등이 야구, 축구, 권투 등 종목을 가릴 것도 없이 만능선수로 이름을 날렸다.

조선 선수들에 대한 차별 대우가 없었던 것은 아니지만 운동이야말로 조선의 젊은이들에게 남은 마지막 숨통이었다. 조선의 민족의식을 고취하거나 대일본제국을 비방할 어떠한 활동도 허락되지 않던 때였다. 일본 사람들은 몸으로 뛰고 달리는 운동마저 막을 수는 없었다. 그리고 얼마나 많은 조선의 젊은이가 운동을 통해 일본을 누르고 쾌재를 부르며 조선 민족의 생존을 자각하게 되었는지 그들은 깨닫지 못했다.

어두운 시절

동서남북으로 옮겨 다니며 잠자리는 마련했으나
배고픔의 고통은 사라지지 않았다.
배부르면 이기고, 배고프면 지는 게 나의 달리기였다.
배가 고프면 물이라도 마시고 달리는 수밖에 없었다.

고난의 시대

양정 육상선수로서의 새 길을 달리면서도 가난에서 헤어날 수는 없었다. 한 달에 9원, 10원 하는 하숙비는 물론 3전짜리 전차삯도 아까워 궁상을 떨어야 했다. 헌책 사보기도 쉽지 않았다. 선생님들은 내 처지를 이해하고 견본으로 납품된 교재들을 모아 주셨다. 고맙게도 육상부의 조인상 선배는 내게 잠잘 곳을 마련해주었다.

이렇게 따뜻한 도움의 손길에도 불구하고 또다시 학업을 중단해야 하는 시련이 닥쳐왔다. 1학년 2학기에 들어서자마자 신의주 집이 홍수로 큰 변을 당했다. 둑 밖에 얼기설기 지은 집들이니 큰물에 무사할 리가 없었다. 혹은 물에 잠기고, 혹은 떠내려가는 가난한 마을 집들의 참상이 머리를 어지럽혔다. 떠날 때엔 죽은 자식으로 여기라 했지만 도저히 그냥 앉아 있을 수가 없었다. 마을은 일시에 천막촌이 되어버렸고 사람들은 넋을 잃었다. 나는 학교를 포기하고 용산 철도국에 일자리를 구하러 나섰다. 철도국이나 체신부 같은 관청에도 운동부가 있어서 일하면서 운동을 계속할 수 있을 것 같았다.

어느 날 어깨를 축 늘어뜨리고 염천교를 지나는데 누군가 나를 불러 세웠다. 놀라서 돌아보니 높이뛰기 선수인 이병옥 선배였다. 그는 일제하에서 고관을 지내던 집안 출신으로 매우 부유한 편이었다. 양말 속에다 담배를 감춰 다니며 피우기도 하고 술도 즐기는 멋쟁이였다. 옆에는 늘 비슷한 부류의 친구들이 줄줄 따라다녀 그는 항상 무리의 우두머리처럼 행세했다. 사실 나는 평소 그가 학생 신분으로는 분수에 넘치고 불량하다고 여겨 멀리해왔던 터였다.

그는 내가 학교를 그만둔다는 소식을 전해 들었다면서 기독교청년회관(YMCA) 근처 멕시코 다방에서 만나 자세한 얘기를 하자고 했다. 멕시코 다방은 영화배우 복혜숙(卜惠淑) 씨가 운영하던 경성에서도 하나뿐인 다방이었던 걸로 기억한다. 멋쟁이 어른들이나 출입하는 곳이지 우리 또래 학생들은 얼씬거리기도 뭣한 곳이었다.

약속된 시간에 일러준 뒷문으로 다방에 들어섰더니 이 선배는 학교를 다니다가 그만둔 한량 같은 친구 대여섯을 데리고 나와 있었다. 나는 조심스럽게 그의 앞자리에 앉았다. 이병옥 선배는 "집안 고생은 집안에서 해결해야 한다. 그런 일로 마음이 흔들려서 좋은 재능을 살리지 못하는 건 말도 안 된다"라고 충고했다. 그는 어떤 일이 있어도 학교에 나가 운동을 계속하라고 강권했다.

이병옥 선배의 충고는 학교를 중도에 포기하려던 내게 큰 힘을 주었다. 그는 진정한 마음의 친구였다. 내가 외양으로 잘못 판단하고 멀리했던 그가 가장 큰 고민에 빠진 내게 다가와 나아갈 길을 가르쳐주었던 것이다. 나는 용단을 내려 학업을 계속하기로 했다. 그의 충정 어린 권고가 아니었던들 나의 앞길도 크게 달라졌을 것이다.

나는 요즈음도 오늘의 나를 만들어준 한 사람으로 이병옥 선배에게 감사하고 있다.

이 선배는 "졸업반인 손정균(孫禎均) 선배가 지금 우리집 가정교사로 있으니 조금만 참았다가 내년부터 내 가정교사 구실로 사직동 내 집에서 함께 지내자"고 권했다. 손정균 씨는 다음 해 의과대학에 들어가 훗날 안과 전문의가 되었다. 손정균 씨가 이병옥 선배 집에 머무는 동안 나는 또 다른 은인을 만나 숙식을 해결할 수 있게 되었다. 일본에서 도요쿠니(豊国)중학교에 다니던 김봉수(金鳳秀) 씨였다.

김봉수 씨는 진주의 소문난 갑부 김기태(金琦台) 씨의 둘째 아들이었다. 그는 육상 800m에도 출전하고, 스케이팅 선수로도 활약했다. 부유한 집안에서 자라나 일본에서 호사스런 생활을 했으나 공부에는 그닥 재미를 붙이지 못했다. 학교생활에 싫증이 난 김봉수 씨는 친구 한 명과 함께 재미있는 모험을 계획했다. 부산에서부터 서울까지 480km의 엄청난 거리를 달린다는 것이었다. 사람들의 주목을 끈 이 대(大)역전 마라톤은 성사되지 않았다. 계획 자체가 무모한 것이었다.

김봉수 씨는 이 일로 양정 육상부원들에게도 잘 알려지게 되었다. 그도 우수한 육상부를 가진 양정에 들어오고 싶어 했다. 선배들의 배려로 김봉수 씨는 나의 숙식을 전담한다는 조건으로 양정 편입이 허락되었다. 내가 그의 가정교사로 가장해 함께 기거하게 된 것이었다. 1학년생이 3학년 선배의 가정교사라니 어처구니없는 일이었다.

김봉수 씨의 집은 지금의 덕성여자고등학교 근처에 있었다. 당시 3만 원이나 하는 대궐 같은 집이었다. 내가 그 집에 들어가 있던 어느 날 김봉수 씨 양친께서 나를 불렀다. 가정교사의 얼굴이라도 보겠다는 것이었다. 드디어 일이 벌어졌구나 싶어 나는 간이 콩알만 해졌다. 김봉수 씨가 오히려 나를 안심시켰다.

"문제없어. 우리 아버지가 뭘 아나. 그냥 앉아서 예, 예 하다가 나오면 된다구."

그러나 막상 마주 앉은 김기태 씨는 여간 꼼꼼하지 않았다. 마치 심문하듯 이것저것 캐물었다.

"이름이 뭔가?"

"예, 박동일이라고 합니다."

"집은 어딘가?"

"예, 충청도입니다."

"그런데 어쩐지 말씨가 충청도 같지 않은데. 북쪽 말씨 같아?"

육상선수를 가정교사로 보아줄 리가 없어 박동일이라고 이름까지 바꾸었는데 말씨에서 걸렸다. 김기태 씨는 운동이라는 걸 몹시 싫어했다. 그는 언제나 당신의 아들이 뜀박질이나 하고 스케이트나 타러 다니는 걸 못마땅하게 생각했다. 점잖게 학문이나 할 일이지 뜀꾼이 된다는 건 집안 망신이라고 질색했다.

봉수 씨는 아버지 면전에서만 "예, 예" 하고는 언제나 제멋대로 다니며 달리기도 하고 스케이트도 탔다. 겨울철이면 아예 보따리를 싸가지고는 얼음이 많은 곳으로 스케이팅 여행을 떠나 아버지에게 꾸중을 듣곤 했다. 이러한 아들의 소행을 알고 있는 아버지의 비위를 거스르지 않으려고 일부러 고향을 신의주 대신 충청도로 둘러댔다가 들통이 난 것이다. 사실대로 털어놓으려는 찰나에 김봉수 씨가 재빨리 끼어들었다.

"충청도로 이사온 지 얼마 안 돼서요."

김기태 씨는 미덥지 않은 투로 이것저것 다른 것들을 물어보았다. 계속된 질문에 머리는 어지럽고 꿇어앉은 다리는 마비가 되어서 있는지 없는지 무감각했다. 옆에 앉아 있던 김봉수 씨 어머님이 "영감, 제발 그만해두세요. 공부만 잘 가르치면 됐지, 뭘 자꾸 캐물으세요?" 하고 날 구해주었다.

그날 이후로 나는 '박동일(朴東一)'이라는 다른 이름 하나를 갖게 되었다. 얼떨결에 생각해낸 것이 김봉수 씨 집에서는 내 이름이 되고 말았다.

김기태 씨는 한창 장난에 몰두하다가 어른들만 나타나면 깜짝깜짝 놀라면서 책을 펴드는 우리를 항상 미심쩍은 눈으로 보곤 했다. 동생들은 이미 나와 김봉수 씨의 관계를 눈치채고 있었지만, 그의 부탁과 적당한 위협으로 아슬아슬하게 위기를 넘기곤 했다.

어느 날엔 불교전문학교에서 강연회를 연다는 큰 벽보가 나붙었다. 뜻밖에도 강사 이름이 박동일(朴東一)이었다. 나는 '아차, 이제 진짜 박동일이 나타났으니 큰일났구나' 하고 마음을 졸였다. 김봉수 씨는 "걱정 마라, 우리 아버진 껍데기라구" 하더니 적당히 위기를 때워 넘겼다.

2학년이 된 1933년 3월 경영마라톤대회에 나갔다가 화를 자초했다. 열심히 연습한 보람으로 1위를 차지했는데 자랑스럽기는커녕 김봉수 씨 집에서 쫓겨날 절대 위기에 봉착하고 말았다. 《동아일보》, 《조선일보》에 마라톤 기사와 함께 내 얼굴 사진까지 실렸다. 정작 말썽은 총독부 기관지였던 《매일신보》였다. 내가 결승점에 들어서는 모습을 찍은 사진이 크게 실린 것이었다. 김기태 씨는 여러 가지 총독부 공고문을 정리해두는 분이라 《매일신보》만은 빼놓지 않고 읽고 있었다.

마침내 쫓겨날 각오를 단단히 하고 안방으로 불려갔다. 가슴이 쿵쿵거리고 뭐라 말해야 할지 입이 얼어붙는 것만 같았다. 그때 또 넉살 좋은 김봉수 씨가 말을 꾸며대기 시작했다.

"글쎄, 이 박 군이 그 뜀꾼 손기정과 어떻게나 닮았는지 사람들이 모두 박 군 보고 공부도 잘하고 운동도 잘한다고 칭찬하지 뭡니까?"

떨떠름한 표정을 짓는 아버지 앞에서 얼버무려놓고는 김봉수 씨는 재빨리 나를 밖으로 끌어냈다.

김기태 씨가 보성전문학교(지금의 고려대학교) 이사장 때의 일이었다. 연보전(연희전문·보성전문 간의 대전, 지금의 연고전) 축구경기에서 보성전문이 이겨 응원단원들이 북과 꽹과리를 치며 경기장 안팎에서 한바탕 소란을 떨었다. 학생들 일부는 그 길로 이사장댁을 방문, 꽹과리를 두드리며 덩실덩실 춤을 추었다.

김기태 씨도 보성전문 학생들이 왔다는 말에 방에서 쫓아 나와 반가이 맞았다. 그러고는 왜들 그렇게 좋아하느냐고 물었다. 한 학생이 연보 축구전에서 이겨 그렇다고 대답했다. 김기태 씨는 재차 그게 무엇하는 거냐고 물었다. 학생들 입에서 볼 차기 대회라는 말이 떨어지기 무섭게 김기태 씨는 북이니 꽹과리니 빼앗아 내동댕이치며 야단을 쳤다. 학생들이 공부나 할 일이지 볼 차기나 하고 다닌다니 말도 안 된다는 것이었다.

이렇게 운동을 싫어하고 고지식한 분 집안에서 나는 그래도 김봉수 씨가 졸업할 때까지 용케 버텨냈다. 김봉수 씨는 후일 도쿄 신주쿠에 집을 사두어서 우리는 일본 원정 때마다 큰 신세를 졌다.

김봉수 씨의 졸업으로 지낼 곳을 걱정할 무렵 또 한 사람이 내게 꼭 같은 도움을 베풀었다. 대구 달성 부잣집 아들인 이달희(李達熙) 씨였다. 그의 매부는 후일 국회부의장을 지낸 이재학(李在鶴) 씨였다. 이달희 씨도 400m 육상선수였는데 내 뒷바라지를 한다는 조건으로 양정에 들어오게 되었다. 나는 5학년 때인 1936년 베를린으로 떠날 때까지 또 한 번 엉터리 가정교사로 그의 집에 묵었다.

은사 김수기 선생님

동서남북으로 옮겨 다니며 잠자리는 마련했으나 배고픔의 고통은 사라지지 않았다. 허기가 져서 제대로 달릴 수가 없었다. 배부르면 이기고, 배고프면 지는 게 나의 달리기였다. 장거리 선수로서 이렇게 영양 공급이 제대로 안 되어서야 기록이고 뭐고 해보나 마나 한 것이었다. 그렇다고 칼로리가 어쩌니저쩌니 할 형편도 못되었다. 배가 고프면 물이라도 마시고 달리는 수밖에 없었다.

굶주림을 혼자 안고 끙끙거리던 나는 체육 담당 교사인 김수기 선생님을 찾아갔다. 김 선생님은 일본에서 고학하신 분이었다. 그래서 나의 배고픔을 이해해주실 것만 같았다. 다짜고짜 선생님을 붙잡고 늘어졌다.

"선생님, 부탁이 하나 있습니다."

"뭔데? 말해봐."

"이제부터는 선생님을 형님이라고 부르겠습니다."

"그게 무슨 소리야?"

"형님! 배가 고파서 못 뛰겠습니다. 저를 좀 도와주십시오."

이 당돌하고도 어처구니없는 내 요청을 선생님은 나무라지 않고 선뜻 받아주셨다. 김수기 선생님이 아니었더라면 마라톤 우승의 날은 영원히 오지 않았을지도 모른다. 선생님은 그날부터 매달 박봉을 쪼개어 2원을 나의 특별 급식비로 떼어주셨다. "5전만 주십시오" 했던 나로서는 상상도 못 한 큰돈이었다.

나는 매주 토요일이면 영양 보충을 위해 화신백화점 옥상의 식당을 찾아갔다. 설렁탕 한 그릇에 10전이었는데 꼬박꼬박 40전을 내고 정식을 시켜 먹었다. 거기에다 밥 한 그릇을 추가하면 50전이 다 되었다. 내겐 그보다 더 호사스런 식사가 없었다. 김수기 선생님 덕분에 일주일에 한 번씩, 한 달에 네 번은 이렇게 푸짐한 음식을 먹을 수 있게 되었다.

스물한 살, 나도 이성에 눈뜰 나이였다. 학생 신분으로 그 비싼 정식을 척척 시켜 먹으며 한 주도 거르지 않고 찾아오는 나를 일하는 처녀 아이들은 어느 부잣집 자식쯤으로 여기는 눈치였다. 내게 각별히 친절을 베풀었다. 그들의 손길만 스쳐도 나는 얼굴이 금세 빨개졌다. 10,000m를 뛰었을 때보다 심장이 더 쿵쿵거리는 것만 같았다. 초롱초롱한 눈매, 홍조 띤 얼굴, 붉은 입술, 그들이 보내주는 따스한 눈길을 감당하지 못해 나는 어쩔 줄 몰랐다. 그러나 식당 문을 나서

고된 시기에 힘이 되어준 양정 사람들과 함께

양정 입학 후에도 경제적 어려움은 여전했다. 운동과 학업을 포기하지 말라고 격려하며 머물 곳을 마련해준 육상부 선배들, 매달 월급에서 급식비를 떼어주신 김수기 선생님 등 많은 이의 도움을 받았다. 위 사진은 양정 육상부원들과 함께 찍은 것으로 뒷줄 맨 왼쪽이 김수기 선생님이고 그 옆이 손기정이다. 아래 사진은 1993년 안종원 교장선생님(두 교사 중 왼쪽), 황욱 선생님, 학우들과 찍은 것으로 뒷줄 오른쪽에서 세 번째가 손기정이다.

며 그들에 대한 막연한 연모의 정은 씻은 듯이 사라져버렸다.

'남의 돈을 얻어 밥 사 먹으며 운동하는 놈이….'

이런 자책과 반성으로 나는 스스로를 채찍질했다. 제자의 성공을 위해 어려움 속에서도 마다하지 않고 도움을 베푸는 선생님의 고마운 뜻을 저버린다는 것은 상상할 수도 없는 일이었다.

김수기 선생님은 배재를 나와 일본으로 건너가 고학으로 일본 체육전문학교를 어렵게 졸업하신 분이었다. 일본에서 늘 굶주려 지내면서도 방학이 되어 집으로 돌아올 때면 한 번도 입지 않고 걸어두었던 양복과 구두를 챙겨 입고 신어 일부러 어려운 티를 보이지 않으셨다고 한다.

형제 네 분이 모두 쟁쟁한 유도선수였는데 대학을 마친 후 김 선생님은 모교인 배재에 계시다가 1934년에 양정으로 부임해 육상부 지도를 맡게 되었다. 김 선생님은 양정에 오자마자 전체 조회가 끝난 후 체조 시간을 만들었다. 또 호된 기합으로 학생들 사이에서는 '호랑이'로 통했다. 체조 시간에 구령 소리가 어찌나 큰지 남산이 울린다고 할 정도였다.

선생님은 큰 체격에 마음도 무척 넓은 편이어서 운동부의 어려운 일들을 시원스럽게 해결하시곤 했다. 일반 학생들에게는 어땠는지 모르지만 운동부원들에게는 친형님 같은 분이었다. 특히 내게 베풀어주신 온정은 잊을 수가 없다.

우리 학생들은 툭하면 말썽을 저질렀다. 모든 사람이 억눌려 살다시피 한 시대였지만 누구도 뒤가 두려워 큰소리를 칠 수 없었다. 한창나이인 학생들의 혈기만이 가끔 그러한 압박감을 뚫고 화산처럼 폭발해 말썽을 일으키곤 했다. 참고 견디던 모든 감정이 한꺼번에 터져 나와 도저히 그대로 앉아 있을 수 없도록 만들어버리는 것이었다. 학생들 중에서도 특히 운동부니 문예부니 하는 서클이 가장 위험한 부류였다.

우리 육상부원들이 경성운동장(옛 동대문운동장, 지금의 동대문역사문화공원) 메인 스타디움에서 럭비부원들과 함께 연습하던 때였다. 마침 옆 운동장에서는 숙명여자고등보통학교(이하 '숙명')와 경성제2공립고등여학교(이하 '제2고녀')의 농구 경기가 벌어지고 있었다. 숙명은 양정보다 1년 뒤인 1906년 엄귀비가 세운 사립학교였다. 개교 연원부터 양정과 무관하지 않은 터였다. 게다가 숙명의 상대 제2고녀는 일본 사람들의 학교였다. 우리는 연습을 마치자마자 농구장으로 몰려갔다. 우리가 응원해주면 숙명이 틀림없이 이길 것이라 생각했다.

그 전해에도 재미난 사건이 있었다. 조선신궁경기대회에 출전한 대구상업학교팀이 일본팀과 정구 개인전 결승에서 맞섰다. 때마침 정구장에 있던 양정 정구부원들이 대구상업팀에 목청이 터져라 응원을 보냈다. 응원 덕이었는지 대구상업은 지고 있던 경기에서 뜻밖에 역전해 우승을 거두었다. 후일 대구상업학교장은 양정 학생들의 응원에 힘입어 우승하게 되었다고 양정의 안종원 교장에게 감사문을 보내왔다.

농구 경기장에서는 한창 숙명과 제2고녀의 불꽃 튀는 경기가 펼쳐지고 있었다. 숙명이 초반부터 조금 우세한 경기였다. 우리는 신나게 "숙명 파이팅!"을 외쳐댔다. 가뜩이나 제2고녀의 열세에 화가 나 있던 일본인들이 가만있을 리 없었다. 농구협회는 응원이 너무 시끄러워 방해가 된다고 경기를 중단시켜버렸다. 응원석 맨 앞줄에 앉아 있던 나는 벌떡 일어났다. 피가 솟구쳐 그냥 있을 수 없었다.

"왜 경기를 중단시키는 거요!"

고래고래 고함을 질렀다. 본부석에서 키가 작달막한 사람이 뛰쳐나와 우리를 힐난했다. 살기등등한 표정으로 우리에게 응원을 중지하라고 명령했다. 우리라고 그냥 질 수 없었다. 그 사람과 입씨름을 벌였다. 경기장에선 으레 응원이 있기 마련인데 뭣 때문에 응원을 못 하게 하느냐, 제2고녀가 지고 있어서 그러느냐고 쏘아댔다. 그는 얼굴이 벌개진 채 돌아갔다. 경기도 흐지부지 중단되고 말았다.

다음 날 학교에 갔더니 교장선생님이 부리나케 나를 불렀다. 웬일일까 하고 교장실에 들어서니 안종원 교장선생님과 김수기 선생님이 불안한 표정으로 나를 기다리고 있었다. 김수기 선생님이 나를 책망했다.

"자네 어제 누구하고 싸웠나?"

"뭐, 싸움은 안 했습니다. 그저 응원을 좀 했지요."

"왜 일본 사람들하고 싸우나? 자네가 잘못될까봐 그러는 거야. 총독부에서 호출령이 왔어."

난 그제서야 움찔했다. 어제 너무 심하게 대들었던 모양이다. 나와 싸운 그 사람이 알고 보니 일본농구협회 조선지부 사무국장 메나(目奈)였다. 화가 난 그는 내가 불량한 조선 학생이라고 총독부 학무과에 고자질해버린 것이었다.

김수기 선생님과 함께 총독부 학무과에 찾아가면서 나는 은근히 걱정이 되었다. 다 늦게 들어온 학교인데 혹시나 쫓겨나는 건 아닐까. 김 선생님은 나를 위해 온갖 변명을 다 하셨다.

"뛰는 것 외엔 아무것도 모르는 놈입니다. 잘 모르고 그랬으니 용서하십시오."

이리저리 빌어보았으나 뜨끔하게 혼이 나고 결국 일주일 정학 처분을 당했다. 일본 사람과 말다툼한 조선 사람을 징벌하는 데 에누리가 없었다. 그들은 이런 일들로 나라를 빼앗긴 조선 학생들 가슴에 못을 박았고 분노의 피를 들끓게 만들었다.

김수기 선생님은 우리 학생들의 좋은 형이요, 방패가 되어주셨다. 그러나 언제나 우리 육상부원들이 큰 전과를 올렸을 땐 공을 다른 사람에게로 돌리셨다. 자신이 양정 아닌 배재 출신이었기 때문에 애써 공치사를 피하시는 것이었다.

우람한 체구의 김수기 선생님은 뜻밖에도 폐결핵으로 세상을 떠나셨다. 내가 베를린 올림픽 마라톤에서 우승한 후 감사의 선물로 넥타이를 사다 드린 지 얼마 안 되어서였다. 허망한 일이었다.

김수기 선생님은 나를 마라토너로 길러주신 분이다. 부모님이 내게 생명을 주셨다면 김 선생님은 방황하던 나를 바른길로 인도해주신 분이었다. 그분이 가신 지 벌써 40여 년이 흘렀지만 내 마음속엔 아직도 생생하게 살아 계시다.

어두운 시절

조선의 올림피언

"손기정 군, 나는 올림픽에 출전했으나 실패했네.
손 군이라면 틀림없이 세계 마라톤을 제패할 수 있을 거라 생각하네.
그래서 꼭 세계 마라톤을 제패해 저 일본 사람들의 콧대를 눌러주게."

로스앤젤레스 올림픽 예선

1932년 로스앤젤레스 올림픽은 비록 남의 나라 일본의 이름을 빌렸지만, 우리 민족이 처음으로 올림픽에 데뷔한 대회였다. 로스앤젤레스에 사는 수십만 동포를 생각하면 그 도시와 우리 민족의 묘한 인연들을 되새기게 된다.

올림픽을 앞둔 1932년 5월 8일 경성에서는 조선 선수들의 1차 예선전이 벌어졌다. 양정 1학년생인 나는 주 종목인 5,000m에만 출전할 예정이었다. 양정 졸업반인 김은배 선배는 이미 조선에서 제일가는 마라토너로 명성을 떨치고 있었다. 그는 1931년 조선신궁경기대회에서 2시간 26분대의 세계 최고 기록(비공인)을 세우기도 했다. 일본체육협회는 김 선배에 대해서만 지난해의 성적을 그대로 인정해 마라톤 예선을 치르지 않아도 된다고 통보했다.

그래서 김 선배는 10,000m 예선에 참가키로 했다. 그러나 10,000m에서 김 선배와 겨룰 상대가 마땅치 않았다. 좋은 경쟁자 없이 좋은 기록이 나오기는 어려운 법이다. 나는 임원들의 종용으로 5,000m 출

조선의 올림피언

전에 앞서 10,000m 스타트 라인에 서게 되었다. 순전히 김은배 선배의 페이스메이커 꼴이었다.

두 개의 감색 팬츠가 짝을 이루어 10,000m 레이스를 압도했다. 김은배 선배는 트랙 안쪽 코스로, 나는 바깥쪽 코스로 나뉘어 선두를 달렸다. 감색 팬츠는 양정 육상부의 영광의 상징이었다. 감색 팬츠의 대열이 조선과 일본의 육상계를 휩쓸고 다녔기 때문이었다. 나머지 선수들은 저 뒤로 처져 경쟁이 되질 않았다. 한참 달리던 나도 욕심이 생겼다. 그렇게 피로하지도 않았다. 좀 더 빨리 달려도 될 것 같았다. 김 선배를 제치고 앞으로 내달렸다.

레이스를 주시하고 있던 미네기시 조선체육회 전무이사가 달려 나왔다.

"너무 빨라요! 너무 빨라."

그는 10,000m 주력 선수인 김은배 선배가 나 때문에 페이스가 흔들려 레이스를 망치게 될까봐 야단이었다.

미네기시 씨는 양정 육상부의 일본인 아버지 같은 사람이다. 양정 육상부가 탄생할 무렵 미네기시 씨는 육상부 지도를 맡아 양정을 조선 최고의 팀으로 키워냈다. 그는 양정팀을 이끌고 일본에 원정, 한신 역전경주에서 3년 연속 우승을 이끌었다. 일본 사람들은 일본인 코치가 가르친 조선팀의 연승에 분통을 터뜨렸다. "도대체 누가 양정팀을 가르치는 거야? 이건 사서 망신당하는 꼴이 아니냐?" 미네기시 씨는 승장으로 뽐내기는커녕 숨어다녀야 할 판이었다.

"이봐, 너무 빠르단 말이야!"

그는 트랙 바깥 코스를 달려 훨씬 불리한 내게 도리어 화를 내며 제지했다. 그 판에 이병옥 선배가 뛰어들었다.

"뭐야! 경주에 선배, 후배가 어디 있어? 마음껏 뛰어! 뛰어서 이기란 말이야!"

이병옥 선배는 신입생의 분투에 신이 나서 응원했다.

열다섯 바퀴를 달릴 무렵까지 나는 거의 5m 차로 선두를 유지했다. 열여섯 바퀴째에 김은배 선배는 간격을 좁혀 나와 나란히 나섰다. 그런 상태로 두 바퀴를 더 돌았다.

'내가 이대로 뛰어도 좋을까? 사실 내 레이스는 5,000m인데, 괜히 김 선배만 골탕 먹이는 게 아닐까?'

'야, 이 녀석이 제법이다. 들러리로 붙여준 녀석이 날 애먹이는데? 그래 한번 멋진 경주를 해보자. 감색 팬츠끼리 멋진 승부라…!'

마지막 바퀴에서 김 선배는 있는 힘을 다해 스퍼트, 33분 38초 2로 우승했다. 5m 차이로 내가 2위를 했다. 2위였지만 부끄럽지 않은 레이스였다. 바깥쪽 코스만 달렸으니 진짜 기록은 1위를 한 김 선배에게 뒤질 것 없다고 자위했다. 신문에서도 맹장 김은배와 경쟁한 나를 칭찬했다.

10,000m를 뛰고 나서 잠시 숨을 돌리자 곧 5,000m 경기가 시작되었다. 하루에 두 종목을 뛴다는 게 여간 벅찬 일이 아니었다. 누르미는 하루에 두 번 뛰어 두 번 다 세계 신기록으로 올림픽 금메달을 땄다. 누르미와 같은 선수가 되는 게 내 꿈이 아닌가! 그러나 대선수 누르미도 하루에 10,000m와 5,000m를 뛴 것은 아니었다. 그는 1924년 파리 올림픽에서 같은 날 5,000m와 1,500m에 출전해 연거푸 세계 신기록으로 우승했다. 그는 언제나 내 지상의 목표였다.

조선의 올림피언

5,000m도 양정 주장 유해붕 선배와 조인상 선배가 함께 뛰게 되었다. 트랙은 비 온 후라 축축히 젖어 그다지 좋은 상태가 아니었다.

'5,000m는 내 종목이다. 누구에게도 빼앗길 수 없어.'

운이 좋았던지 나는 5,000m에서도 독주해 유해붕 선배를 약 150m 정도나 떨어뜨리고 1위로 골인했다. 16분 3초 2. 나의 우승 기록은 종전 기록 16분 5초를 1초 8 단축한 조선 최고 기록이었다.

더 재미있었던 종목은 마라톤이었다. 김은배 선배가 이미 지난해 성적으로 마라톤 조선 예선을 통과한 터라 이 종목에서 가장 주목받는 선수는 권태하 선배였다. 권 선배는 이 예선 대회에 앞서 양정 선수들과 함께 경성에서 훈련에 열을 올렸다. 집안이 부유한 선배는 자기 돈으로 장충동 여관에 숙소를 정해놓고 올림픽 출전 준비를 하고 있었다.

조선 예선전을 이틀 앞두고 권 선배는 혼자 도로 훈련에 나섰다. 정오 무렵에 황금정(黃金町, 지금의 을지로) 네거리를 지나가다 일본 교통 순사와 싸움이 붙었다.

"이것 봐! 어디로 뛰어드는 거야? 찻길로 뛰어드는 놈은 혼 좀 나야 해."

"네까짓 게 뭐냐? 나는 메이지대학 법학부 학생이다. 올림픽 마라톤에 출전할 선수란 말이야."

먹살을 잡고 달려드는 권 선배를 일본 순사가 가만히 놓아둘 리가 없었다.

"이런 건방진 놈 같으니라구!"

순사는 얼굴이 벌개져서 권 선배에게 발길질했다. 숙소로 돌아온 권 선배의 다리가 터지고 긁히고 멍투성이어서 우리는 깜짝 놀랐다.

"응, 이런 것쯤 별거 아니야. 도로를 뛰는데 미친개가 달려들었지."

그러나 권태하 선배가 도로 연습 중 순사에게 폭행당한 사실이 나중에 신문에 보도되었다. 의사는 권 선배의 대회 출전을 만류했다. 그 다리로 뛰어봐야 좋은 성적은 어려울 테니 휴양하라고 권했다. 다혈질의 권 선배는 펄쩍 뛰었다.

"이번 기회를 놓치면 끝장이오. 스물여섯 나이로 어떻게 다음 올림픽 출전을 바라보겠소?"

설상가상으로 감기까지 걸린 권 선배는 아스피린 부작용으로 얼굴과 손이 퉁퉁 부어 꼴이 말이 아니었다. 하지만 아무도 그의 고집을 꺾지 못했다.

마라톤 조선 예선전에서 권태하 선배는 거뜬히 105리를 뛰고 경성운동장 결승 지점에서 코스를 잘못 잡아 150m가량이나 더 뛰고도 2시간 35분 12초로 우승했다. 경성운동장을 메운 수많은 관중은 부상을 무릅쓰고 뛰어 우승한 권태하 선배에게 뜨거운 박수갈채를 보냈다.

조선 선수들은 장거리에 강세를 보였다. 이 로스앤젤레스 올림픽 마라톤 조선 예선전에서도 중장거리는 모두 조선 선수들이 휩쓸었으며, 일본 선수들은 단거리와 필드에서 다소 우세했다.

1932년 5월 25일에는 도쿄에서 로스앤젤레스 올림픽에 보낼 일본 대표선수들의 최종 선발전을 겸한 일본육상선수권대회가 열렸다. 김은배, 권태하 선배는 조선 1차 예선을 통과해 마라톤에 출전했으며, 나는 5,000m와 10,000m에 출전했다. 조선 예선에서 마라톤 1위를 차지했던 권태하 선배는 이 최종 선발전에서도 2시간 36분 50초로 당당 1위를 했다. 김은배 선배는 2시간 37분 57초로 2위, 일본 게이오대학(慶應大學)을 졸업한 쓰다 세이치로(津田晴一郎)가 3위를 차지했다. 5,000m와 10,000m에 출전한 내 성적은 그다지 좋지 못했다.

최종 선발전을 마치고 돌아온 후 권태하, 김은배 선배에게 올림픽 대표선수가 되었다는 정식 통보가 날아왔다. 그러나 내겐 대표선수가 되었다 안 되었다는 회신조차 없었다. '지는 놈에게 돌아오는 건 굴욕감밖엔 없구나.' 나는 더욱 이를 악물고 연습해서 반드시 큰 선수가 되리라 다짐했다. 권투에서는 황을수 씨가 대표선수로 선발되었다. 권태하, 김은배, 황을수 이 세 사람은 비록 일장기를 달긴 했지만 조선 최초의 올림피언이었다.

김은배 선배는 어릴 때 몸이 약해서 잔병치레가 유난히 많았다고 한다. 운동을 잘해서 운동선수가 된 게 아니라 잔병을 떨쳐내기 위해 달리기를 하다 보니 선수가 되었다. 김 선배 역시 처음에는 5,000m와 10,000m 선수였다. 장거리 선수였지만 스피드를 길러야 한다고 생각해 경성역에서 한강까지 전차 뒤를 붙들고 달리다가 차장에게 들켜 혼나곤 했다. 또 남산을 뛰어 오르내리며 열심히 연습

김은배, 권태하 선배와 함께

1932년 6월 2일, 로스앤젤레스 올림픽 대표선수 최종 선발전과 일본육상선수권대회에 출전하고 경성으로 돌아온 세 선수. 왼쪽 세 번째부터 김은배, 권태하, 손기정 그리고 미네기시 선생이다. 마라톤 최종 선발전에서 권태하가 1위, 김은배가 2위를 하고 개선하자 경성역은 양정 학생과 체육 관계자, 일반 시민 등 약 1,000명의 환영 인파로 가득했다.

하기도 했다. 이러한 열성으로 김 선배는 조선 최고 기록을 세우며 국내 마라톤 제1인자가 되었다. 양정 3학년 때인 1931년 11월 3일 메이지신궁경기대회에서 2시간 34분 58초의 기록으로 2위를 차지했다.

  권태하 선배는 청주 태생으로 자부심이 대단했고 무척 격정적인 사람이었다. 그는 특히 일본의 조선 사람에 대한 차별에 크게 반발해 종종 일본 사람들과 충돌하곤 했다. 권 선배는 집안이 넉넉해서 휘문고등보통학교를 다니다 말고 일본 유학을 떠났다. 일본에서 중

조선의 올림피언

학교를 나와 메이지대학 법학부를 다니던 그는 운동을 좋아해서 럭비부에 들어갔다. 그러나 단체 경기인 럭비를 하면서도 같은 팀의 일본 선수들과 다투기 일쑤였다. 결국 럭비를 관두고 개인 경기인 마라톤을 시작했다. 권 선배는 운동 소질도 대단해서 뒤늦게 시작한 마라톤에서 두각을 나타내 로스앤젤레스 올림픽 예선을 겸한 일본 육상선수권대회에서 1위를 차지했다.

황을수 씨는 강원도 철원이 고향이었다. 도쿄 최종 예선에서 그는 매우 고통스러워 했다. 모든 종목의 예선이 끝나 권투가 마지막까지 주목을 받고 있었다. 그는 반드시 이겨야 한다는 일념에 오버워크를 한 데다 정신적인 스트레스로 불면증에 시달렸다. 결승 전날 밤은 아예 한숨도 못 잤다. 머리가 깨어질 듯했다. 그를 대표선수로 만들어준 것은 다재다능하던 스포츠맨 김정복 씨의 우정어린 간호였다. 거의 30분마다 습포로 황을수 씨의 머리를 식혀주고 위로했다. 덕분에 황을수 씨는 험난한 고비를 넘어 올림픽 출전의 영광을 안게 되었다.

올림픽을 망친 일본의 횡포

체육회, 신문사, 각급 관청, 사회단체의 올림픽 선수단 환송연이 매일처럼 계속되었다. 선수단이 마침내 도쿄를 떠나 요코하마 항구로 가는 동안에도 일본은 물론 신문 보도를 통해 경성에서도 환송 무드로 떠들썩했다. 세 사람의 조선 올림픽 대표를 위해 경성에서

파보 누르미와 인사하는 권태하와 김은배

1932년 로스앤젤레스 올림픽 마라톤에 일본 대표로 출전한 (왼쪽부터) 김은배, 권태하, 쓰다 선수
가 마라톤에서 1위를 한 핀란드의 파보 누르미 선수와 인사를 나누고 있다. 권태하, 김은배는 손
기정보다 먼저 일장기를 가슴에 달고 뛴 조선의 마라토너였다. 손기정은 두 선수에게 큰 영향을
받았으며, 권태하의 권유로 마라토너의 길을 걷기 시작했다.

태평양으로 떠나가는 타이헤이마루(太平丸)호 선상으로까지 수많은
축하와 격려의 전보가 날아갔다.

　공식 선발전을 통해 대표선수로 뽑혔으나 일본 사람들은 조선 선

수의 올림픽 출전을 못마땅해했다. 그들은 어떻게든 일본 선수가 올림픽에서 우승해야 한다고 생각했다. 특히 마라톤 예선에서 1·2위를 차지한 권태하, 김은배 선배에 대한 일본 사람들의 질시는 대단했다.

예선 3위로 대표선수가 된 쓰다는 선수 겸 코치를 맡아 레이스 전부터 자신의 우승 작전을 세워놓고 있었다. 그는 일본의 승리를 위해 짜놓은 작전이니 그대로 따라야 한다고 두 선배에게 우격다짐을 했다.

"외국 선수들에게 권태하가 일본 마라톤 1위, 김은배가 2위인 것을 넌지시 알려두어라. 그러면 그들은 두 사람을 집중적으로 경계할 것이다. 실전에서는 둘이 먼저 달려나가 외국 선수들의 힘을 빼놓아야 한다. 그러면 우승은 우리 것이 된다."

쓰다는 자신의 우승을 위해 권태하, 김은배 선배가 페이스메이커가 되도록 지시했다. 일본의 승리를 위한 제물을 만들 생각이었다. 쓰다의 계획에 두 선배는 격분했다. 기록이 더 좋은 두 사람에게 희생하라는 것은 말도 안 되는 소리였다. 둘은 겉으로는 그의 작전 지시에 따르는 척했지만 실제로는 제멋대로 뛰었다.

팀워크가 이 지경이었으니 좋은 성적이 나올 리가 없었다. 일본 마라톤은 또 한 번 패배했다. 횡포를 부리며 우승에 안간힘을 쓰던 쓰다는 5위에 그쳤다. 하지만 그의 기록 2시간 35분 42초는 자신의 최고 기록이었다.

김은배 선배는 2시간 37분 28초로 6위, 권태하 선배는 2시간 42분 52초로 9위였다. 모두 제 기록도 내지 못했다. 경기 때까지도 정신적 갈등에서 헤어나지 못했기 때문이었다. 게다가 권 선배는 페이스를 제대로 조절하지 못해 결승점에 들어와 기진맥진 기절해버렸다. 병원에서 의식을 되찾은 권 선배는 눈물을 흘리며 쓰다의 횡포에 분해했다. 자의식이 강하고 일본에 대한 증오가 컸던 권 선배로서는 참기 어려운 일이었다.

13개국에서 29명이 참가한 이 로스앤젤레스 올림픽 마라톤에서 아르헨티나의 후안 카를로스 자발라(Juan Carlos Zabala)가 2시간 31분 36초로 우승했다. 영국이 2위와 4위를, 독일이 3위를 차지했다. 아홉 명은 중도에 기권하고 스무 명만이 끝까지 달렸다.

권투의 황을수 씨도 도쿄에서부터 컨디션이 좋지 않아 고생하더니 결국 올림픽 1회전에서 탈락하고 말았다. 그는 10여 일을 쉬고 나서 배를 타고 로스앤젤레스로 가는 도중에 연습을 재개했으나 허리 부상이 도져 의사로부터 연습 중지령을 받기까지 했다.

일본 육상팀의 경우 트랙 선수들이 도처에서 실격하고 탈락해 일본 선수단을 당황케 했다. 선수 대부분이 체력의 열세를 이겨내지 못했다. 그러나 필드의 도약 경기에서는 대단한 활약을 보였다. 장대높이뛰기 선수 니시다 슈헤이(西田修平)는 4m 28로 자신의 종전 기록은 물론 지난 대회 기록을 돌파하는 올림픽 신기록으로 은메달을 차지했다. 금메달리스트는 미국의 밀러로 4m 31의 세계 신기록을 수립했다. 대회 첫 경기인 멀리뛰기에 출전해 3위에 그쳤던 난부는 세단뛰기에서 15m 72의 올림픽 신기록으로 1위를 차지했다.

올림픽의 꽃이라 불리는 마라톤의 금메달은 일본 체육계의 오랜 염원이었다. 그들은 이 금메달의 꿈을 일본 선수가 이루어내기를 고대하고 있었다.

1911년 11월, 스톡홀름 올림픽을 한 해 앞두고 일본에서는 처음 정규 거리의 마라톤이 실시되었다. 그전까지 일본 육상계에는 정규 마라톤이 제대로 소개되지 않은 상태였다. 사람들은 그저 먼 거리를 뛰는 도로 레이스를 통칭해서 마라톤이라 부르고 있었다.

열두 명의 선수가 비를 무릅쓰고 올림픽 예선에 참가했다. 이 첫 정규 거리[7]의 마라톤 경기에서 가나구리 시소(金栗四三)가 1위를 차지했다. 그의 기록은 놀랍게도 2시간 32분 45초였다. 일본 육상계에서는 소동이 일어났다. 그때까지도 마라톤 세계 기록은 2시간 35분대였기 때문이다.

1912년 가나구리는 일본 선수로는 처음 올림픽 마라톤에 출전했다. 일본 사람들은 금메달의 꿈에 부풀어 있었다. 그러나 그는 처음 경험하는 북유럽의 포장도로 위를 뙤약볕 아래서 달리다가 26km 지점에서 지쳐 기권하고 말았다.[8] 가나구리는 지금까지도 일본 마라톤의 아버지로 불리고 있다.

조선에서는 일본보다 늦은 1927년 10월, 제3회 조선신궁경기대회에서 처음 풀코스의 마라톤이 실시되어 34명의 선수가 참가했다. 1위 마봉옥(馬鳳玉) 씨의 기록이 3시간 29분 37초였으니 그가 달리는 동안 느꼈을 지리함과 고통은 대단했을 것이다.

1928년 암스테르담 올림픽에서는 야마다 가네마츠(山田兼松)가 4위, 쓰다가 6위를 했다. 일본 육상계로서는 놀라운 성장이었다. 1932년 세 명의 마라토너를 로스앤젤레스에 보내며 일본은 올림픽 마라톤 제패의 부푼 꿈에 들떠 있었다. 그러나 결과는 오히려 후퇴였다.

쓰다는 이 패배를 권태하, 김은배 선배의 탓으로 돌렸다. 자신의 작전에 따르지 않았기 때문에 금메달을 놓쳤다고 선수단에 보고했다. 권태하, 김은배 선배의 반발은 당연했다. 쓰다의 작전은 처음부터 부당한 것이었다. 조선 민족에 대한 멸시요, 일본 민족의 우월성을 내보이려는 잘못된 생각에 바탕을 둔 작전이었기 때문이다. 정말 금메달을 따려 했다면 보다 좋은 기록을 가진 권태하, 김은배 선배를 위해 이미 지난 대회에 출전해서 이름이 알려진 쓰다가 코치로서 자진해 외국 선수들을 유도하며 희생했어야 했다.

일본 사람들에게 반감이 격심했던 권태하 선배는 올림픽이 끝난 후에도 일본으로 돌아가지 않았다. 그는 선수단 일원으로 가지고 있던 여권을 이용해 미국에 홀로 남았다.

마라토너의 의지를 심어준 권태하 선배

자유의 나라 미국에서 새 생활을 시작한 권태하 선배는 남가주대학(서던캘리포니아대학교)에 들어갔다. 그러나 일본 사람들에게 당한 모욕과 고국의 후배들을 잊지 않았다. 권 선배는 올림픽에 출전하기 전 경성에서 함께 연습했던 내게 편지를 보내왔다.

"손기정 군, 나는 올림픽에 출전했으나 실패했네. 이제 다시 시작하려니 너무 늦은 감이 없지 않아. 나는 손 군과 함께 연습하면서 손군이 가진 뛰어난 마라톤 소질을 보았네. 손 군이라면 틀림없이 세계 마라톤을 제패할 수 있을 거라 생각하네. 지금부터라도 어떤가, 정식 마라톤을 시작하게. 그래서 꼭 세계 마라톤을 제패해 저 일본 사람들의 콧대를 눌러주게."

권 선배는 자신이 겪어야 했던 온갖 고난과 수모를 빠짐없이 내게 써 보냈다. 그리고 그 보복을 해줄 사람이 나밖에 없다고 지명했다.

권 선배가 보낸 장문의 편지를 읽으면서 나는 마라토너가 되어야겠다고 결심했다. 그때까지도 나는 중장거리나 소구간 역전 마라톤에만 치중했을 뿐 42.195km를 뛰는 정규 마라톤을 해보지 못했다. 나는 권 선배의 편지에서 일본 사람들에 대한 불타는 증오, 세계 마라톤 제패의 뜨거운 염원을 읽을 수 있었다. 그 편지는 내가 정식 마라토너로 전환하는 계기가 되었다.

권태하 선배는 틈나는 대로 격려의 편지를 보내왔다. 또 현재 조선의 처지와 일본의 조선에 대한 횡포를 설명했다. 일본의 압제를 물리칠 수 있는 방법 중 하나는 세계 스포츠 무대에 나아가 좋은 성적을 올리고 '코리아'라는 이름을 만방에 알리는 것이라고 역설했다.

권 선배는 또 미국이라는 거대한 나라에 대해서도 재미있는 이야기들을 들려주었다. 모든 것이 신기하기만 한 나라였다. 사람들의 자유로운 생활, 풍족한 물자, 민주적인 사고방식 등…. 무엇 하나 부러울 것이 없는 나라, 일제의 그늘에서 신음하는 조선으로서는 상상조차 하기 어려운 나라였다. 멋쟁이인 권태하 선배는 플로리다의 해변에서 수영복 차림으로 엎드려 찍은 자신의 사진에 영문 사인을 곁들여 보내주기도 했다.

마라토너 손기정

일본은 손기정이라는 괴물에 또 한 번 놀랐다.
2시간 26분 42초라는 경이적인 세계 최고 기록.
이제 믿든 곱든 마라톤 대표선수로서 손기정이라는 존재를
숙명으로 받아들일 수밖에 없었다.

감색 팬츠의 육상 왕국 양정

1933년 시즌을 여는 경성-인천 간 왕복 역전경주대회가 3월에 조선육상경기연맹 주최로 열렸다. 이 대회에는 양정, 경성제2고등보통학교(이하 '제2고보'), 경성사범학교(이하 '경성사범'), 평안백화점, 왕십리구락부 등 9개 팀이 출전했다. 양정은 첫 주자 최준근(崔俊根)과 두 번째 주자 송준근(宋俊根)이 분투해 왕십리구락부와 선두를 다투었다.

상인천역을 돌아 부평으로 향하는 귀로에서 유해붕 선배가 역주, 양정은 드디어 선두로 나섰다. 오류동 부근에서는 평안백화점팀이 기세를 올려 왕십리구락부를 제치고 선두 양정을 위협했다. 나는 유 선배에 이어 오류동에서 마지막으로 바통을 받아 뛰었다.

양정팀 동료들은 전세 택시 세 대에 나누어 타고서는 1위로 달리는 마지막 주자를 따라오며 격려의 함성을 질러댔다. 택시 한 대 빌리는 데 50전씩. 어느 팀도 감히 엄두 내지 못한 아이디어였다.

한강 안쪽 시내에만 깔린 아스팔트는 견고하지 못해 따가운 햇볕

마라토너 손기정

을 받아 신발이 그대로 박힐 것처럼 흐물거렸다. 나는 동료들의 응원을 받으며 맹렬한 피치로 달아나 평안백화점팀을 6분 19초나 떨어뜨리고 1위를 지켰다. 양정은 어느 대회에서나 제일의 우승 후보였고 또 어김없이 우승을 차지했다.

그러나 언제나 영광스러운 일만 계속되는 것은 아닌 게 세상일이다. 1933년과 1934년 이태에 걸쳐 육상 왕국 양정은 뼈아픈 두 차례의 패배를 맛보았다. 선두로 달릴 때 사람들의 시선을 끌던 양정의 자랑스러운 감색 팬츠는 꼴찌를 달릴 때도 피할 길 없이 선명하게 그 참담한 모습을 사람들의 뇌리에 심어주었다.

양정팀은 1933년 이미 그 전해에 우승했던 도쿄-요코하마 간 역전경주대회 2연승에 자신만만하게 도전했다. 모교 학우들은 물론 모든 사람이 양정의 우승을 믿어 의심치 않았다. 그러나 뜻밖의 사고가 잇따르면서 양정은 첫 참패의 굴욕을 겪게 되었다. 선수 하나가 발바닥이 상한 데다 경련까지 일으켜 기어서 골인하는가 하면, '젠자이'라는 팥죽을 먹고 배탈이 난 선수가 의식을 잃고 바통을 구경하던 관중에게 넘겨주는 등 그런 비극이 없었다.

양정은 제1구간에 나선 김유수부터 부진하더니 사이타마상업학교 팀에 선두를 빼앗기고 수십 미터 뒤져 2위를 달렸다. 제2구간의 한종흠은 더욱 뒤로 처져 약 300m가량 떨어졌다. 제3구간에 들어간 김국태는 떠나올 때부터 다친 발을 감추고 혼자 연습을 하더니 이 구간에서 그 고통이 더해져 선두와 무려 10km나 떨어져 도저히 만회할 수 없는 상태가 되고 말았다. 이때부터 양정은 3위로 처졌다.

제4구간에 나선 임완순은 이 대회에 처음 출정한 데다가 선배들의 부진으로 선두와 격차가 엄청나게 벌어지자 마음은 급하고 걸음은 늦어져 제 페이스를 잃고 허둥거리다 기진하여 의식을 잃고 쓰러지고 말았다. 동료 선수들이 손은 못 대고 물을 끼얹어 정신을 차리게 했으나 이미 레이스는 엉망진창이었다.

전해 양정에게 우승을 빼앗긴 식민무역어학교팀이 이 기회를 놓치지 않고 쫓아와 양정을 앞질러 선두로 나섰다. 초반 선두를 달리던 사이타마상업학교팀도 이 코스에서 지지부진하더니 끝내 기권하고 말았다. 임완순은 옆에서 소리치는 동료들의 격려로 엉금엉금 기어서 제4구간에 골인, 바통을 엉뚱한 사람에게 쥐어주고는 쓰러졌다.

제5구간에서 송진환(宋鎭煥)은 선두와의 간격을 좁히지 못한 채 3위를 유지했다. 마지막 제6구간 출발점에 서 있던 나는 눈이 빠지게 기다렸지만 양정의 감색 팬츠가 나타나질 않았다. 다른 팀 선수들이 휙휙 옆을 지나가는데 양정은 감감무소식이었다. 한참 후에야 송진환이 땀을 뻘뻘 흘리며 달려왔다.

'이거 큰일났구나. 이렇게 많이 뒤져서야 따라잡을 수 있겠나?'

창피하다는 생각뿐 우승 따위는 엄두도 낼 수 없게 되어버렸다. 있는 힘을 다해 쫓아갔지만 선두는 이미 사라져 보이지도 않았다. 무리해서 달리다 보니 옆구리가 결리고 배가 땅기고 정신도 차릴 수 없었다. 이런 고약한 레이스는 처음이었다. 3위에 입상한 것만도 다행이었다.

상승 가도를 달려온 육상 왕국 양정의 체면은 말이 아니었다. 처음 당하는 패배의 맛은 무척 썼다. 경성을 향한 발걸음은 무겁고 두려웠다. 뜻밖에도 경성역에는 지난해 우승했을 때만큼이나 많은 교우와 동창이 마중 나와 있었다. 기차에서 내린 우리 일행은 고개를 떨 군 채 눈물을 훔쳤다. 교우들도 말없이 우리를 맞았다. 이 비장한 환영식에서 양정 학생 대표가 환영사를 했다.

"우리 양정 육상팀은 국내외를 막론하고 가는 곳마다 우승하고 돌 아왔다. 이제 선수들 자신은 으레 이긴다는 지나칠 정도의 자신감을 가졌다. 일반 사회에서도 양정이 지는 것을 오히려 괴이하게 생각할 만큼 양정을 반드시 이기는 팀으로만 알고 있다. 이번 패배는 이렇 듯 자만에 빠지기 쉬운 관념을 깨뜨렸고, 또 양정보다 강한 팀도 있 을 수 있다는 교훈을 주었다고 믿는다. 이런 점에서 우리는 충심으 로 양정팀의 노고를 치하하고 또 앞날의 분투 노력을 빈다."

우리 모두 감정이 북받쳐 입을 열지 못했다. 입술을 깨물어 눈물을 참으며 한종흠이 간단한 답사를 했다. 모두 소매로 눈물을 훔쳐내며 땅만 내려다보고 있었다. 패배의 쓰라림이 어떤 것인지를 절감했다.

1934년 시즌의 시작도 성적이 그다지 좋지 못했다. 1회 경성-인천 왕복 역전경주대회에서 우승했던 양정은 2회 대회에서 부끄럽게도 5위로 떨어졌다. 3월에 열린 시즌 벽두의 이 대회에서도 양정은 가 장 유력한 우승 후보로 주목받고 있었다. 양정과 겨룰 만한 상대로 는 변용환, 황자동(黃慈童), 백규복(白圭福), 유장춘(柳長春) 등 맹장들 로 구성된 경성실전팀 정도였다.

레이스는 엉뚱하게 진행되었다. 제1구간인 경성부청(지금의 서울 시청)에서 오류동까지의 첫 레이스에서 양정의 첫 주자 안진엽(安鎭 燁)은 선두와 5분이나 뒤떨어져 6위를 기록했다. 경성실전의 첫 주 자 황자동도 그다지 스타트가 좋지 못해 5위에 그쳤다. 놀랍게도 거

들떠보지도 않았던 왕십리구락부가 첫 구간 1위를 차지했다.

부평까지의 제2구간에서는 경성실전의 변용환이 당당 1위였다. 왕십리구락부는 최노마(崔老馬)가 불과 4초 차로 2위를 해서 종합기록에서는 여전히 왕십리구락부가 1위였다. 양정은 두 번째 주자 송관용(宋觀鏞)은 더욱 부진해 순위가 7위로 떨어졌다. 오히려 경성사범과 인천구락부가 선전해 3위를 놓고 다투었다.

반환점인 인천에는 왕십리구락부의 박창식(朴昌植)과 경성실전의 진규관(陳圭寬)이 동시에 도착해 치열한 선두 경쟁을 벌였다. 양정은 이때까지도 7위에서 벗어나지 못했다. 경성실전은 서울로 향한 제4구간에서부터 변천재(邊天宰), 백규복, 유장춘 등 맹장들이 선두로 치달려 1위를 차지했다. 양정은 제4구간까지 7위에 머물다가 제5구간에서 최춘근의 분투로 6위를, 마지막 제6구간에선 내가 온 힘을 다해 달려 겨우 5위를 차지했다. 하급생들로 구성된 양정B팀 역시 최하위인 9위를 기록해 양정은 조선에서도 톡톡히 망신을 당했다.

1932년 로스앤젤레스 올림픽의 마라톤 도전은 6위 입상에 그쳤지만, 이때를 전후해 육상은 조선에서 모든 스포츠 종목 중 가장 큰 관심을 끄는 인기 종목이 되었다. 어느 체육대회에서나 육상은 빅 이벤트로 이목을 집중시켰고 마라톤이나 역전경주 등 육상 단일 종목 대회도 크게 인기를 끌었다. 웬만한 대회면 육상경기장을 가득 메울 만큼 인파가 몰려들었다.

이 무렵 양정과 총독부팀 등의 조선 선수들이 마라톤과 중장거리를 휩쓸었다. 마라톤에서는 김은배, 권태하 선배가 발군의 경지에 있었으며, 5,000m에서는 변용환이 15분 58초 4로 1위, 1,500m 4분

13초 6으로 2위, 800m 2분 2초 9로 2위를 기록했다. 유해붕 선배는 5,000m 16분 35초로 2위, 1,500m 4분 19초 2로 5위에 올랐다. 나는 5,000m 17분 7초 5로 3위, 800m 2분 5초로 3위를 기록했다. 종목을 가리지 않고 닥치는 대로 뛸 때라 좋은 기록을 내지는 못했다.

여권 문제로 미국에서 돌아와 남만주철도주식회사(이하 '만철')에 들어간 권태하 선배는 마라톤뿐 아니라 1,500m에서도 4분 11초 4의 조선 최고 기록을 가지고 있었다. 그러나 이러한 기록들은 세계 기록에 비하면 한참 뒤떨어진 것이었다.

여자 단거리 육상 부문에서는 평양서문공립고등여학교(이하 '서문고녀'), 진명여자고등보통학교(이하 '진명여고보'), 경성사범 등이 석권했다. 경성사범의 현계숙(玄桂淑)은 50m 6초 8, 100m 13초 1의 최고 기록을 가졌으며, 서문고녀 강복신(姜福信)은 100m 13초 1, 200m 27초 6으로 최고의 스프린터로 각광받았다. 강복신은 또 단거리 선수로서의 추진력을 이용, 멀리뛰기에서도 4m 62로 2위를 기록했다. 그밖에 서문고녀의 정인애(鄭仁愛)·김학실(金鶴實), 진명여고보의 이의재(李義載), 대구공립고등여학교의 이화자(李華子)·정반련(鄭磻蓮) 등이 육상계의 스타로 군림했다.

1933년 10월에는 조선신문사 주최로 제11회 전조선여자올림픽대회가 열려 서문고녀가 4년째 연속 우승을 차지했다. 이 대회에서 강복신은 200m에 27초 9로 조선 신기록을 수립하며 서문고녀 우승에 공을 세웠다. 서문고녀는 800m 릴레이와 200m 릴레이에서도 각각 1위를 함으로써 총 40점으로 우승했다.

양정 3학년 때인 1934년 6월 말 서울육상경기연맹의 후원으로 조선에서 가장 오래된 사립학교인 배재와 대항육상경기를 갖게 되었다. 육상부를 가진 두 명문 사립학교 간의 정기 친선경기를 통해 우수 선수들을 육성하자는 취지였다. 조선에서 실시된 최초의 중등학교 간 대항경기였다.

민족지도자 몽양 여운형 선생이 회장으로,《동아일보》기자 이길용(李吉用) 선생이 총무로 대회를 관장하고, 두 학교 선후배와 육상인 들이 심판이나 기타 임원으로 행사에 참여했다.

처음 열리는 대회였지만 조선 육상계에서는 이 대회를 크게 주목했다. 그러나 배재는 실력 면에서 양정의 적수가 되지 못했다. 생각 끝에 상급 학년 선수는 제외하고 3학년 이하의 선수들로만 팀을 꾸려 종목별로 두 학교에서 3명씩 출전토록 했다. 종목은 100m, 400m, 1,500m, 5,000m, 400m 릴레이, 1,600m 릴레이, 투포환, 투원반, 멀리뛰기, 높이뛰기 등 10종목이었다.

양정팀은 서봉훈 선생님이 감독이고, 내가 주장이 되었다. 배재팀은 최인호(崔仁浩) 선생님이 감독, 최동욱(崔東旭) 군이 주장이었다.

정동에 위치한 배재 운동장에서 열린 이 대회에서 서울육상경기연맹 회장인 여운형 선생은 "두 명문 사립학교의 정기적인 교류를 통해 이 땅을 지킬 강인한 체력과 정신력을 길러나가자"고 의미심장한 개회사를 했다. 그는 또 첫 경기인 100m 경주의 출발 신호를 손수 맡아 선수들을 격려해주었다.

하급생들만 참가한 이 정기전에서도 양정은 총점 51 대 35로 우승했다. 배재는 100m, 높이뛰기, 400m 릴레이 세 종목에서만 우승했을 뿐 나머지 종목은 양정이 휩쓸었다. 주장인 나는 1,500m에서

마라토너 손기정

4분 36초 4로 1위, 400m에서 57초 7로 1위했으며, 1,600m 릴레이에도 마지막 주자로 뛰었으나 배재에 졌다. 비가 내린 후여서 운동장이 미끄러워 전반적으로 좋은 기록이 나오지 못했다.

양정과 배재의 정기 대항전은 첫 회에 그쳤다. 그것은 조선 학생들의 모임을 의심하고 싫어하던 조선총독부의 강압 때문이었다. 일본은 두 학교가 정기전을 통해 학생들에게 민족의식을 고취하지 않을까 걱정했다. 그러나 그들이 주최하는 각종 경기대회의 출전은 막지 않았다. 오히려 운동 경기에 열을 쏟는 것이 다른 데에 신경을 덜 쓰게 하는 일이라고 믿은 탓인지도 모른다.

1934년 8월 양정 육상부는 김수기 선생님의 인솔 아래 제20회 전일본중등육상경기대항선수권대회 원정길에 올랐다. 일본은 물론 만주와 조선 등지에서 무려 227개교, 951명의 선수가 한신 남고시엔(南甲子園) 경기장에 모여들었다. 일본이 점령한 모든 땅덩어리의 학교에서 육상 최강팀을 가려내는 육상 종합 선수권대회였다.

양정은 주장 이을형과 나, 김종원(金鍾元), 안영재, 오수영(吳壽泳), 박상만(朴商萬) 등이 중거리에서 부진해 한 점도 얻지 못했다. 그러나 셋째 날부터 주장 이을형이 100m에서 2위로 입상하며 착실히 점수를 쌓기 시작, 400m 릴레이에서도 1위를 차지해 교토잇쇼(京都一商, 교토시립제일상업학교)와 선두를 다투게 되었다.

나는 승부의 가장 중요한 고비인 5,000m에 출전하기로 되어 있었다. 그러나 일본 땅에 도착하자마자 밥도 제대로 못 먹을 정도로 컨디션이 나빠졌다. 그렇다고 우승이 눈앞에서 왔다 갔다 하는데 뛰지 않을 수 없었다. 기력을 다해 뛰었으나 4위에 그쳤다. 교토잇쇼는 거의 우승을 굳혀가고 있었다. 주장 이을형이 분투, 200m에서 3위를 차지했으나 득점 선두는 여전히 교토잇쇼였다.

마지막 남은 종목이 1,600m 릴레이. 양정은 오수영, 안영재, 이을형, 박상만 순으로 포진, 최후의 승부를 걸었다. 기가 막힌 역전 승리였다. 양정은 1,600m 릴레이에서 3분 30초 4로 1위를 차지, 총득점에서 교토잇쇼를 불과 3점 차로 누르고 우승했다.

이 승리는 육상 왕국 양정이 거둔 최대의 전과였다. 양정 우승 소식은 일본은 물론 조선까지 금세 퍼져 경성 장안의 화제가 되었다. 일본에 살던 동포들 중에 어떤 이들은 비싼 입장료를 내지 못해 경기장 밖에 선 나무 꼭대기에 올라가 양정팀을 성원, 눈물겨운 정경을 이루었다. 양정 선수 12명은 경기가 끝난 직후 일본 문부성과 주최 측인 일본학생육상경기연맹으로부터 우승기, 우승 트로피, 상장들을 받아 들고 9월 1일 경성에 개선했다.

오후 5시 경성역에는 양정 교우들과 동창, 교직원 체육 관계자 들이 모여들어 우리를 환영해주었다. 안종원 교장선생님은 역 구내까지 들어와 우리를 일일이 치하해주었다. 역 광장에서 치러진 간단한 환영식에 이어 우리는 자동차로 화신백화점까지 행진해 교직원들이 마련한 자리에서 양정 만세를 소리높여 외쳤다.

축승 분위기는 며칠이고 계속되어 9월 3일 밤에는 하세가와정(지금의 소공동) 공회당에서 조선체육회, 고려육상경기협회, 서울육상경기연맹 등 3개 단체 공동주최로 성대한 환영식이 베풀어졌다.

'양정군 개선 환영의 밤'이라는 이 거창한 행사는 저녁 7시 반에 경성관현악단의 개선곡 주악으로 시작되어 조선체육회 상무이사 김

마라토너 손기정

양정 육상부, 전 일본 육상을 제패하다

(위) 일본과 조선, 만주, 타이완 등 일본이 점령한 모든 지역 선수들이 출전한 1934년 전일본중등
육상경기대항선수권대회에서 양정은 기막힌 역전승으로 우승을 거머쥐었다. 대회에서 받은 우승
기와 트로피를 들고 기념사진을 찍었다. 뒷줄 맨 오른쪽이 손기정, 가운데가 김수기 선생이다.
(아래) 개선한 양정 선수들을 위해 1934년 9월 3일 '양정군 개선 환영의 밤'이라는 환영식이 열렸
다. 이 환영식에서는 서울육상경기연맹의 여운형 회장(뒷줄 왼쪽에서 다섯 번째)이 환영사를 했
다. 앞줄 오른쪽에서 두 번째가 손기정이다.

규면(金圭冕) 선생이 개회사를, 서울육상경기연맹 회장 여운형 선생이 환영사를 했다. 그밖에도 조선체육회장 윤치호,《동아일보》사장 송진우(宋鎭禹), 고려육상경기협회장 유억겸(兪億兼), 배재 설립자인 아펜젤러 선생 등이 참석해 축사를 해주었다.

환영사에 앞서 선수들에게 월계관이 증정되고 도쿄고등음악학원에 다니던 이갑순(李甲順) 양이 축가를 불렀으며, 행사 마지막 순서로 양정 교가가 연주되었다. 양정 육상부 출신인 유해붕 선배는 우리 선수 일동을, 서울육상경기연맹에 관계하시던 이길용 선생은 양정 육상의 빛나는 역사를 소개했다.

답사를 한 주장 이을형이나 개선 보고를 한 김수기 선생님이나 우리 선수단 일행은 오래도록 그날의 감격을 잊을 수 없었다. 환영식장에는 1,000여 명의 사람이 모여들어 부득이 10전씩의 장내 정리비를 받기도 했다.

마라토너의 길로

권태하 선배의 권유를 받고부터 나는 점차 마라톤 선수로서의 길을 닦기 시작했다. 5,000m, 10,000m 레이스보다 몇 갑절 힘들었지만 최장거리를 달린다는 통쾌감도 대단했다. 목표는 권태하, 김은배 선배에 이어 조선 제일, 아니 세계 제일의 마라토너가 되는 것이었다. 선배들이 도전하다 실패한 올림픽 마라톤 우승이 내 꿈이었다. '1936년 다음 올림픽까지는 겨우 3년이 남았다. 그동안 우선 조선에

서 최고, 전 일본에서 최고의 선수가 되어야 한다.'

나는 선배들이 겪었던 혹독한 시련과 민족 차별을 머릿속에 되새겼다. 월등하게 뛰어난 선수가 아니면 그들의 술수에서 살아남지 못할 것이다. 누구도 시비를 걸 수 없도록 완전한 승리를 거두어야만 했다.

1933년 3월 나는 두 번째로 경영마라톤대회에 출전했다. 1931년 제1회 대회에서는 김은배 선배가 1시간 22분 5초로 우승했으며, 1932년 제2회 대회에서는 변용환이 1시간 21분 54초로 우승했다.

제2회 대회에서 지리를 몰라 변용환의 뒤만 쫓다가 2위에 머물렀지만 이번에는 자신만만했다. 코스가 바뀌어 망우리고개를 넘어야 했지만 경성 지리에 밝아져 큰 어려움은 없었다. 망우리고개는 생각보다 험한 코스였다. 거의 수백 미터가량 계속 고갯길로 뻗쳐 있었다. 나는 이 대회에서 처음으로 1시간 24분 3초 2로 우승했다. 전 회의 패배를 설욕한 것이다.

10월에는 제9회 조선신궁경기대회 마라톤에 출전했다. 경성운동장과 수원을 왕복하는 42.195km의 정규 코스를 뛰는 마라톤이었다. 1932년 이 대회에서 우승했던 남승룡 선배, 조선 3,000리를 주파했다던 맹장 이민홍(李敏弘), 장명원(張明源), 금강산마라톤대회 우승자인 황자동 등이 출전했다.

처음 완주한 풀코스 마라톤에서 나는 사람들의 예상을 뒤엎고 1위를 차지했다. 2시간 29분 34초 4. 믿기 어려운 세계 최고 기록이었다. 1932년 로스앤젤레스 올림픽 마라톤 우승자인 아르헨티나의 자발라가 세운 2시간 31분 36초보다 2분 1초 96이나 빠른 기록이었다. 그러나 나의 세계 기록은 공인되지 못했다. 코스 거리도 정확하고 계시

(計時)도 제대로 되었지만 코스 중간의 도로 보수 관계로 제 코스를 뛰지 않았다 해서였다. 그보다는 조선에서나 일본에서 툭하면 쏟아져 나오는 신기록들을 세계 육상계가 인정하려 들지 않았던 것 같다.

조선신궁경기대회에서는 1933년을 시작으로 이듬해와 그다음 해까지 세 번 내리 우승을 차지했다. 나 자신도 몰랐던 마라토너로서의 소질이 권태하 선배의 혜안으로 재발견되었고, 이제 공식적으로 입증된 셈이었다. 이 무렵부터 나는 베를린 올림픽에 출전할 때까지 거의 모든 국내 마라톤대회를 휩쓸어 마라톤 제1인자가 되었다.

1934년 4월에는 조선체육회가 주최하는 제2회 전조선풀마라톤대회에 출전했다. 이 대회에서는 제1회 대회 우승자 김성학(金聖鶴)이 유력한 우승 후보였다. 조선중앙일보사 앞을 출발해 초반에는 예상대로 김성학과 나, 그리고 안삼진(安三鎭)이 선두 그룹을 이룬 채 치열한 접전을 벌였다. 그러나 10여km를 지나면서부터 나는 단독 선두에 나서 수원의 반환점을 800m가량 앞서 돌았다. 돌아오는 코스에서도 계속 선두를 지켰다. 후반 김성학이 뒤로 처지고 안삼진이 2위로 달렸다. 나는 이 레이스에서 2시간 24분 51초 2로 신기록을 세우며 우승했다. 안삼진은 2시간 27분 55초 2로 2위를 차지했다. 그러나 이 기록들도 공인된 코스가 아니어서 공식 신기록으로 인정받지 못했다.

이제 나는 완전한 마라토너로서의 길을 달리기 시작했다. 국내외를 막론하고 내가 가서 뛸 수 있는 곳이라면 주저하지 않고 나가 뛰었다. 어떤 때에는 한 달 걸러 한 번씩 42.195km 풀코스를 달리기도 했다. 그리고 나의 기록은 갈수록 단축되었다. 세계의 이목이 미치지 못하는 일본과 조선에서 나는 1년에 두세 번씩 세계 최고 기록을 경신해 갔다. 세계 육상계는 모두 일본의 마라톤은 거리가 짧은 게 틀림없다고 빈정댔다. 그러나 나의 마라톤은 오히려 그 세계 육상인들의 무시 속에서 남몰래 성장해 절대적으로 유리한 이점을 갖게 되었다고 확신한다.

세계 육상계가 어쨌거나 조선의 육상경기 단체들은 1932년 김은배, 권태하 선배의 뒤를 이어 올림픽에서 우승할 마라토너를 양성하기 위해 심혈을 기울였다. 서울육상경기연맹은 보다 과학적이고 체계적인 마라톤 연습이 필요하다며 정규 마라톤의 3분의 1가량 되는 8마일(약 13km)마라톤대회를 신설했다. 정규 레이스의 연습 코스로, 랩타임 조절에 적당하다고 생각했기 때문이다.

1935년 시즌 오픈 대회로 광화문과 한강 전차 종점을 왕복하는 제1회 8마일마라톤대회에서 나는 43분 25초로 우승했다. 출발점에서 반환점까지 4마일 랩타임은 21분 53초, 귀로에서는 그보다 더 빠른 21분 32초를 기록했다. 1위인 나부터 2위 김명산(金明山), 3위 최낙원(崔樂園)이 모두 반환점도 같은 순으로 돌았다. 출전 선수 열한 명 중 마라톤이라는 걸 처음 해보는 선수가 여섯 명이나 있었으나 두 명만이 중도에 낙오하고 아홉 명이 완주했다.

서울육상경기연맹은 매달 마지막 토요일에 8마일마라톤대회를 실시키로 하는 한편 와세다대학 육상부에 있던 김은배, 조인상 선배를 초청해 광화문 네거리에서 장거리 노상 지도회를 갖기도 했다. 많은 마라톤 초보자가 참여해 달리는 자세에서부터 힘의 분배 등 세세한 마라톤 기본기를 배웠다.

일본에서도 마라톤 붐이 점차 고조되어 메이지신궁경기대회 말고
도 단일 마라톤대회가 자주 열렸다. 전일본마라톤연맹은 마라톤 거
리에 대한 내외 육상계의 잦은 시비를 일소할 겸 메이지신궁경기장
을 출발해 요츠야미츠케(四谷見附), 가와다초(河田町), 메지로(目白),
가미이구사(上井草), 다카이토(高井戸)를 지나 우라산도(裏参道)를 통
해 다시 신궁경기장으로 돌아오는 순회 코스를 신설했다. 1935년 3월
21일에는 이 순회 코스 개설을 기념하는 마라톤대회가 열렸다.

조선에서의 큰 활약으로 나는 일본으로부터 1936년 베를린 올림
픽 선발 후보로 뽑혔으니 선발전에 참가하라는 통보를 받았다. 3월
7일 도쿄에 도착하자마자 나는 새로 생긴 마라톤 순회 코스에서 연
습을 시작했다. 숙식은 김정연, 장우식 등의 지면을 빌려 메이지대학
스케이트부 합숙소에서 해결했다. 메이지대학에는 역대로 많은 한
국 선수가 들어가 활약하고 있었다.

이번 일본 원정은 내게 여러 가지로 의미가 컸다. 올림픽을 한 해
앞두고 올림픽 대표로서의 가능성을 보여주어야 했고, 만만찮은 일
본 선수들과 싸워 이겨야 했다. 나는 1932년 일본인들의 모진 차별
에도 당당히 대표선수로 선발되어 올림픽에 나갔던 김은배, 권태하
선배의 뒤를 이어야 한다는 사명감에 사로잡혀 있었다. 일본 대표선
수로서의 자격을 평가하는 올림픽 후보 도전 마라톤대회는 4월 3일
에 열릴 예정이었다.

나는 그동안 쌓은 실력을 테스트한다는 기분으로 우선 3월 21일
순회 마라톤대회에 출전키로 했다. 일본 선수로도 올림픽 대표로 촉
망받고 있는 스즈키 후사시게(鈴木房重), 이케나카 야스오(池中康雄)

등이 모두 출전했다. 26명의 선수가 스타트 라인에 섰다. 날씨가 그리 좋지 않았다. 내리는 빗줄기가 차가웠다. 나는 트레이닝 상의를 입고 장갑까지 꼈다.

출발 신호와 함께 일제히 선두를 다투며 내달렸다. 컨디션은 무척 좋은 편이었다. 초반부터 선두 그룹에 끼어 달렸다. 처음 16km에 55분 44초를 기록했다. 상당한 스피드였다. 그다지 피로한 줄도 몰랐다. 그러나 코스 옆으로 달리는 자동차들의 매연이 코를 찔렀다. 구토가 날 만큼 역한 것을 겨우 참아냈다. 내 비위도 그동안 좀 좋아졌겠지만 첫 마라톤대회에서 가솔린 멀미로 당했던 패배가 정신적으로 큰 자극제가 되었다. 이번에도 이겨내지 못하면 마라톤을 해낼 수 없다고 마음을 다졌다.

20km 지점, 나는 스즈키에 3분가량을 앞서 선두를 달렸다. 돌아오는 코스가 오히려 편했다. 그러나 2위 스즈키는 맹렬한 기세로 내 뒤를 쫓았다. 나는 스즈키와 적당한 간격을 유지하며 끝까지 선두를 지켰다.

1위로 결승점에 도달한 시간은 2시간 26분 14초였다. 스즈키는 1분 35초 후 결승선을 밟았다. 이케나카는 다소 뒤떨어져 2시간 39분 25초로 3위였다. 나와 스즈키의 기록은 모두 세계 기록을 크게 능가한 것이었다. 일본 육상계와 언론계에서는 조선 선수의 이 엄청난 기록에 경악했다. 권태하, 김은배에 이어 또다시 달갑지 않은 조선인이 일본 마라톤계를 지배하게 되었기 때문이었다. 새로이 출현한 조선 마라토너 손기정을 바라보는 일본인의 눈은 두려움과 질시로 가득 차 있었다.

와세다대학 유학 중 다리를 다쳐 쉬고 있던 김은배 선배는 나의 신기록 소식을 듣고 크게 기뻐했다.

"내가 지난 1931년 경성에서 낸 세계 최고 기록도 거리가 잘못되었다 해서 인정받지 못했다. 그러나 이번 손기정의 기록만은 공인될 것으로 보인다.⁹ 마라톤을 같이한 벗으로서 감격할 뿐이다."

김은배 선배는 섭생을 잘하고 현재의 컨디션을 잘만 유지한다면 내년 올림픽 우승도 문제없다고 칭찬해주었다. 그는 자신의 올림픽 출전을 회상하며 내 기록으로 우승이 과욕이라면 2위는 너무 겸손한 것이라고 감개무량해했다.

《동아일보》는 "육상의 혜성 손기정이 세계 최고 기록을 작성했다"라며 호외까지 찍어냈다. 내 소식을 듣고 간 《동아일보》 기자에게 양정 안종원 교장선생님은 그게 정말이냐고 놀라워했다고 한다.

"내 자식 자랑 같아서 그저 속으로 좋아할 뿐이다. 정말 그가 신기록을 냈단 말인가? 정말이라면 조선의 젊은이로서 장하고 고마운 일이다."

순회 마라톤대회에서 좋은 기록을 낸 나는 정작 올림픽 후보 기록대회에서는 참패했다. 4월 3일 열린 이 기록대회 레이스는 엉망이었다. 초반에 너무 좋은 기록을 의식해서 힘을 빼고 지쳐버려 부끄럽게도 2시간 39분 24초로 부진했다. 1위는 순회 마라톤대회에서 3위를 했던 이케나카로, 기록은 2시간 26분 44초였다. 순회 마라톤대회에서 낸 내 기록보다는 30초 뒤졌지만 대단한 기록이었다.

'2주일 전만 해도 득의만만 최고의 마라토너를 자신했는데…'

모든 수고가 물거품이 되는 듯했다. 올림픽 무드는 점차 고조되어가는데 이러다가 올림픽에 나가보지도 못하는 건 아닐까. 실의 속에 경성으로 돌아왔다. 경성에서도 조선육상경기협회 주최 제1회 마라톤대회가 열렸다. 올림픽 후보 기록대회를 치른 지 불과 3주 남짓했지만 또 뛰어보기로 했다. 일본에서 이룬 세계 기록과 참패가 머릿속에서 뒤범벅되어 어느 쪽이 정말 내 실력인지 갈팡질팡했다.

4월 27일 대회는 경성운동장을 출발해 동소문(혜화문), 창경원, 총독부, 남대문을 거쳐 한강 다리, 영등포를 돌아오는 새로운 마라톤 코스였다. 코스 길이에 대해 언제나 말썽이 많던 때라 대회 본부는 사전에 잰 거리에다가 520m나 추가해 놓았다.

빗줄기가 오락가락하는 가운데 열세 명이 경성운동장 트랙을 돌고서 동소문 동성상업학교(지금의 동성고등학교)를 지나 창경원을 향해 달렸다. 나와 안삼진, 김성덕이 한 덩어리가 되어 선두를 이루었다. 총독부 앞을 돌아 광화문에 이르면서 나는 단독 선두로 내달렸고 안삼진이 놓칠세라 그 뒤를 따랐다. 김성덕은 약 400m가량 처졌다. 삼각지를 지날 무렵 나는 잠시 안삼진에게 선두를 뺏겼으나 곧 다시 앞으로 나섰다. 여의도 비행장을 바라보며 나는 맹렬한 스피드로 질주해 반환점인 박씨 목장을 1시간 12분 25초 만에 돌았다. 안삼진도 30초 차로 반환점을 돌아 숨가쁘게 쫓아왔다. 그러나 안삼진의 추격은 오래가지 못했다. 다시 한강 다리를 건너 삼각지를 향해 달아나는 나를 놓쳐버린 그는 변천재, 김성덕에게 잇달아 추월당해 4위로 떨어졌다. 나는 뒤따르던 이들을 12분이나 떨어뜨려놓고 2시간 25분 14초로 우승했다.

전 조선, 전 일본, 전 세계를 통해 2시간 25분대의 마라톤 기록은 일찍이 없었다. 이 기록은 내가 도쿄 순회 마라톤대회에서 세운 비공인 세계 최고 기록, 그후 올림픽 후보 기록대회에서 이케나카가 세운 기록, 1932년 로스앤젤레스 올림픽에서 자발라가 세운 세계 기록을 모두 능가한 대기록이었다. 국제무대에서 처음 2시간 25분대로 마라톤 기록을 끌어올린 선수는 1947년 보스턴 마라톤에서 우승한 자랑스러운 후배 서윤복이었다.

그러나 내가 세운 이 세계에서 가장 빠른 기록도 코스나 대회 자체가 국제적으로 공인된 것이 아니어서 세계 '참고' 최고 기록이라는 볼썽사나운 딱지가 붙었다. 어쨌거나 나는 이 대회에서의 쾌승으로 다시 자신감을 갖게 되었다. 한 달에 세 번을 뛰어 두 번이나 세계 기록을 웃도는 좋은 성적을 냈으니 내 두 다리를 믿어도 좋을 것 같았다.

세계 최고 기록의 영광

1936년 베를린 올림픽에는 누가 출전하게 될 것인가. 조선 육상계나 일본 육상계나 올림픽 최대의 영광인 마라톤에 누가 나가 싸울 것인가에 비상한 관심이 쏠리고 있었다. 마라톤을 하는 사람이면 누구나 올림픽 출전의 꿈에 부풀어 있었다.

1935년 11월 3일 드디어 베를린으로 갈 대표선수를 뽑는 예선전이 메이지신궁경기대회를 겸해 열렸다. 도쿄 메이지신궁경기장에서 요코하마 길목 로쿠고바시를 왕복하는 코스로, 올림픽 후보 기록대회에서 처참히 패배했던 코스였다.

스즈키, 나카무라(中村信市), 시오아쿠 다마오(塩飽玉男), 구스노키

(楠好藏) 등 일본이 자랑하는 강적들과 다시 맞붙었다. 생사를 건 한판이었다. 이번만은 무슨 일이 있더라도 이겨야 했다. 양정을 다니다 도쿄에 와 있던 남승룡 선배도 올림픽 출전을 목표로 이 자리에 나섰다.

메이지신궁경기장을 벗어나면서부터 일본 전국 마라톤 우승자인 스즈키가 기세를 올렸다. 스즈키 바로 뒤로 나, 나카무라, 시오아쿠 순으로 선두 그룹을 형성했다. 인도에서는 "시오아쿠! 나카무라! 스즈키!"를 외쳐대는 일본 사람들의 응원에 귀가 따가웠다. 오오모리를 지나며 상황은 달라지기 시작했다. 나와 나카무라가 나란히 선두에 나서고 시오아쿠가 그 바로 뒤를, 스즈키는 남승룡 선배와 함께 200~300m가량 처졌다.

로쿠고바시의 반환점을 돈 시간은 나카무라가 1시간 13분 30초, 내가 13분 31초, 시오아쿠가 14분 25초였다. 스즈키는 5위로 15분 20초, 남승룡 선배는 7위로 16분 25초를 기록했다.

신궁경기장을 향해 다시 오오모리를 지날 무렵 나는 나카무라를 떨어뜨리고 혼자 선두에 나섰다. 그러나 두 번 다시 실패하지 않기 위해 레이스에 신중을 기했다. 막판 힘의 안배를 못 해 처져버리면 올림픽을 향한 길은 영영 막혀버리고 말기 때문이었다.

도쿄 시내로 들어섰을 때 나카무라는 2분 거리로 떨어져 시오아쿠와 나란히 2위 그룹을 이루었다. 신궁경기장이 눈에 들어오자 나는 있는 힘을 다 쏟았다. 트랙에 들어선 나는 100m 선수처럼 질풍같이 결승점을 향해 달렸다.

힘을 적절하게 안배해서 기분 좋게 레이스를 마쳤을 때엔 그렇게 피로하지도 않은 법이다. 아직 더 뛸 기력이 남았다는 건 비능률적인 마라톤이라 비판하는 사람도 있겠지만, 초반에 오버 페이스했다가는 레이스 자체를 망치고 만다. 전반에 1시간 13분 31초를 기록한 나는 후반을 1시간 13분 11초로 뛰었다.

경기장 안에서는 한창 10,000m 결승 레이스가 진행 중이었다. 마침 조선인 동료 선수인 유장춘이 일본의 무라코소 고헤이(村社講平)와 치열한 접전을 펼치고 있었다. 나는 유장춘 군에게 고함을 질러가며 응원을 보냈다. 유장춘은 결국 무라코소에게 52초 차로 1위를 뺏기고 말았다. 무라코소는 31분 7초 8로 일본 신기록을 세웠다.

일본은 손기정이라는 괴물에 또 한 번 놀랐다. 2시간 26분 42초라는 경이적인 세계 최고 기록을 세우며 우승하고서도 여유만만하게 동료 선수에게 응원을 보내는 괴짜에게 혀를 내둘렀다. 이제 밉든 곱든 마라톤 대표선수로서 손기정이라는 존재를 숙명으로 받아들일 수밖에 없었다.

도쿄에서, 경성에서 동시에 주먹만 한 글자의 스포츠 특보가 쏟아졌다.

"침체한 일본 육상계의 새 희망, 조선반도의 손기정이 마라톤 세계 최고 기록 수립!"

"마라톤 조선의 대기염, 손기정 군 전대미문의 최고 기록 작성!"

《동아일보》는 조선 젊은이의 쾌거를 알리는 호외를 광화문 네거리와 황금정 등 시내 큰 거리마다 뿌리고 다녔다. 시오아쿠는 2시간 31분 21초로 2위, 나카무라는 2시간 31분 21초로 3위, 남승룡 선배는 2시간 36분 52초로 4위를 기록했다.

경성으로 돌아온 나는 분에 넘치는 환대를 받았다. 경성역 앞에는

마라토너 손기정

1954-11-3 日本○○ 2, 26-42 ○

세계 최고 기록을 세우다

손기정은 1935년 올림픽 마라톤 예선을 겸한 메이지신궁경기대회에서 2시간 26분 42초의 세계 최고 기록으로 우승했다. 그러나 기쁨도 잠시, 이 대회 시상식에서 생각지도 못한 일본 국가가 울려퍼지자 나중에 베를린에서 그러했듯 그는 고개를 숙이고 눈물을 삼켜야 했다. 돌아온 경성역에서는 양정 학우들을 포함한 많은 인파가 그의 우승을 축하해주었다(왼쪽).

100여 명의 양정 교우들이 기다리다 양정 교복에 우승 트로피를 치켜든 내게 오색 테이프를 던지며 환호성을 질렀다. 육상부장이신 김수기 선생님이 내 손을 잡으며 반가이 맞아주셨다. 선생님은 어려운 가운데 자신의 도움으로 일어선 제자의 장한 모습에 감격해하셨다. 급우 안영기(安榮基) 군이 환영사를 한 뒤 만세삼창과 양정 교가가 경성역 광장에 우렁차게 울려 퍼졌다.

경성운동기자단과 조선체육회는 경성호텔에서 조선 선수들을 위한 환영회를 열고 마라톤에서 세계 최고 기록을 세운 내게 시계를 선사했다. 조선체육회는 베를린에 갈 조선 선수들을 위해 20만 원 모금 계획을 세우기로 했다. 명월관에서는 세계 최고 기록 수립을 축하하는 축하연이 준비되고 있었다. 그 무렵 학교로부터 급전이 날아들었다.

부친이 돌아가셨으니 급히 신의주로 돌아오라는 내용이었다. 섬뜩하면서도 나는 내심 괜한 장난이려니 하고 마음을 가볍게 먹으려 했다. 집안일에 다소 무심한 편인지라 집에서는 보고 싶을 때마다 그럴듯한 구실을 붙여 급히 오라고 전보를 쳤기 때문이다. 어쨌든 집에 가보긴 해야겠다 싶어 예정된 축하연을 뒤로 미루었다. 기차에서 내려 신의주역에서 가까운 친구 집부터 들렀다. 그동안의 형편도 알아보고 아버지의 별세 소식도 확인하기 위해서였다.

"어, 자네 웬일인가? 경성에서들 떠들썩한 모양이던데."

"아버님이 돌아가셨다는 전보를 받았어."

"무슨 소릴 하는 거야? 멀쩡히 살아 계신 분을 보고. 어제도 내가 만나 뵙고 약주 대접까지 했는걸."

"그러면 그렇지!"

나는 마음을 턱 놓았다. 어머니께서 내가 보고 싶어 그랬겠지 하고는, 친구의 권유대로 저녁까지 얻어먹고 천천히 집으로 들어섰다. 그런데 이게 웬일인가. 정말 아버님 상을 당해 온 식구들이 눈이 퉁퉁 부어 있었다. 나는 때늦게 아버님 죽음 앞에 무릎을 꿇었다. 임종조차 지키지 못한 불효. 집을 떠나 제대로 한 번 모시지 못한 불효. 저만 잘 되겠다고 돌아다니다 별세 소식조차 믿지 않았던 불효⋯. 아들이 일본 땅에서 세계 최고 기록을 세웠다는 소식을 전해 듣고 아들 친구들의 약주 대접을 받으며 모처럼 기뻐하시던 아버님은 아들이 돌아오기도 전에 심장마비로 세상을 떠나셨다. 1875년 3월 3일생으로 환갑을 앞두고 계신 때였다.

아버님 상을 치른 후 경성에 돌아오자 그냥 지나갈 수 없다 하여 미루었던 마라톤 우승 축하연을 명월관에서 열었다. 양정과 경성의 다른 학교에서, 또 체육계에서 많은 하객이 모였다. 그 가운데 참석했던 미국 선교사이며 경신학교장인 게일(James Scarth Gale) 목사가 "얼마 전까지만 해도 서양 사람들이 정구하는 걸 보고 왜 힘든 일을 하인에게 시키지 않느냐던 조선 땅에서 오늘 이렇게 훌륭한 마라톤 우승자를 키워냈다. 손 군의 우승을 보니 조선 사람들의 의식도 많이 달라졌음을 느끼게 된다"라며 우승을 축하해주었다. 그 자리에는 《아사히신문(朝日新聞)》 야마다 특파원과 일본에서 활약 중이던 조선 무용계의 선구자 최승희(崔承喜) 씨도 함께 자리해서 우승을 축하해주었다.

運命을 건 승부

스타디움 입구로 힘차게 뛰어 들어갔다.
순간 열광하는 10만 관중의 함성이 내 귀를 때렸다.
마치 거센 파도가 바위를 때리듯.
마지막 100m. 나는 듯이 달려들어 결승 테이프를 가슴에 감았다.

베를린 올림픽 예선

마침내 올림픽이 열리는 1936년이 되었다. 일본은 선수단 파견을 눈앞에 두고 전전긍긍했다. 1932년 로스앤젤레스 올림픽 때처럼 또다시 조선 선수들이 마라톤 대표로 나가서는 안 된다고 생각했기 때문이다. 5월에 올림픽 출전 후보로 합숙 훈련 중이던 선수들로만 최종 선발전을 치르게 되었다. 우리를 인솔해온 정상희(鄭商熙) 씨는 밤낮으로 일본 측 임원들과 입씨름을 하느라 입술이 부르틀 지경이었다. 그는 양정 선배로 메이지대학을 나와 조선총독부 학무국 사회체육과에 근무하고 있었다.

정상희 씨는 일본 사람들이 1932년 로스앤젤레스 올림픽 실패가 조선 선수가 두 명씩이나 끼어들어 팀워크를 깨뜨렸기 때문이라고 결론짓고 이번 선발전에서는 일본의 시오아쿠와 스즈키를 우선 선발하고, 나와 남승룡 선배 중 한 명만 추가한다더라고 전했다.

일본 임원들은 내가 그전에 선발전을 겸한 메이지신궁경기대회에서 세계 최고 기록으로 우승했기 때문에 이번 선발전에서 2위를 해

운명을 건 승부

베를린 올림픽 마라톤
일본 2차 예선전에서의 기막힌 작전
손기정은 지난 예선전에서 세계 최고 기록으로 우승해 2위만 해도 탈락할 일이 없었다. 조선인 선수가 떨어지기만 바라는 일본 사람들의 코를 납작하게 만들기 위해 그는 남승룡과 작전을 짰다. 손기정이 스즈키와 시오아쿠의 페이스를 흐트러뜨리며 남승룡은 1위로 달렸다. 결국 일본은 이번에도 조선인 선수의 올림픽 참가를 받아들여야 했다. 사진은 손기정(왼쪽)과 시오아쿠가 나란히 달리는 모습이다.

도 선수단에 포함시켜주겠다고 결정했다. 그러나 4위를 했던 남승룡 선배는 이 선발전에서 1위를 하지 않는 한 올림픽에 나갈 수 없다고 못 박았다.

　나는 그깟 시오아쿠나 스즈키쯤은 문제없다고 생각했다. 선발전에서 어떻게든 이 둘을 골탕 먹여 남 선배와 내가 1·2등을 해야겠다고 머리를 짜냈다. 레이스가 시작되자마자 나는 혼자 올림픽에라도 갈 것처럼 질풍같이 선두를 달렸다. 시오아쿠와 스즈키는 나를 놓칠세라 허겁지겁 뒤쫓아왔다. 몇 번 이런 수법으로 당겼다 늦췄다 하는 사이 남승룡 선배는 선두로 내달렸다. 나도 이제 되었다 싶어 그 뒤를 쫓아갔다. 작전이 들어맞아 남 선배가 1위, 내가 2위, 시오아쿠가 3위, 스즈키가 4위를 했다.

일본 사람들은 새로운 난관에 봉착했다. 남 선배나 나나 두 조선 선수를 모두 떨어뜨릴 명분이 없어진 것이다. 결국 네 명 모두를 대표선수로 파견하고 베를린 현지에서 세 명을 다시 가린다는 고육지책을 마련했다.

마라톤 대표선수가 확정되면서 1932년 로스앤젤레스 올림픽에 코치 겸 선수로 출전했던 쓰다가 대표 코치를 맡게 되었다. 그러나 그는 함께 올림픽에 출전했던 권태하 선배의 맹렬한 반대운동으로 끝내 코치 자리에서 쫓겨나고 말았다. 권 선배는 일본과 국내 신문을 움직여 쓰다야말로 지난번 올림픽 마라톤에서 패배를 초래한 무능한 코치라고 폭로했다. 권 선배는 4년 전처럼 더 우수한 자질을 가진 조선 선수들이 일본 선수 때문에 희생당해서는 안 된다고 생각했다. 권태하 선배는 총독부 기관지인 《경성일보》에 3회에 걸쳐 〈베를린 올림픽에서 일본 마라톤이 이기려면〉이라는 글을 실으면서 쓰다를 무자격자라고 통박했다. 권 선배는 또 일본 육상계에 대단한 영향력을 가지고 있는 《아사히신문》 체육부장 오다 미키오(織田幹雄) 씨에게 쓰다를 코치로 쓰지 못하게 권고했다. 오다는 1928년 암스테르담 올림픽에서 세단뛰기로 우승해 일본 최초의 올림픽 금메달을 따낸 인물이다.

베를린으로 떠나기 보름 전, 일본육상경기연맹은 느닷없이 마라톤 대표선수 네 명을 불러 쓰다 코치에 대한 신임투표를 했다. 3 대 1로 불신임이 우세했다. 일본 사람들로서도 뜻밖의 결과였다. 남 선배와

운명을 건 승부

나의 반대표는 뻔한 것이었지만 나머지 반대표 하나가 스즈키와 시오아쿠 중 누구의 것인지 알 길이 없었다. 쓰다는 일신상의 문제라는 멋쩍은 구실을 들어 사퇴했고, 사토 히데사부로(佐藤秀三郎)가 새 코치로 들어왔다.

이 무렵 벌써 일본과 조선의 신문에서는 베를린 올림픽 마라톤에 관한 전망 기사가 쏟아져 나왔다. 1935년을 전후한 20건의 마라톤 세계 기록도 소개되었다. 세계 마라톤에 대한 정보가 다소 늦은 탓인지 사실이 그랬던지 나의 2시간 26분 42초가 가장 빠른 기록으로 나타났으며, 그 밖에 이케나카, 시오아쿠, 나카무라 등 조선과 일본 선수들의 기록이 상위에 있었다.

또 올림픽의 마라톤 코스 지도도 소개되었다. 코스는 올림픽 메인 스타디움을 출발해서 스데센호반으로 나와 하벨강을 따라 그뤼네발트의 우거진 수풀 사이를 뚫고 다시 아보스 자동차 경주로를 지나 하벨 강변도로를 달려 메인 스타디움으로 들어가는 왕복 코스였다. 수풀이 우거져 더위에 약한 내겐 좀 유리하리라는 추측 외에 경사나 커브를 정확히 알 수는 없었다.

조선의 일본 대표선수

1936년 베를린 올림픽에는 마라톤에 남승룡 선배와 나, 축구에 김용식 씨, 농구에 장이진 씨와 염은현 씨와 이성구 씨, 권투에 이규환 씨 등 모두 일곱 명의 조선 청년들이 일본 대표로 출전하게 되었다.

남승룡 선배는 순천 출신으로 나처럼 집이 가난해 고생을 많이 했다. 어릴 때부터 달리기를 좋아했다. 보통학교 6학년생으로 열다섯 살 때 전라남도 대표로 조선신궁경기대회에 나가 10,000m에서 4위, 마라톤에서는 2위를 차지했다.

이 어린 마라톤 천재에게 놀란 조선총독부 관리 스즈키 다케(鈴木武) 씨는 손수 주법(走法)을 가르쳐주며 격려했다. 일본 명문 세도가 출신인 스즈키 씨는 경성제국대학에서 육상, 럭비 선수로 활약했고 늘 운동에 관심이 많았으며 조선의 육상선수들과 두터운 친분을 맺고 있었다.

남 선배는 보통학교 졸업 후 생활이 어려워 집에서 농사일을 거들다가 열아홉 살 때 상경, 협성실업학교를 다니다 양정에 편입했다. 그도 늘 하숙비가 모자라 배를 굶주리며, 또 전찻삯을 아끼느라 혜화동에서 경성역 뒤 학교까지 허리띠를 졸라맨 채 걸어 다녔다.

하지만 그런 시련 속에서도 양정에서 쟁쟁한 장거리 선수로 이름을 떨치다 일본에 유학, 메이지대학에 진학했다. 마라토너로서 대성을 꿈꾸며 일본으로 건너간 그는 운 좋게 은인을 만나게 되었다. 기타바타케 요시로(北畠義郎)라는 일본 귀족이 그의 후견인을 자처하고 나선 것이었다. 기타바타케 씨는 남 선배를 친아들처럼 아끼고 보살피며 모든 뒷바라지를 해주었다.

남 선배에게는 레이스 전에 장의차를 보면 좋은 성적을 내는 묘한 습관이 있었다. 그래서 기타바타케 씨는 남 선배를 자기 차에 태우고는 장의차를 발견할 때까지 도쿄 시내를 이리저리 찾아 헤매기도 했다. 또 레이스 직전 허기지지 않도록 남 선배가 좋아하는 떡을 준비해 와 먹이는 등 정성을 쏟았다.

김용식 씨는 보성전문을 나와 조선전업 축구팀에 속해 있었다. 그는 경신학교에 다닐 때부터 대단한 재능을 인정받았으며 나와 친히 사귀던 사이였다. 연희전문의 이성구 씨도 농구선수로서 그렇게 큰 키는 아니었지만 재치 있는 선수로 어느 대회에서든 스타 플레이어로 손꼽혔다. 장이진 씨, 염은현 씨 등이 주축이었던 연희전문 농구팀은 올림픽 예선 대회에 나가 우승했지만 일본은 일본 선수를 여덟 명씩이나 대표단에 넣고 조선 선수는 세 명만 기용했다.

1936년 베를린 하계 올림픽에 앞서 같은 해 2월 독일의 가르미슈파르텐키르헨에서 열린 동계 올림픽에는 세 명의 조선인 스케이트 선수가 일본 대표로 출전해 크게 활약했다. 신의주에서 어린 시절 스케이팅 친구로 사귀던 장우식과 김정연, 이성덕이었다. 김정연 씨는 이 동계 올림픽 5,000m에서 8분 55초 9로 11위를, 10,000m에서는 18분 2초 7이라는 당시 올림픽 신기록을 세웠으나 13위를 기록했다. 이성덕은 500m에서 43초로 12위를 했다.

베를린 출전에 앞서 올림픽 대표인 조선 선수 일곱 명을 위한 성대한 환송연이 경성역에 있는 레스토랑 그릴에서 베풀어졌다. 조선 체육회장 윤치호 선생, 총독부 학무국의 정상희 씨, 일본 올림픽 선수단 총무인 이상백(李相伯) 씨, 양정의 안종원 교장, 서봉훈 교감 등이 참석해 일본 대표이기에 앞서 조선 청년으로서의 기상을 널리 떨치라고 격려해주었다.

베를린으로 떠나는 후배들을 위해 와세다대학에 재학 중이던 김은배 선배를 비롯한 일본 유학생들은 일본에서 격려금 모금운동에 나섰다. 특히 일본에서 이름을 떨치고 있던 무용가 최승희 씨는 100원이 넘는 큰돈을 쾌척하며 우리를 도와주었다. 경성의 한식집 식도원(食道園)에서도 마늘장을 담가서 보내주는 등 여러 곳에서 성의를 보내왔다.

베를린으로 떠날 준비를 하면서 나는 항상 2시간 25분대의 내 스피드를 유지하는 데 온 신경을 기울였다. 베를린에서도 내 최고 기록만 낸다면 우승은 문제없으리라고 생각했다.

마라톤에서는 실제 정상 페이스로 달린 반환점까지의 랩타임으로 전체 기록을 예측할 수 있다. 전반과 후반의 시간차는 대게 3~4분을 벗어나지 않는다. 전반을 1시간 10분대로 뛴다면 전체 코스의 기록은 2시간 20분대에 이르기 마련이다. 마라톤 42.195km 중 어느 구간에서나 스피드에 큰 변화가 없어야 한다. 한 번이라도 무리한 스퍼트로 호흡과 신체 운동의 균형이 깨지면 수습하기 어렵고 레이스도 엉망이 되고 만다. 기록 단축은 라스트나 어느 한 부분에서의 스퍼트로 되는 것이 아니다. 42.195km의 모든 코스에서 무리 없이 고르게 이루어져야 한다.

나는 좋은 기록을 위해 매일 10km 또는 20km 코스에서 실전과 다름없는 강도 높은 훈련을 했다. 또한 하루하루 달리는 시간을 단축함으로써 강도를 높여 나갔다. 24시간 동안 몇백 킬로미터를 달려도 걷는 것이나 다름없이 낮은 강도로 훈련하는 건 차라리 하지 않느니만 못하다고 생각했다.

도쿄에서 마지막 합숙 훈련을 하는 동안 웃지 못할 일들이 벌어졌다. 나는 일본의 그 밍밍한 국물이며, 숟가락으로 뜨면 푸슬푸슬 흐트러져버리는 밥에 진력이 났다. 그래서 몰래 밖에 나가 된장, 고추장, 김치, 마늘장아찌로 범벅된 한식을 사먹곤 했다. 일본 선수들은 어쩌다 내 입에서 나는 냄새를 살짝 맡기라도 하면 썩은 냄새가 난다느니 하며 핀잔을 주었다.

나는 김치와 깍두기만은 삼가야겠다고 다짐했다. 일본에서도 구해 먹기 힘들고 말들이 많은데 베를린이나 다른 서역(西域)에 가면 더더욱 먹을 수 없으리라 생각했기 때문이다.

거꾸로 일본 사람들이 즐겨 먹는 생선회라는 것에 나는 진저리를 쳤다. 허옇고 뻘건 생선의 날고기를 먹는다는 건 생각만 해도 고역이었다. 겨우 현해탄 하나를 사이에 두고도 조선과 일본 사람들은 식성이나 성격이 판이한 것 같았다.

베를린행 대륙횡단열차

1936년 6월 우리는 베를린 올림픽 개막을 두 달 앞두고 선수단 본단보다 앞서서 베를린으로 향했다. 현지에서 코스 답사도 하고 적응 훈련을 하기 위해 마라톤 선수 네 명과 코치, 그리고 경보 선수, 동역(董役) 등이 먼저 떠났다.

도쿄에서 배와 기차를 갈아타고 경성으로, 다시 만주와 시베리아를 가로지르는 대륙횡단열차에 올랐다. 베를린 여행을 위해선 당시로서 모스크바를 경유하는 시베리아 철도가 제일 빠른 수단이었다. 시베리아를 지나는 데만 한 주일이 걸렸다. 게다가 우리가 탄 열차

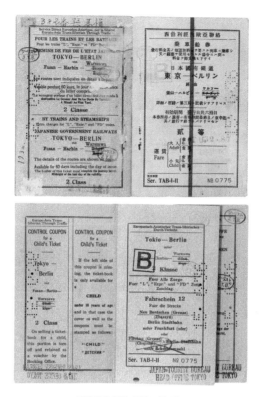

시베리아 횡단 열차표를 쥐고

1936년 손기정이 베를린까지 타고 간 열차표이다. 이 표는 도쿄에서 부산, 하얼빈, 바르샤바를 지나 베를린까지 가는 열차표로, 한반도가 남북으로 분단된 오늘 우리에게는 생소한 물건이다. 손기정은 대륙으로 이어지는 열차를 타고 한반도를 넘어 동아시아로, 세계로 향해 나아갔다. 열차표 맨 뒷장(위 왼쪽) 윗부분에 있는 '382番 孫基禎(382번 손기정)'은 손기정이 직접 쓴 것이다.

는 여객용 기차가 아니라 군 장비 수송 화물 열차 같은 것이었다. 정규 여객 열차 편은 일주일에 두 번밖에 없었고, 우리가 떠날 땐 시간대가 맞지 않았다.

열차는 시도 때도 없이 멈춰 섰다가 예고도 없이 제멋대로 달렸다.

운명을 건 승부

어떤 날은 종일 보리밭 사이를 달리다가, 또 어떤 날은 호수를 끼고 한없이 달리기도 했다. 철도 복선화 작업이 한창이라, 가는 도중 다른 열차와 만날 때마다 우리가 탄 기차는 역 구내에서 기다렸다 다시 출발했다. 기차는 덜커덕거리며 달려가도 제자리걸음 하듯 지리했다. 처음엔 그래도 낯선 풍경에 정신이 팔렸지만 점차 익숙해지자 피곤하기만 했다. 게다가 기차가 서쪽으로 달리니 시간은 더욱 더디게 갔다. 열차가 서 있는 동안 굳어진 몸도 풀 겸 우리는 가끔 철도를 따라 뛰기도 했다. 이것이 말썽이 될 줄은 꿈에도 몰랐다. 소련 관리들은 우리가 소련의 철도 사정을 은밀히 조사하는 것으로 알았던지 따지고 들었다. 전운(戰雲)이 일어 각국이 신경을 곤두세우던 때라 군수품 열차의 기밀 정보라도 염탐하려는 것으로 의심했던 모양이었다.

모스크바역에 도착해서는 따로 시내에 숙소를 정하지 않고 이틀을 열차간에서 쭈그린 채 보냈다. 식사도 일본대사관에서 준비해 온 음식을 먹게 했다. 그러나 대사관에서 10시가 넘도록 아침식사를 가져오지 않아 모두 불만이 컸다. 컨디션 조절을 위해 운동선수의 식사는 어린아이 때 맞추듯 시간을 엄수해야 하는데, 사토 코치는 도리어 우리에게 자꾸 보채면 본국으로 송환하겠다고 윽박질렀다.

모스크바역사는 대단히 크고 우아했다. 특히 벽에서 천장까지 이어진 커다란 그림은 웅장했다. 모스크바에서 머무는 동안 대중목욕탕에 갔다. 마치 풀장처럼 넓은 욕탕이 있었다. 욕실 밖에는 큼직한 휴게실이 딸려 있었고 안락의자에 앉은 손님과 그들의 손발톱을 깎아주고 다듬어주는 사람들이 보였다. 처음 본 공산국가의 사회가 생각했던 것과는 다르다는 느낌이 들었다. 공산주의를 부르짖는 사회로서는 걸맞지 않는 사치풍조 같았다.

모스크바 경기장은 당시에도 10만 관중을 수용할 수 있을 만큼 굉장히 컸다. 넓은 육상 트랙에서 한 여자 선수가 허들 연습을 하고 있었다. 연습을 마친 후 그 선수는 어린아이를 데리고 나왔다. 아기엄마가 어떻게 운동을 하는 걸까 하고 의아했다. 우리를 안내하던 소련 사람은 소련에서는 운동을 하든 노동을 하든 자신의 특기대로 8시간만 일하면 일과가 똑같이 끝난다고 말해주었다. 이 역시 공산주의는 운동을 자본주의적 사치라고 여긴다는 어릴 적 듣던 얘기와 달랐다. 소련 사람들은 오히려 국가의 지원하에 대단한 열의로 운동을 하고 있었다.

모스크바에 머무는 동안 한 소련 기자가 "너희 마라톤 거리는 좀 짧은 게 아니냐?" 하고 물었다. 늘 세계 최고 기록을 냈다고 떠들면서도 올림픽에 나갔다 하면 지는 까닭이 무엇이냐는 것이었다. 나는 내심 '이 녀석 어디 두고 봐라' 하고 별렀다.

나라 잃은 설움

6월 17일, 2주 만에 베를린에 도착했다. 베를린역에는 독일 주재 일본대사관 직원들이 마중 나와 있었다. 선발대를 맞자마자 그들은 "왜 마라톤에 조선인이 두 사람씩이나 끼었느냐?"고 불만스럽게 물었다. 보름간 열차에서 시달리며 도착한 곳에서 이런 어처구니없는

133
운명을 건 승부

베를린에 도착한 일본 마라톤 선수단

약 두 주 만에 베를린 프리드리히역에 도착했다. 긴 여정에 지쳐 있던 손기정(맨 왼쪽)과 남승룡(손기정 뒤)에게 마중 나온 일본대사관 직원은 왜 조선인이 둘이나 꼈냐며 구박을 했다.

첫인사를 받다니 눈물이 왈칵 솟구쳤다.

시내 호텔에서 사흘을 지낸 후 올림픽 선수촌이라는 곳에 들어갔다. 올림픽 선수촌이라는 시설은 독일이 베를린 올림픽에서 처음 시작한 것이었다. 선수촌에서 처음으로 양식이라는 걸 먹었다. 저 딱딱한 빵을 먹고 어떻게 견디나 하는 걱정이 앞섰다. 사토 코치는 가끔 우리를 시내로 데리고 나가 일본 음식을 먹게 했다.

선수촌 숙소는 두 명이 한방을 썼다. 나는 시오아쿠와 한 방이었다. 시오아쿠는 서른이 넘은 염전 노동자 출신이었다. 그는 일자무식

베를린 올림픽 당시 선수촌 전경

베를린시 서쪽, 도심에서 떨어진 곳에 위치했다. 올림픽이 끝난 후 독일 육군이 군사시설로 사용했고, 1945년에 소련군에 의해 점령되었다. 현재는 박물관으로 복원하려는 작업이 계속되고 있으며, 미국 육상팀이 썼던 방 등이 복원되어 있다.

이어서 제 사인조차 제대로 못 했다. 그는 대표선수가 되는 것보다 사인하기가 더 어렵다고 답답해했다. 시오아쿠는 자기 성(姓) 영문 표기의 첫 글자를 따서 'S' 자로 사인을 하기로 했는데, 8을 반쪽으로 쪼갠 모양으로 엉터리 사인을 그려냈다.

외국 땅에 나와서야 사인이 가끔 필요하게 되었다. 나는 김은배 선배가 로스앤젤레스 올림픽에 참가하기 위해 떠나며 남긴 사인을 생각해냈다. 김 선배는 한자와 영문으로 범벅된 다른 선수들 사인 사이에 한글로 또렷하게 '김은배'라고 써놓았던 것이다. 나도 '손긔정'

운명을 건 승부

marathon
K. SON
손긔졍
KOREAN
1936
15.8

KOREA의 손기정 사인

1932년 로스앤젤레스 올림픽에서 김은배 선수가 한글로 자신의 이름 적은 것을 본 손기정은 자신도 한글로 사인하겠다고 다짐한다. 그는 '손긔졍'이라는 한글 이름 옆에 꼭 'KOREAN'을 적어 일본인이 아니라 한국인임을 알렸고, 한반도 지도를 그려주기도 했다.

일장기 달린 옷을 입지 않는 일본 마라톤 대표선수

왼쪽부터 차례대로 손기정, 시오아쿠, 남승룡, 스즈키다. 손기정은 베를린 체류 중에 일장기가 달린 일본 선수단 유니폼을 입지 않았다. 미쓰비시상사 베를린 지점에 저녁 초대를 받았을 때도 모든 선수가 유니폼을 입었지만, 혼자 양복을 차려입고 갔다. 옷차림이나 사인 등 어찌 보면 사소한 것에서조차 그는 조선인의 정체성을 지키려 노력했다.

이라고 쓰기로 작정했다. 그러나 한글을 모르는 선수단의 일본 임원이 자꾸만 왜 그렇게 어려운 글자를 쓰느냐고 캐물었다. 나는 우승할지도 모르니 내 손으로 쓰기 쉬운 글자로 사인을 연습해 두는 것이라고 얼버무렸다.

나는 기회가 있을 때마다 외국 사람들에게 조선 지도나 금강산을 그려놓고는 한글로 '손긔정'이라고 사인해주었다. 그리고 어디서나 'KOREA의 손긔정'이라고 일러주었다.

길거리를 달리며 연습할 때도 되도록 일장기가 안 붙은 옷을 골라 입느라 애를 썼다. 일본 선수들이 왜 일장기 달린 옷을 입지 않느냐고 물으면 아껴서 가보로 두려고 그런다고 둘러댔다. 나는 아무 글자도 적히지 않은 감색 셔츠를 즐겨 입었다. 내 태도가 지나쳤던지 하루는 농구팀의 이성구 씨가 걱정하며 "자네, 그러다가 경기에 안 내보내면 어쩌려고 그러나? 좀 자중하게" 하고 충고했다. 나는 그래도 '마음대로 하라지, 내가 안 뛰면 자기들이 더 손해볼 텐데' 하고 자신만만했다.

시오아쿠는 가끔 혼자서 시내로 나가 일본 음식을 먹고 들어왔다. 내가 "중요한 시합이 있는데 왜 놀러 다니느냐?"라고 물으면 그는 "이가 상해서 고치러 간다"고 거짓 대답을 했다. "이가 아플 텐데 어떻게 그리 잘 자느냐?"고 다그치면 "금니로 바꾸는 것이어서 괜찮다"고 받아넘겼다.

이런 일뿐만 아니라 사토는 시오아쿠와 스즈키만을 따로 불러내 컨디션 조절을 시키는 등 꿍꿍이속을 보였다. 때마침 만철에서 근무하던 권태하 선배, 총독부 학무국의 정상희 씨, 그리고 현정주(玄正

운명을 건 승부

베를린 원정 응원단과 함께

베를린까지 응원을 온 정상희와 권태하는 조선인으로 일본 선수단에 차별받는 손기정과 남승룡을 지극히 챙겨주었다. 정상희는 조선총독부 학무국에서 일하는 동시에 조선체육협회에 관여하며 운동선수들과 연을 쌓았다. 왼쪽부터 손기정, 정상희, 남승룡, 권태하다.

柱) 씨 등 세 분이 조선 선수들을 격려해주기 위해 베를린 선수촌까지 찾아왔다. 권태하 선배와 정상희 씨는 사토의 비위를 알아내고는 일본대사관에 드나들며 차별 대우를 하지 말라고 항의했다.

어느 일요일, 사토가 선수들에게 관광하고 싶은 곳을 말해보라고 했다. 내가 일부러 나치 독일의 유치장과 영화촬영소라고 했더니 사토는 선수들에게는 적당치 못한 곳이라고 거부했다. 나와 남승룡 선배는 선수촌에 남기로 하고 사토는 시오아쿠와 스즈키만을 데리고 관광을 나갔다. 권태하 선배와 정상희 씨가 뒤늦게 들어와 우리를 끌고 시내 구경을 나갔다. 나중에 그 사실을 알게 된 사토는 권태하 선배가 선수들을 무단 외출케 했다고 선수단 본부에 고자질해, 권 선배는 시끄럽게 불려다녀야 했다. 선수단 본부는 두 번 다시 그런 일이 발생하면 권태하 선배 등 일행을 본국에 강제 송환하겠다고 위협했다.

이보다 더 기막힌 일이 벌어졌다. 올림픽 개막을 며칠 앞두고 사토는 본경기에 출전할 선수를 다시 가리기 위해 30km 기록회를 하겠다고 했다. 온 힘을 기울여 한 번 달리고 나면 체중이 몇 킬로그램씩이나 빠지는 판인데 본경기를 앞두고 또 기록회라니 있을 수 없는 일이었다.

아보스 자동차 경주로와 공원 숲길을 낀 임시 코스를 정해 또 한 차례의 예선전이 벌어졌다. 스즈키는 일주일간 독감으로 고생한 끝이라 기진맥진이었다. 나와 남승룡 선배는 두 일본 선수를 제치고 앞서 달렸다. 시오아쿠가 별안간 정해진 코스를 이탈하더니 엉뚱한 샛길로 빠져나갔다. "시오아쿠, 그쪽 아니야!" 하고 남 선배가 고함을 쳤으나 그는 들은 척도 않고 지름길로 내빼버렸다. 그러나 제 코스를 다 뛰고서도 내가 1위, 남 선배가 2위를 차지했다.

남승룡 선배는 화가 나서 뒤늦게 들어온 시오아쿠에게 달려들어 침 뱉은 손바닥으로 뺨을 철썩 갈겼다. 사토나 시오아쿠나 펄펄 뛰며 난리였다. 뒤미처 숲길을 지키던 권태하 선배가 뛰어와 일본 코치와 선수들의 비겁한 술책을 힐난했다.

끝까지 조선 선수의 출전을 막으려던 일본의 흉계는 실패하고 말았다. 이제 나와 남승룡 선배의 앞을 막을 구실은 하나도 없었다. 그들은 오히려 우리에게 나라 잃은 설움과 적개심을 일깨워주었을 뿐이었다.

어느 날 미쓰비시상사 베를린 지점으로부터 저녁식사 초대를 받았다. 매일 군용버스가 우리 선수 일행을 각 종목 연습장을 돌며 데려다주곤 했는데, 그날따라 함께 저녁식사에 초대된 경보 선수들이 연습 도중 길을 잃어 저녁 9시까지 기다려야 했다. 잘 먹으려는 건지 굶기려는 건지 그날 저녁은 배만 곯게 되었다. 격식도 까다롭고 음식 맛도 없었다. 이후부터 남 선배와 나는 어떤 식사 초대에도 불응키로 했다.

나치 올림픽

통일 독일의 상징인 브란덴부르크문은 거대한 나치스 기폭에 감싸인 채 베를린을 찾아온 세계 각국 선수단을 맞고 있었다. 길거리마다 펄럭이는 나치스 깃발, 베를린 올림픽은 마치 나치 독일의 위세를 자랑하기 위한 잔치 같았다. 독일은 게르만 민족의 위대성, 아리안족의 우수성을 과시하기 위해 어디서도 찾을 수 없었던 엄청난 규모와 조직의 올림픽을 준비해놓았다.

1936년 8월 1일, 드디어 올림픽이 개막되었다. 10만 관중이 들어찬 메인 스타디움의 위용은 대단했다. 원형의 스타디움은 장엄하면서도 화려했다. 스탠드 상단에서부터 그 아래로 수없이 많은 대형 나치스 깃발이 길게 드리워져 펄럭거렸다. 스탠드 상단에는 참가국 국기가, 하단 중앙석 좌우에는 거대한 올림픽기와 나치 독일의 총통기가 나란히 게양되어 있었다. 아시아, 아메리카, 유럽의 49개국

4,000여 명의 선수단이 도열한 올림픽 메인 스타디움은 완전히 나치스 기폭에 감싸인 듯했다.

요란한 팡파르가 울려 퍼졌다. 승마복 같은 군복 차림의 총통 히틀러가 앙리 드 바예라투르(Henri de Baillet-Latour) 국제올림픽위원회(이하 'IOC') 위원장, 르발트(Theodor Lewald) 독일올림픽위원장의 인도를 받으며 집총한 헌병들의 호위 속에 스타디움에 들어섰다. 스탠드에서는 우레와 같은 함성이 터져 나왔다. 오른팔을 번쩍 치켜든 히틀러의 얼굴은 군모에 가려 큰 코와 콧수염밖에 보이지 않았다. 검정 군화 코가 유난히 반짝거렸다. 우뚝 각을 세운 군모, 승마복같이 생긴 군복. 올림픽 개막을 선언하는 히틀러의 목소리는 카랑카랑했고 경기장에 차고 넘칠 만큼 우렁찼다. 그는 마치 열병식을 사열하는 장군 같았다.

20여 발의 예포가 울리고 수만 마리의 비둘기가 스타디움 상공을 선회하는 가운데 올림픽 찬가가 울려 퍼졌다. 순간 선수단의 중앙을 헤치고 성화 주자가 달려 들어왔다. 올림픽 대회 사상 최초의 성화 봉송이었다. 독일은 인류 최대의 잔치인 베를린 올림픽에 극적인 효과를 더하기 위해 이미 2년 전에 성화 봉송을 고안해서 고대 올림픽 발상지인 아테네에서 성화를 채화, 수많은 주자의 봉송으로 올림픽 메인 스타디움까지 운반해와 세계의 이목을 집중시켰다. 성화가 높다란 성화대에 점화되는 순간 10만 관중은 다시 한번 뜨거운 갈채와 함성으로 이 성스러운 장면의 분위기를 고조시켰다.

그러나 스탠드를 메운 10만 관중 중 누구도 그리스 아테네를 출발해 남부 유럽을 훑으며 달린 그 성화에서 세계 침략의 야욕에 불타

1

2

나치 올림픽

1 나치 깃발 걸린 브란덴부르크 문을 지나 성화를 봉송하는 독일의 성화 봉송 주자. 올림픽이 열리는 동안 베를린 곳곳에서는 하켄크로이츠가 그려진 깃발이 휘날렸다.
2 베를린 올림픽 스타디움을 독일 시민들이 가득 메우고 있다.
3 개막식에서 프랑스 선수단이 입장하고 있다. 독일 시민들을 나치식 경례를 하며 세계 각국 선수단을 맞이했다.
4 개막식에서 나치식 경례를 하는 히틀러. 1936년 8월 1일 베를린 올림픽 경기장에서 열렸으며, 르발트 독일올림픽위원장의 연설에 이어 히틀러가 올림픽 개막을 선언했다.

는 히틀러의 번쩍이는 정보 수집의 눈초리를 읽어내지 못했다. 성화는 올림픽 개막 약 20일을 앞두고 제우스에게 제사 지내던 고대 그리스 유적지 올림피아 제단에서 채화되어 아테네·델포이·테살로니카를 거쳐서 불가리아의 소피아, 유고슬라비아의 베오그라드, 헝가리의 부다페스트, 오스트리아의 빈, 체코슬로바키아의 프라하를 지나 8월 1일 베를린에 도착한 것이었다. 그리고 전쟁이 터졌을 때 독일군은 거의 성화 봉송의 역순 코스로 남부 유럽을 유린했다.

베를린 올림픽은 히틀러가 총애하던 여배우 출신의 영화제작자 레니 리펜슈탈(Leni Riefenstahl)에 의해 기록영화 〈올림피아(Olympia)〉로 남겨졌다. 레니의 촬영팀은 그리스의 성화 채화 현장은 물론 성화 봉송의 계주팀을 뒤따르며 유럽의 군사요지, 주요 교통로를 샅샅이 훑어 카메라에 담아왔다. 이것이 훗날 제2차 세계대전 중 독일의 작전 수립에 중요한 자료로 이용되었다고 한다. 레니 리펜슈탈은 종전 후 나치와 히틀러 추종자로 낙인찍혀 연합군의 재판을 받기도 했다. 올림픽 우승의 인연으로 그녀는 지금까지 나와 서신을 주고받는 다정한 친구 사이기도 하다.

당시 독일에는 체육장관직이 있었다.[10] 히틀러는 나치 독일의 미래를 위해서는 나치식의 건강한 국민, 특히 건강한 체력과 정신력을 가진 청소년들을 길러야 한다고 생각했다. 히틀러 유겐트의 창설이 바로 그런 취지에서였다. 1926년에 조직된 히틀러 유겐트는 실제 정치·군사·체력 훈련을 받아 나치 독일의 전쟁 수행에 이용되었다. 당시의 체육장관 한스 폰 차머 운트 오스텐(Hans von Tschammer und Osten)은 제2차 세계대전을 맞으며 히틀러 유겐트에 본격적인 체육군사 훈련을 실시했다. 그는 "독일에는 병원이 필요 없다. 병이 나기 전에 건강을 관리할 건강상담소만이 필요하다"는 말을 하기도 했다.

히틀러는 베를린 올림픽을 통해 세계 각국에 게르만 민족의 위용을 뽐내며 은근히 복속을 권유했다. 그는 유망한 독일 선수들을 불러 모아 반드시 금메달을 따내 독일 민족의 위대함을 보여줄 것을 당부했다.

나는 지금도 베를린 올림픽 시설 자체가 전쟁을 대비한 것이 아닌가 생각한다. 메인 스타디움은 필요하다면 언제든 병영으로 사용할 수 있도록 설계되어 있었다. 스탠드 밑의 수많은 방은 원형 통로로 연결되었고, 그라운드로 나가려면 지하 통로를 이용해야 했는데 마치 방공호 같았다. 스타디움 지하는 철도가 연결되어 대량 수송이 가능하게 되어 있었다.

일본 선수단은 개막식에서 입장할 때 대오를 어떻게 짜느냐는 문제를 놓고 옥신각신했다. 선수단 중에는 여자 선수 18명이 있었는데, 이들을 어느 위치에 세우느냐가 말썽이었다. 서양 풍습을 따라 여자들을 앞세우자는 의견도 있고, 뒤에 세우자는 주장도 있었다. 특히 승마에 출전하는 군인 선수들은 대일본제국 군인 앞에 여자가 나선다는 계획에 펄펄 뛰며 반대했다.

그러나 일본 선수단도 결국 레이디 퍼스트라는 서양식대로 맨 앞에 기수, 그다음 단장, 임원진, 그리고 여자 선수들이 선두에 나서게 되었다. 그 뒤를 이어 승마 경기에 출전하는 군인 선수들, 그 뒤에 남자 선수들이 행진했다. 군인들은 여자가 자기들보다 앞서 나가는 것이 못마땅해 행진하면서도 불평을 늘어놓았다. 게다가 전투모를 쓰

운명을 건 승부

히틀러와 스피리돈 루이스
제1회 근대 올림픽 마라톤 우승자인 스피리돈 루이스는 베를린 올림픽에 초대를 받았다. 그리스 전통의상을 입고 개막식에 참석한 그는 히틀러에게 그리스 올림푸스산에서 자란 올리브 나뭇가지를 전달했다.

고 군대식으로 "우로 봐!"라는 구령에 맞춰 히틀러 앞에 경의를 표했으나, 독일 사람들에게는 인사하는 표식도 나지 않아 '일본 선수단은 총통 각하 앞에서 불손했다'는 비난을 받았다. 독일 선수단이 마지막으로 입장하자 행진곡은 갑자기 나치 당가(黨歌)로 바뀌었다.

성화가 타오르는 동안 그리스 선수단에서 한 노인이 걸어 나와 히틀러에게 다가갔다. 그는 바로 아테네에서 열린 제1회 근대 올림픽 마라톤 경주에서 우승한 스피리돈 루이스(Spyridon Louis)였다.

스피리돈 루이스는 그리스의 아마루시온(Amaroúsion, 오늘날의 마루시Marousi)이라는 마을에서 양을 치던 목동이었다. 아침에 양을 몰고 나가 들에서 온종일 따가운 햇볕 아래 양 떼를 돌보는 게 일과여서 다리도 튼튼했고, 무엇보다 햇볕에 견디는 인내력은 따를 자가 없을 정도였다. 그는 동네 사람들의 권유로 올림픽 마라톤에 출전했다. 마라톤이 어떻게 하는 것인지 전혀 몰랐던 그는 출발 신호가 울리자마자 다짜고짜 뛰기 시작했다.

사실 첫 출전한 마라톤 선수 모두가 마라톤에 대한 지식이 부족했다. 선수 대부분은 5,000m라도 달리듯이 처음부터 속력을 냈다가는 주저앉거나 기절해서 실려나갔다. 루이스는 튼튼한 다리 덕분에 지치지 않고 선두로 결승점을 향했다. 그리스가 자랑스럽게 여기던 육상에서 전패해 침통해 있던 그리스인들은 루이스의 선두 소식에 흥분했다. 마치 죽었던 고대 아테네 용사 피디피데스(Phidippides)가 살아 돌아온 것처럼 열광했다. 그들은 달리고 있는 루이스에게 축승의 포도주를 마시게 했다. 경기장 안팎에서 대소동이 일었고, 귀빈석에 있던 콘스탄티노스 황태자와 게오르기오스 왕자가 경기장 입구까지 달려나갔다. 루이스는 술에 취해 비틀거리며 경기장에 들어섰다. 두 왕자가 양쪽에서 그를 호위하듯 함께 트랙을 돌았다. 결승점에서 루이스는 기진해 쓰러졌다. 그러나 관중석은 광란의 도가니였다. 모자를 벗어 던지고 코트, 목걸이를 벗어 던지고 부둥켜안고 울고불고 난리였다.

그 신화의 주인공 루이스를 베를린에서 목격한 것이다. 그는 이미 허리가 구부정한 노인이 되어 있었다. 그는 지중해 연안에서 자란 그리스 올리브나무 나뭇가지를 히틀러에게 전달했고, 히틀러는 악수로 그를 반겼다.

베를린 올림픽 개막식의 음악 연주는 리하르트 슈트라우스(Richard

Georg Strauss)가 맡았다. 그는 3,000명의 대합창단을 지휘, 개막식이 클라이맥스에 오를 무렵 올림픽 찬가를 연주했으며, 장중한 헨델의 〈할렐루야〉로 피날레를 장식했다. 그는 대표적인 나치 음악가로, 종전 후 많은 음악가가 그의 작품 연주를 기피하기도 했다.

그러나 많은 체육인에게는 베를린 올림픽이야말로 올림픽 중의 올림픽이었다. 나치 올림픽이라는 악명이 뒤따르긴 했지만 이 대회에서 근대 올림픽이라는 형식이 만개했기 때문이었다. 장대한 스케일, 조직적이고 과학적인 대회 운영, 드라마틱한 경기 내용, 올림픽 무대를 장식한 수많은 영웅…. 이런 사실은 누구도 부인할 수 없을 것이다.

마라톤 예상기

베를린에 모인 각국 선수단 중에서도 일본 마라톤 대표팀은 소문날 만큼 강도 높은 훈련으로 경기에 대비하고 있었다. 우리는 올림픽 개막을 눈앞에 두고 자체적으로 예선을 치르는가 하면, 하루에도 몇십 킬로미터씩 스피드와 지구력을 기르기 위한 로드 레이스에 나섰다.

세계 최강의 육상팀을 가진 미국의 총감독 로버트슨 씨는 경이에 찬 눈으로 우리의 훈련을 지켜보았다. 그는 일본 선수들의 스피드나 엄청난 훈련량에 탄복했다. 그러나 지나친 훈련은 오히려 본경기를 망칠 수 있다고 우려했다. 일본 특파원과의 인터뷰에서 로버트슨 씨는 이렇게 평했다. "일본 선수들의 마라톤 수준은 알려진 것보다 대단히 우수하다. 지금의 연습 페이스대로라면 아마 2시간 26분대는 될 것이다. 이런 기록이라면 우승은 문제없을 것 같다. 그러나 일본 마라톤 선수들의 연습이 너무 심해서 오히려 염려스럽다. 마라톤은 1년에 겨우 한 번 최고의 컨디션으로 뛸 수 있는 어려운 운동이다. 무리한 연습으로 정작 본 경기를 망치지 않을까 걱정된다." 로버트슨 씨의 충고는 우리 팀에 도움을 주지 못했다. 대회의 열기가 고조되자 사토 코치는 더욱 안달했다.

"마라톤에 지면 할복하겠다. 꼭 이겨야 한다. 부탁한다!"

부탁인지 협박이지 분간조차 어려웠다. 그의 이런 우격다짐에 밤에 잠도 제대로 못 잘 지경이었다. 우리는 견디다 못해 선수단 본부에 진정했다. 잠 잘 재우고 연습 잘 시켜서 좋은 성적을 내게 해야 할 코치가 선수들을 달달 볶아서 잠도 못 자게 만든다니, 있을 수 없는 일이었다. 마라톤 경기 당일 일본 선수단은 사토 코치 대신 다른 임원으로 우리를 인솔케 했다.

마라톤은 그때나 지금이나 올림픽의 꽃이었다. 모든 경기가 끝나는 대회 최종일 폐막식 전의 마지막 하이라이트로서 마라톤 경기가 열렸다. 마라톤 우승자는 승리의 월계관을 쓰고 그 올림픽 최고의 영웅으로 칭송받았다. 과연 누가 우승의 영광을 차지할 것인가. 많은 사람이 저 나름대로 우승자를 점치고 있었다. 그중 한 사람, 미국인 스타일즈 씨의 마라톤 예상기가 흥미로웠다.

마라톤은 올림픽 전 경기를 통해 가장 웅장한 경기로서 절대적인 흥미를 끌고 있다. 인간의 위대한 힘을 보는 순간 모든 사람이 감격하게 된다. 마라톤 우승자의 희열은 동시에 모든 인류의 희열로 번진다. 이제껏 많은 사람이 우승을 예상했지만 맞힌 적은 별로 없었다. 이것이 더욱 흥미를 느끼게 한다. 이번 베를린 올림픽에서는 누구나 1932년 로스앤젤레스 올림픽 우승자 자발라의 2연패를 예상하고 있다. 나도 그렇게 생각한다.

자발라처럼 투지 있는 선수는 드물다. 게다가 상당한 자신감으로 벌써부터 우승이 기정사실인 듯 호언하고 있다. 좀 지나친 이야기지만 90퍼센트 정도는 믿을 수밖에 없게 되었다.

로스앤젤레스 올림픽에서 20세로 우승했던 자발라는 현재 24세로, 마라토너로서는 체격, 경기 운영면에서 최적격의 상태이다. 그는 지난해 10월부터 독일에서 전지훈련을 하며 코스도 익히고 기록 단축에 큰 성과를 보이고 있다. 20,000m에서 1시간 4분 0초 2의 세계 최고 기록을 보유하고 있으며, 10,000m에서도 로스앤젤레스에서는 31분 19초였으나 베를린에 와서는 31분으로 단축했다. 이제껏 이러한 스피드를 보인 마라토너는 없었다.

자발라가 가장 경계해야 할 선수는 일본의 손기정이다. 손기정은 2시간 26분대의 기록을 가지고 있으며 그 외에도 시오아쿠, 스즈키 등이 2시간 30분대의 호기록을 냈다. 모두들 일본의 마라톤 거리가 이상하다고 말하고 있다. 그러나 일본 선수들이여, 노여워하지 말라. 2시간 26분이라는 기록은 너무나 훌륭한 것이어서 우리는 도저히 그대로 믿기가 어렵기 때문이다. 손기정은 코스에 익숙하지도 않고 스피드도 자발라에게 뒤지는 것 같다. 그가 위협적인 존재일망정 우승은 힘들 것이다.

나는 자발라(아르헨티나), 손기정(일본), 키리아키레스(그리스), 하퍼(영국), 토비넨(핀란드), 시오아쿠(일본) 순이 될 것으로 예상한다.

스타일즈 씨의 말대로 당시 가장 유명한 마라토너는 로스앤젤레스 올림픽 우승자인 자발라였다. 나 역시 결국에는 그와 우승을 다투게 되리라고 마음을 다져 먹고 있었다. 그러나 나는 그가 로스앤젤레스에서 일본 대표로 출전한 권태하, 김은배 선배를 제치고 우승했다는 사실 외에는 별로 아는 것이 없었다.

자발라에게는 아르헨티나 대통령의 비서 한 명이 붙어다니며 1년 전부터 베를린에서 올림픽에 대비하고 있었다. 우리는 몇 번이나 올림픽 마라톤 코스를 달리며 연습했지만 한 번도 자발라를 볼 수 없었다. 자발라는 1년에 가까운 연습으로 더 이상 코스에 나올 필요도 없었을 것이다. 그는 자신의 비법이 알려지는 걸 두려워했다. 거꾸로 나와 남승룡 선배, 시오아쿠, 스즈키 등은 거의 아르헨티나 선수단의 탐색의 시선 한가운데에서 매일 뛰고 달렸다. 우리는 자신들이 보유한 기록만 제대로 낸다면 상위 입상은 문제없다고 예상했다.

출발점에서

8월 9일 오후 3시. 모든 경기가 마무리되어가는 가운데 올림픽의 꽃인 마라톤 출발 시각이 다가왔다. 오후의 태양은 열기를 더해가며 스타디움을 달구고 있었다. 기온은 30도를 웃돌고, 북해의 바람 탓인지 끈끈한 기운이 온몸을 감쌌다.

27개국에서 내로라하는 맹장 56명이 마라톤 우승의 영예를 노리며 모여들었다. 호명되는 차례대로 스타트 라인에 섰다.

'이제 때가 왔다. 이 기회를 놓치면 끝장이다. 4년 후 올림픽 일을 누가 알랴. 나는 세계 제일이다. 반드시 1등 하고 말리라.'

마음의 각오를 다지며 심호흡을 했다. 그야말로 총성 없는 전쟁터였다. 모두가 비상한 각오로 눈빛을 반짝였다. 습관대로 몸을 풀며 물구나무서기를 해보았다. 흔들리지 않고 바르게 잘 설 수 있었다. 컨디션은 좋았다.

세 줄로 늘어선 스타트 라인에서 스탠드를 훑어보았다. 스탠드의 인파가 흰 광목을 펼쳐놓은 듯 뿌옇게 흐려 보이면 일은 틀린 것이다. 마음속은 아주 평안했다. 코 큰 사람, 눈이 노란 사람, 파란 사람, 갈색 머리, 노랑머리… 관중들의 얼굴 하나하나가 또렷하게 시야에 들어왔다. 순간 나를 향해 흔드는 손을 발견했다. 김용식 씨였다. 그리고 옆으로 장이진 씨도 보였다.

'와주었구나. 스탠드의 수많은 관중 중에서도 진정한 나의 응원진은 저들뿐이다.'

가슴이 뿌듯했다. 김용식 씨는 장이진 씨의 멕시코와의 농구 경기가 끝나자마자 함께 나를 응원하기 위해 달려온 것이다. 농구는 이때 처음 올림픽 종목으로 채택되어 실외경기장에서 벌어졌다. 일본은 농구 경기에서 11위를 했다.

김용식 씨는 축구 예선을 치르는 동안 번번이 따돌림당하고 출전

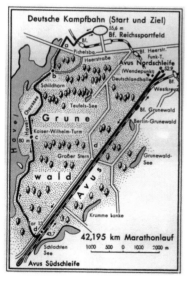

1936년 베를린 올림픽 마라톤 코스 지도와 경기장 입장권
베를린 올림픽 마라톤 코스는 스타디움을 출발해 하벨강
과 접한 그뤼네발트, 아보스 자동차 경주로를 달려 반환점
을 지나 스타디움으로 돌아가는 왕복 코스였다. 그뤼네발트
(Grune Wald)는 '녹색 숲'이라는 뜻으로, 여름날 우거진 숲
에서 그나마 더위를 식힐 수 있었다. 오른쪽 사진은 1936년
8월 9일 경기 당일 입장권이다.

도 못 해 항의 소동까지 벌였는데 본선 스웨덴과의 1회전 경기에서
후반 10분을 남기고 3 대 2의 결승골을 넣어 일본 선수들의 기를 꺾
었다. 그러나 일본은 2회전에서 우승팀 이탈리아에 8 대 0으로 대패
했다. 권투의 이규환 씨는 2회전에서 탈락했다. 올림픽에 함께 출전
한 일곱 명의 조선 선수들은 종목은 달라도 마음은 하나가 되어 서
로 응원하고 격려해주었다.

　몸과 마음의 준비가 끝났다. 베를린에 도착할 때까지만 해도 조바
심이 나고 긴장했었는데 스타트 라인에 서자 오히려 마음이 쾌적해
졌다.

　출발 신호가 울렸다. 56명의 선수가 한 덩어리처럼 뒤엉켜 트랙을
돌았다. 맨 먼저 스타디움을 빠져나간 선수는 자발라였다. 그의 위세

운명을 건 승부

는 예상처럼 당당했다. 무리를 이끌고 마치 단거리 주자처럼 스타디움을 나서서 마라톤 코스를 달렸다. 뒤질세라 각국 선수들이 그 뒤를 쫓았다.

놀라운 스피드였다. 은근히 겁이 났다. 이건 마라톤인데 저 사람들은 단거리 경주하듯 달리지 않는가. 내가 제일 빠르다던 정보가 엉터리인가. 낭패감마저 들었다.

'로스앤젤레스 올림픽에서 김은배 선배가 6위, 권태하 선배가 9위를 했으니 나는 5위면 만족이다. 내 기록을 다 내고도 진다면 어쩔 수 없는 일이지.'

마음을 고쳐먹으니 한결 편했다. 나는 내 기록을 믿었다. 그리고 내 페이스대로 달리기로 했다. 나, 남승룡 선배, 시오아쿠 모두 뒤에 처져 뛰었다.

자발라는 4km 지점을 13분 4초 2로 통과, 여전히 선두 그룹을 이끌고 있었다. 대단히 빠른 기록이었다. 그 뒤를 포르투갈의 마누엘 지아스(Manuel Dias), 미국의 타잔 브라운(Tarzan Brown), 영국의 어니스트 하퍼(Ernest Harper) 등이 따라가고 있었다. 육상 장거리 왕국 핀란드에서 온 누르미의 후예 세 명은 아주 멋진 작전을 펴고 있었다. 세 명이 번갈아가며 선두에서 페이스 조절을 맡으며 스피드 유지에 신경썼다.

5km 지점에 이르자 하나둘 기권자가 속출했다. 길옆에 벌써 퍼져 앉은 사람, 엉금엉금 걸어가는 사람, 마지못해 뛰는 둥 걷는 둥 하면서 머리를 흔드는 사람…. 예나 지금이나 마라톤에는 참가 자체에 의미를 두고 출전하는 선수도 많으니까. 그렇지만 겨우 5km 정도 뒤

고 기권이라니, 올림픽이라는 것도 동네 달리기 대회나 다름없다고 생각되었다.

무더기로 처지는 선수들 사이를 뚫고 달리며 나는 속으로 쾌재를 불렀다. 그럼 그렇지! 내가 그렇게 느린 편이 아닌데. 나는 벌써 다섯 번째로 뛰고 있었다. 마음이 한결 놓였다. 이 정도라도 벌써 김은배 선배보다는 한 등급 위에 올랐으니 목표의 절반은 달성한 셈이었다. 일본이 기대하는 시오아쿠는 15위를 달리고 있었다.

자발라는 여전히 선두를 달려 10km 랩타임 32분 30초를 기록했다. 그 페이스대로 완주한다면 2시간 16분대의 엄청난 기록이 나올 판이었다.

10km 지점에서 어니스트 하퍼를 만났다. 나는 그를 잘 몰랐다. 단지 키가 크고 다리가 길어서 초반 스피드가 좋아 나보다 한참 앞서 달리던 경쟁자일 뿐. 나는 그와 어깨를 나란히 하고 뛰다가 점차 앞질러 갔다. 뜻밖에 그가 나의 스피드를 제지했다.

"슬로우! 슬로우!"

서로 경쟁하는 사이면서도 그는 나의 오버 페이스를 걱정해주었다. 나는 알아들었다는 듯 손을 들어 보였다. 그러면서도 내심 '이 친구야. 빨리빨리 가야지 꾸물거리면 어떡해' 하면서 그에게 앞서 달리는 선두 그룹을 손가락으로 가리켜보였다. 레니 리펜슈탈이 만든 〈민족의 제전〉에 이 모습이 클로즈업되어 나온다. 스무 살의 늦은 나이에라도 학교에 들어가지 않았던들 나도 무식쟁이 시오아쿠와 별반 다르지 않았을 것이다. 인간에게 배움이란 얼마나 중요한가를 새삼 절감했다.

운명을 건 승부

유럽에서는 10여 년 만에 찾아온 더위가 기세를 떨쳤다. 뙤약볕이 그림자마저 녹여버릴 듯 내리쬐고 있었다. 호흡은 점차 가빠지고 몸은 땀으로 범벅이 되었다. 하퍼를 앞세워 달리자니 그와 내 다리 길이 차이가 많이 나서 박자 맞추기가 아주 힘들었다. 그래서 계속 옆으로 나란히 서서 달리기로 했다.

자발라는 15km를 49분 45초에, 18km를 1시간 만에 통과했다. 그때까지도 나는 4위였다. 하퍼와 내 앞으로 미국의 브라운과 포루투갈의 지아스가 달리고 있었다. 그러나 바나나를 까먹으며 달리던 브라운과 지아스가 점차 처지기 시작했다. 나는 하퍼와 앞서거니 뒤서거니 하며 거의 나란히 달렸다. 우리는 마치 서로 경쟁하면서도 서로 피로를 덜어주는 미더운 친구 같았다. 이제 우리 앞에는 자발라밖에 없었다.

자발라는 줄기차게 선두를 달렸다. 그러나 그의 체력에 중대한 변화가 일어났다. 무더위와 무리한 스피드로 그는 흔들리고 있었다. 1시간 11분 29초로 반환점을 지난 자발라는 잠시 방향감각을 잃은 듯 귀로로 돌아서지 않고 그대로 지나쳐가려 했다. 반환점을 돌아 우리와 마주친 자발라의 눈동자가 흐렸다. 다리도 풀린 듯했다. 얼굴에는 허연 소금기가 가득했다.

나는 큰 힘을 얻었다. '저 정도면 따라잡기란 시간문제다. 이제 얼마 남지 않았다.' 나는 2위로 거의 하퍼와 맞붙다시피 반환점을 돌았다. 자발라와는 불과 1분 차이였다.

우리 뒤로는 미국의 브라운, 남아프리카공화국의 콜먼(Johannes Lodewyk Coleman). 스웨덴의 세계적 장거리 선수 에녹슨(Thore

Enochsson)이 순서대로 반환점을 돌았다. 에녹슨은 올림픽에 앞서 열린 유럽선수권대회 장거리에서 세계 신기록을 세웠었다. 베를린 시가를 벗어날 때까지도 최하위 그룹에서 뛰던 남승룡 선배는 자기 페이스대로 달리며 착실히 앞서가던 선수들을 제쳐, 반환점을 돌 때는 8위로 뛰어올랐다.

나는 20km를 넘어서며 경쟁 상대는 자발라가 아닌 하퍼임을 깨달았다. 그는 매우 여유 있고 침착했다. 어느 나라 선수일까. 그렇다고 앞서 달리다가 뒤로 돌아서 그의 앞가슴에 박혔을 국기를 확인하는 따위의 비신사적인 짓은 할 수 없었다. 반환점을 돌아서 달리는 하퍼를 향해 먼저 기권해버린 동료들이 환호성을 올렸다. 그제서야 나는 그를 응원하는 동료들이 가슴에서 유니언잭를 확인할 수 있었다. 영국은 1932년 로스앤젤레스 올림픽에서 2위를 차지했던 마라톤 강국이었다. 라스트에서 그와 경주하다가는 다리가 짧은 내가 당할지도 모른다는 생각이 들었다.

27km 지점에서 나는 스피드를 올렸다. 이쯤에서 일찍 도망가는 게 수라고 생각했다. 눈앞에서는 자발라의 하얀 정구 모자가 가볍게 흔들리며 달아나고 있었다. 목표는 자발라. 드디어 때가 왔다. 저 친구를 제쳐야 한다. 나는 모든 정신력을 정구 모자에 집중시켰다. 모퉁이를 돌 때마다 숨었다 나타났다 하는 하얀 정구 모자가 내 표적이었다.

자발라는 지친 기색이 역력했다. 멀리서도 그의 거친 숨소리가 들리는 듯했다. 결승점을 12km 앞둔 30km 지점. 비스마르크 언덕을 바라보는 길 한복판에서 로스앤젤레스 올림픽의 영웅 자발라는 비

운명을 건 승부

1936년 베를린 올림픽 마라톤 경기에서

1 8월 9일 오후 3시, 막 시작된 마라톤 경기에서 선수들이 스타디움을 빠져나오고 있는 장면으로, 뒤에 올림픽 종탑이 보인다. 382번 번호표를 단 선수가 손기정이다.

2 30km 지점에서 선두를 달리던 자발라가 쓰러지며 손기정은 선두를 달리기 시작했다. 스타디움에 들어서자 선두 주자의 입장을 알리는 나팔 소리와 함께 관중의 열광적인 함성이 들려왔다. 손기정은 결승 테이프를 향해 전력을 다해 달렸다.

3 4 "슬로우, 슬로우." 영구 선수 어니스트 하퍼의 조언으로 시작된 둘의 동행은 경쟁이 아닌 서로 의지하며 달리는 것 같았다. 반환점도 0.02초 차로 나란히 돌았다(반환점에서 손기정 2위, 하퍼 3위). 하퍼는 경기가 끝난 후 손기정의 경기 운용을 극찬했다. 1948년 런던 올림픽 때 하퍼는 손기정에게 편지로 마라톤 코스와 선수들에 대한 정보를 상세히 알려주기도 했다.

3

4 116

극적인 최후를 맞았다. 일그러진 얼굴로 고통을 참으며 달리던 그는 다리의 균형을 잃고 앞으로 고꾸라지며 의식을 잃었다. 웅성웅성 모여든 대회 관계자들 사이에서 엎어져버린 자발라를 목격했다.

이젠 내가 선두였다. 와락 두려움이 밀려왔다. 이제까지 자발라의 정구 모자만 바라보고 뛰어왔는데 더 쫓아갈 표적이 사라져버렸다. 오히려 뒤를 쫓는 수많은 적의 목표물이 되어버린 것이다. 게다가 페이스를 조절해줄 만한 코치도 없다. 말이 통하지 않으니 어느 정도로 달리는지, 뒤따르는 선수는 어디쯤 왔는지 물어볼 수도 없었다. 그러나 자발라를 뒤쫓는 데 열중한 사이 하퍼는 조금 더 뒤로 떨어져 있었다.

라스트 스퍼트

오후 5시 무렵, 한여름의 태양이 마지막 기승을 부리며 서편으로 기울고 있었다. 이제 내 눈앞에는 자발라도 하퍼도 없었다. 오직 나 혼자였다. 외로웠다. 기다랗게 늘어진 나의 그림자만이 고독한 전장의 동반자였다. 가파른 고개 하나를 넘어섰다. 35km 지점, 레이스도 종반에 접어들었다. 좌우로 빽빽한 나무숲, 인적이 거의 없는 공원이 계속되었다. 저 멀리 햇볕에 반짝이는 하벨강의 물결이 눈을 어지럽혀 왔다. 다리의 피로보다 머릿속이 텅비어가는 듯 어지럽기까지 했다. 두통을 잊기 위해 나는 내게 사랑을 베푼 사람들, 도움을 베푼 사람들을 차례로 머릿속에 떠올려보았다.

언제나 약주를 드시고 얼굴이 불콰해져서는 옛이야기에 열을 올리시던 아버지, 아들의 뜀박질을 못마땅해하시면서도 끝내 아들 의지에 꺾여 다비를 사다 주시던 어머니, 어려운 때 바른길을 가르쳐 주던 이병옥 선배, 사제의 두터운 정으로 뒷바라지해주신 김수기 선생님, 마라토너로서의 꿈을 일깨워준 권태하 선배…. 두통은 남았으나 외로움은 점차 사라졌다. 31km의 랩타임은 1시간 46분 20초, 33km 랩타임은 1시간 53분 27초, 37km 지점은 2시간 8분 33초, 반환점까지 달릴 때보다 조금 처지기는 했으나 스피드는 꾸준했다. 신체적 고통도 참을 만했다.

중위권에 있던 남승룡 선배도 하벨 강변을 끼고 스타디움으로 향하는 길에서 앞서 달리던 선수들을 한 명씩 제치며 무섭게 질주해 하퍼 뒤로 바짝 따라붙었다. 막바지에 갈수록 스피드가 올라가는 것이 남 선배의 장기였다. 시오아쿠는 본경기를 앞두고 순전히 조선인인 나와 남승룡 선배를 떨어뜨리기 위해 실시된 30km 코스의 무모한 예선에서 3위를 하며 아킬레스건까지 다쳐 자발라가 쓰러졌던 곳까지도 못 미친 30km 지점에서 기권했다. 그래서 일본인 스스로의 힘으로 마라톤에서 우승하는 영광은 영영 사라지고 말았다.

40km 지점을 바라보며 마지막 비스마르크의 고갯길에 접어들었다. 울창한 나무숲으로 우거져 마루턱이 공중에 난 들창처럼 뻥 뚫려 하늘을 향하고 있었다. 오르막길이지만 나무숲 터널이 뜨거운 햇볕을 막아주어 더위는 한층 덜했다. 6분여나 뛰어오르는 이 마지막 고갯길에서는 기력이 어지간히 소모되었던지 내장이 끊어질 듯했다. 이게 마지막 고비다. 여기만 견뎌내면 우승은 내 것이다. 나는 나

운명을 건 승부

베를린 올림픽 마라톤 결승 테이프를 끊다

태해져가는 머리와 다리에 스스로 채찍질을 해가며 마침내 고갯마루에 올라섰다.

적십자 마크를 단 중년 간호사가 선두로 고갯길을 올라선 나를 반기며 물을 건넸다. 차가운 물로 입가심을 하고 얼굴을 문질렀다. 정신이 번쩍 났다. 피로도 한결 가시는 것 같았다. 속이 타는 듯했지만 물을 마시지는 않았다. 물은 갈증이 심할 때 마실수록 더욱 기갈만 더해 배에 고통을 주기 때문이다.

이젠 완만한 내리막길이었다. 그러나 시가지를 향해 직선으로 뻗친 길이 아니라 굽이굽이 돌아 내려가 앞과 뒤가 토막토막 끊겨 있었다. 뒤따르는 선수들로서는 표적 삼을 앞 선수가 보이지 않으니 그만큼 불편하고 선두를 달리는 나로서는 그만큼 유리해졌다.

저 멀리 올림픽 스타디움의 마라톤 탑이 눈에 들어왔다. 처음 출발할 때의 기분 그대로였다. 다시 목표물을 찾아내자 조금도 피로하지 않았다. 마라톤 게이트를 향해 질주했다. 올림픽 스타디움에는 마라톤 선두 주자의 입장을 알리는 나팔소리가 우렁차게 울려 퍼졌다. 영광의 우승자는 누구냐, 마라톤 패권은 어느 나라로 가느냐, 경기장 안은 흥분으로 술렁거렸다. 장내 아나운서가 "선두는 일본의 손기정"이라고 알렸다. 스타디움 입구로 힘차게 뛰어 들어갔다. 순간 열광하는 10만 관중의 함성이 내 귀를 때렸다. 마치 거센 파도가 바위를 때리듯. 전력을 다해 트랙을 돌았다. 마지막 100m. 나는 듯이 달려들어 결승 테이프를 가슴에 감았다.

결승 테이프를 끊은 시간은 2시간 29분 19초 2. 1896년 제1회 아테네 올림픽에서 스피리돈 루이스가 40km를 2시간 58분 50초로 달려 우승한 이래 올림픽의 42.195km 마라톤에서 누구도 2시간 30분대의 벽을 넘지 못했다. 반환점까지의 랩타임 1시간 11분 29초에 비하면 후반 결승점까지의 1시간 17분 50초 2는 너무 느린 것이었다. 레이스 운영을 좀 더 잘했더라면 충분히 제 기록을 낼 수도 있었을 것이다. 전반 1km를 거의 3분대로 달렸으나 후반에는 시간 조절을 못 해 4분대로 달렸다. 그리고 너무 많은 힘을 남겨 스타디움의 트랙을 돌 때는 단거리 선수 이상으로 스피드를 냈던 것이다. 미국 육상 코치는 마지막 100m를 달린 내 기록을 자신의 스톱워치로 측정했는데 12초대가 나왔다며 놀라워했다.

영국 신사 하퍼는 정확하게 2분 4초 후 2위로 결승선을 밟았다. 그는 선두의 나보다 오히려 뒷덜미를 덮칠 듯 따라붙는 남승룡 선배와 피나는 싸움을 벌였다. 남승룡 선배는 불과 19초 차이로 하퍼를 놓쳐 아깝게 3위를 기록했다.

결승 테이프를 끊은 남 선배는 자신의 레이스가 아쉬운 듯 시계를 들여다보았다. 지친 기색이라곤 찾아보기 어려웠다. 좀 더 코스에 익숙하고 제대로 코치를 받았다면 그렇게 많은 힘을 남긴 채 3위로 골인하지도 않았을 것이다. 마지막 10km를 남기고부터 그의 분투는 놀라웠다. 남 선배는 휙휙 바람소리를 내며 하퍼 뒤를 쫓았으나 그를 따라잡기에는 남은 거리가 너무나 짧았다. 하퍼는 2시간 31분 23초 2, 남승룡 선배는 2시간 31분 42초였다.

핀란드의 세 선수 중 타밀라(Erkki Jaakko Tamila)가 남 선배보다 1분 3초가량 늦어 4위로, 무이노넨(Väinö Muinonen)이 그보다 1분 1초 늦어 5위로 골인했다. 전체 56명의 출발 선수 중 42명이 완주했으며 자발라, 브라운, 시오아쿠 등 14명이 도중 기권했다. 자발라가 반환점을 선두로 돌 때까지도 일본 NHK 중계팀 옆에 자리한 아르헨티나 중계팀은 "자발라! 자발라!"를 외치며 열광했다. 그러나 그가 30km 지점에서 쓰러지자 아나운서는 "자발라는 형편없는 놈이야! 이젠 나도 모르겠다!" 하고는 방송 도중 자리를 뜨며 격분했다.

참가 선수 중 가장 나이 많은 하퍼는 원래 장애물 경주 선수였다. 그는 베를린 올림픽에서 처음 마라톤을 뛰어 2위를 차지하며 만족해했다. 레이스가 끝난 후 하퍼는 오른쪽 다리에 이상이 생겨 고통스러워하면서도 손기정처럼 힘이 넘치는 선수는 없을 것이라고 칭찬해주었다.

정상에 서서

대형 스크린에 1위 손기정, 2위 하퍼, 3위 남승룡의 이름이 아로새겨지고
예복 차림의 군인들이 국기 계양을 준비하고 있었다.
서서히 중앙 깃대를 따라 올라가는 일장기, 그리고 귓속을 파고드는 〈기미가요〉.

우승의 감격

싸움은 끝났다. 24년 동안의 가난과 고통과 수모와 절망감 그리고 수많은 분이 따뜻한 손길과 눈물거운 우정 . 올림픽 마라톤 우승은 모든 것을 쏟아부어 이루어낸 일생의 기록이었다.

꿈이 이루어진 것이다. 신의주의 가난했던 어린 시절, 일본에서 음식 배달통을 들고 달리며 고생하던 시절, 만주 벌판의 강추위를 참으며 달리기에 열중하던 시절, 한시도 잊지 않고 반드시 운동선수로 대성하리라던 나의 꿈은 드디어 현실이 되었다. 그러나 정상에 올라선 순간의 느낌은 승리의 희열뿐만은 아니었다. 찢어지게 가난했던 나 자신에 대한 연민, 베를린에 와서까지도 당해야 했던 나라 없는 민족의 설움…. 북받쳐 오르는 슬픔과 격정에 나는 고개를 숙이고 눈물을 흘렸다.

스타디움은 열광의 도가니였다. 올림픽의 영웅을 맞기 위해 그라운드에는 수백 명의 히틀러 유겐트가 웃통을 벗어젖힌 채 기다리고 있었다. 스탠드의 10만 관중은 자신의 승리이기나 한 것처럼 감격해

고개 숙인 우승자
'아! 정말 끝났는가?' 손기정은 거친 숨을 몰아쉬며 레이스 내내 그를 괴롭혔던 신발을 벗어 들고 일어섰다. 영광의 주인공은 관중석을 쳐다보기는커녕 고개를 수그린 채 묵묵히 탈의실로 향했다. 보통의 승자들과 달리 그의 얼굴에는 환희가 아닌 침울함만이 어려, 빈손으로 돌아온 사람처럼 허탈한 모습이었다.

했다. 갈채와 환호성이 끊일 줄 몰랐다.

올림픽에 참가해온 지 24년, 마라톤 우승의 염원을 이룬 일본인들의 기쁨은 이루 다 말할 수 없었다. 우승 광경을 중계하던 일본 아나운서는 격정에 못 이겨 눈물을 흘리며 말을 잇지 못했다. "손 군, 손 군이…." 그는 한참 후에야 "손기정 군이 우승했습니다! 4반세기에 걸친 일본 마라톤의 소망이 이루어졌습니다!" 하고 나와 남승룡 선배의 승리를 전했다. 일본 임원들도 감격의 눈물을 감추지 못했다. 본경기를 앞두고 우리를 닦달하던 사토 코치가 달려와 나를 붙들고 눈물을 흘렸다. 나는 퉁명스럽게 왜 우느냐고 쏘아붙였다. 그는 몹시 섭섭하고 노한 표정으로 물러섰다.

승리 소식은 일본과 조선 방방곡곡에 퍼져나갔다. 일본은 무엇보다 20여 년간 세계 최고 기록을 내면서도 번번이 국제대회에서 참패, 국제 육상계에서 후진국으로 멸시받던 한을 풀었다.

《요미우리신문》은 호외 첫머리에 이렇게 썼다.

"패업(霸業) 이루다, 마라톤 양웅(兩雄) 개가."

"숙원 24년, 피눈물의 4반세기. 일본 마라톤 첫 세계 제패, 올림픽 최고의 영예인 마라톤에서 우승, 4반세기의 한을 풀었다."

1912년 가나구리가 처음 스톡홀름 올림픽에 출전, 기권패한 이래 번번이 실패에 그쳤던 올림픽 마라톤 제패의 꿈이 이루어진 것이다. 유럽과 아시아를 넘어 일본에 전해질 때까지도 우승의 감격은 열기가 식지 않아 신문들은 격정과 흥분의 빛을 감추지 못했다.

금메달에 목마른 일본 신문들은 저조했던 초반 멀리뛰기에서 은메달과 동메달을 따내자 "오 월계수의 관(冠)이여!", "두 폭의 히노마루(日丸, 일장기), 불타오른다" 하는 따위의 송시를 게재하기도 했다.

나의 우승이 결정된 순간, 일본 신문들은 국제전화를 통해 마라톤 우승자의 소감을 녹음하려 들었다. 그러나 시큰둥한 내 답변에 적잖이 김이 빠졌을 것이다.

《요미우리신문》은 "잘 이겼다. 국민 모두가 기뻐한다. 우승 후의 감상은?" 하고 물어왔다. 나는 간단히 "고맙다. 그저 감격했을 뿐"이라고만 대답했다. "하퍼가 레이스 도중 충고했다던데?"라는 질문에는 "스피드를 너무 낸다고 충고해주었다. 그는 스포츠맨십을 가진 좋은 선수다. 우승은 그의 친절한 충고 덕분이라고 생각한다"고 답

정상에 서서

국제전화로 전한 마라톤 우승 소감

손기정은 잇따라 국제전화를 걸어 우승 소감을 묻는 일본 신문사들에 "그저 감격했을 뿐이다"라고 짧게 답했다. 이어 걸려온 《조선일보》 전화. 수화기에서 들려온 동포의 목소리를 듣자 갑자기 목이 메었다. 손기정은 수화기를 든 채 목놓아 울어버리고 말았다.

변했다.

곧이어 《조선일보》가 국제전화를 걸어왔다. "손 선수! 《조선일보》 도쿄지국입니다. 우승 소감을 말해 주십시오." 그러나 나는 아무 말도 할 수 없었다. 무어라 말해야 좋을 것인가. 우승의 감격, 나라를 빼앗긴 슬픔으로 응어리진 가슴, 모든 게 뒤범벅되면서 간신히 참고 참았던 눈물이 터져 나왔다. 나는 전화기를 붙잡은 채 엉엉 울었다. 이것이 핏줄의 정인가. 불쌍한 민족, 제 기쁨을 나누어 갖지도 못하는….

《동아일보》는 "우리의 손기정은 이겼다! 우리의 젊은 손기정은 세계에 빛나는 승리를 얻었다. … 스포츠의 승리자 손기정은 스포츠 이상의 승리자인 것을 기억하자. … 조선은 손기정, 남승룡 양 군에게 불우와 불행을 주었을 뿐이로되 양 군은 그래도 조선에 바치고 갚았다. 조선의 아들들아 이 맘을 아는가!"라며 피 토하는 듯한 절규를 사설로 실었다.

조선의 감격은 말로 표현할 수 없었다. 조선의 피를 물려받은 이들에겐 일찍이 승리의 기쁨이란 없었다. 좌절과 절망만이 조선 민족의 차지였다. 나의 우승 소식을 듣는 순간, 그들 역시 내 가슴속에 응어리진 울분을 느꼈으리라. 소설 《상록수》로 조선 민족을 깨우치는 데 힘쓴 심훈(沈熏) 선생의 송축시 〈오오, 조선의 남아여!〉가 그날의 감격을 되새겨준다.

그대들의 첩보(捷報)를 전하는 호외 뒷등에
붓을 달리는 이 손은 형용 못 할 감격에 떨린다.
이역의 하늘 아래서 그대들의 심장 속에 용솟음치던 피가
이천삼백만의 한 사람인 내 혈관 속을 달리기 때문이다.

"이겼다"는 소리를 들어보지 못한 우리의 고막은
깊은 밤 전승의 방울소리에 터질 듯 찢어질 듯
침울한 어둠 속에 짓눌렸던 고토(故土)의 하늘도
올림픽의 거화(炬火)를 치켜든 것처럼 화다닥 밝으려 하는구나!

오늘 밤 그대들은 꿈속에서 조국의 전승을 전하고자

마라톤 험한 길을 달리다가 절명한 아테네의 병사를 만나보리라.

그보다도 더욱 용감하였던 선조들의 정령이 가호하였음에

두 용사 서로 껴안고 느껴느껴 울었으리라.

오오, 나는 외치고 싶다! 마이크를 쥐어잡고

전 세계의 인류를 향해서 외치고 싶다!

"인제도 인제도 너희들은 우리를 약한 족속이라고 부를 터이냐!"

심훈 선생은 문학과 영화에 몰입하기 전 《동아일보》와 《조선일보》 기자를 지냈으며, 1932년 《상록수》가 《동아일보》 현상 모집에 당선되어 그 상금으로 당진에 상록학원을 설립, 농촌계몽운동에 앞장섰다. 선생은 나와 남승룡 선배를 칭송하는 이 시를 써서 일본 경찰에 불려 다녔다.

《동아일보》 학예부장이던 연극인 서항석(徐恒錫) 선생은 "기정아, 승룡아, 너희 보내고 죄던 가슴 이 아침 터져나니 한바탕 환호로다. 삼천리 자던 강산도 함께 깨어 울린다. 이후엔 세계 무대를 활개치고 가리라"고 환희를 노래했다.

베를린에도, 도쿄에도, 경성 시가에도 '손기정 마라톤 우승', '마라톤 일본, 세계를 정복'이라는 대문짝 만한 제목의 호외가 뿌려졌다. 신의주에서도, 경성에서도 승리의 소식을 전해 들은 사람마다 만세를 부르고 마주 앉아 축배를 들었다. 신의주 집에서는 꼭두새벽부터 보도진들이 취재 경쟁을 벌였고, 승전보를 접한 옛 스승 이일성 선생님은 1940년 도쿄 올림픽에는 제2의 손기정을 내보내겠다며 기고

만장했다.

모교 양정에서는 9일 아침부터 전 교직원이 교내의 특설 라디오에 귀를 기울이며 나와 남승룡 선배의 소식을 기다리고 있었다. 심야에 경성통신국으로부터 우승 소식이 전해지는 순간 만세소리가 터져 나왔고 안종원 교장선생님은 기쁨의 눈물을 흘리셨다. 경성은 물론 나주, 영광에서부터 원산, 신의주에 이르기까지 각 지방 체육회마다 환영회요 축승회 준비로 들떠 있었다. 영광에서는 축전까지 날아왔다. 조선육영회에서는 일체의 학비 지원을 하겠다고 했으며, 또 어떤 이는 고급 양화를 선사하겠다며 기쁨을 감추지 못했다. 도쿄의 조선 동포들은 9일 밤중에 나와 남승룡 선배의 승리를 축하하는 제등 행렬을 벌였다.

'축 손기정 군 마라톤 우승'

'축 남승룡 군 마라톤 입상'

그들은 손에 손에 플래카드와 등을 들고 밤새도록 억눌렸던 민족의 감격을 분출했다. 선두 음악대의 주악과 만세소리가 도쿄 시가를 뒤흔들었다.

마침 오사카에서 공연 중이던 무용가 최승희 씨는《요미우리신문》과의 인터뷰에서 "이렇게 기쁜 날은 예전에 없었다. 일본 사람보다 조선 사람이 우승해서 더욱 기쁘다"라며 나의 우승을 축하했다.

들뜬 기분이 가라앉으며 나의 우승을 보는 일본인들의 시선은 미묘했다. 그들이 해석하는 나의 우승에 대한 의미는 조선 사람들과는 전혀 다른 것이었다. 그들은 내 우승을 내세워 대일본제국의 힘을 과시하려 했다. 실제로 그들은 조선인 우승자에 대한 자랑에 앞서

여러 지역에서 온 우승 축하 전보

베를린 올림픽 마라톤 우승 후에 여러 곳에서 우승을 축하하는 전보를 보내왔다. 위의 전보 네 개
는 독일에서 받은 것으로, 왼쪽 위부터 시계 방향으로 대구YMCA, 윤치호 선생, 함북 시민들, 만주
국 한인들이 보낸 것이다. 아래 세 개는 양정에서 받은 전보들로, 음성, 인천, 원산 등 지역도 다양
하다. (2017년 국가기록원 복원)

심각한 심리적 갈등을 품고 있었던 것이다. 최후의 열전의 시각까지도 일본인 혈통에 대한 미련을 버리지 못한 그들이었다. 끝내 무너지고만 시오아쿠 대신 선두를 달리는 내게 피라도 바꿔 넣고 싶은 심정이었으리라. 그들이 열망했던 마라톤 우승자는 '히노마루'를 가슴에 단 일본인 선수이지 조선인 손기정이 아니었던 것이다.

조선인과 조선 선수에 대한 인간적 멸시에는 조금도 변함이 없었다. 우승의 무드가 지나자마자 그들은 나의 일거수일투족을 감시하며 허튼 발설을 막느라 전전긍긍했다. 수없이 밀려드는 세계 각국 보도진들의 인터뷰 요청을 따돌리는가 하면, 세단뛰기 금메달리스트인 다지마 나오토(田島直人), 수영의 마에하타 히데코(前畑秀子)를 스타로 추켜세웠다.

마에하타는 여자 평영 200m에서 우승 후보이던 독일 선수와 접전 끝에 승리, 경기장에서 감격에 겨워 울었다. 다지마는 멀리뛰기에서 제시 오언스(Jesse Owens)에게 우승을 뺏기고 동메달을 땄으나 세단뛰기에서는 16m를 뛰어 올림픽 신기록으로 우승했다. 일본이 자랑하던 장거리 스타 무라코소는 핀란드 선수들에게 밀려 입상하지 못했다.

처음 보는 태극기

시상식은 오히려 비극적이었다. 결승점에 들어설 때까지 모르고 있었는데 오른발이 까져서 고통이 심했다. 그러나 '105리를 뛰어왔는데 이까짓 것을 못 참으랴, 마라톤 우승의 영웅답게 걸으리라' 하

정상에 서서

고 바른 걸음으로 시상대로 향했다.

목에는 금빛 메달이 걸렸다. 대형 스크린에 1위 손기정, 2위 하퍼, 3위 남승룡의 이름이 아로새겨지고 예복 차림의 군인들이 국기 게양을 준비하고 있었다. 서서히 중앙 깃대를 따라 올라가는 일장기, 그리고 귓속을 파고드는 〈기미가요〉.

나는 그때까지도 내 우승의 표지로 일장기가 오르리라는 생각은 하지 못했다. 올림픽 출전 때까지 승리국의 기를 게양하고 국가를 연주하는 의식을 보지 못했기 때문이었다. 단 한 번 그 전해 세계 신기록을 냈을 때 도쿄 메이지신궁경기장에 일본 국가가 울렸을 뿐이었다.

시상대에서 일장기를 쳐다보며 일본 국가를 듣는다는 것은 참을 수 없는 곤욕이었다. 나는 고개를 숙였다. 그리고 생각했다. 내가 과연 일본 국민인가. 그렇다면 나나 조선인 동포들에 대한 일본의 학대는 웬 말인가. 나는 결코 일본 사람일 수가 없다. 나는 일본을 위해 뛴 것이 아니다. 나 자신을 위해, 고통받는 조선 동포를 위해 뛴 것이다. 그런데 저 일장기, 저 〈기미가요〉는 무엇이란 말인가.

두 번 다시는 일장기 아래서 뛰지 않으리라. 그러나 더 많은 조선인에게 이 쓰라림을 알리리라. 눈물이 흘렀다. 일본인들은 내 눈물을 조국 일본에 마라톤 우승의 영광을 바친 감격의 눈물이라고 아전인수식으로 해석했다.

일본 국가를 연주한 오케스트라에는 베를린대학에 유학 중이던 두 명의 조선인이 있었다. 양정 선배인 안병소(安柄珨) 씨와 이애내(李愛內) 씨였다. 후일 나를 만난 그들은 "당신을 위한 승리의 축가여

올림픽 시상대의 두 조선 청년

마라톤 금메달리스트 손기정과 동메달리스트 남승룡. 누구보다 기뻐해야 했을 시상대에서 두 사람은 고개를 숙였다. 차마 하늘로 올라가는 일장기를 볼 수 없었다. 손기정은 수여받은 묘목으로 가슴을 가렸다. 남승룡은 나중에 손기정이 1등 한 것보다 가슴에 붙은 일장기를 가릴 수 있는 묘목을 가진 것이 부러웠다고 회상했다.

서 더 정성을 기울여 연주했소. 비록 〈기미가요〉였지만 당신에 대한 축하의 표시였소. 우리가 그 외에 무슨 노래를 연주할 수 있었겠소?"라며 당시의 착잡했던 심경을 토로했다.

나치 독일의 총통 히틀러는 매일 귀빈석에 나와 우승자, 특히 게르만족 우승자들에게 격려의 악수를 해주었다. 마라톤 우승자인 나도 대면 기회를 갖게 되었다. 일본 육상 임원이 내게 "총통을 만나야 하는데 독일 말이나 아느냐?"고 물었다. 나는 "그럼 그 사람은 일본 말을 아오? 남의 말 모르기는 피차 마찬가지오"라고 오히려 핀잔을 주었다.

처음 마주한 히틀러는 위풍당당했다. 그는 나치의 총수로서 한창 국내외의 관심을 한 몸에 받고 있었다. 그는 깊이 눌러 쓴 군모 아래로 번쩍이는 눈빛을 숨기고 있었다. 커다란 코와 짧고 좁은 콧수염이 그의 날카로움을 더해주는 것 같았다. 덥석 내 손을 쥐고 흔들며 "마라톤 우승을 축하한다"고 말했다. 나는 통역사 다무라(田村)의 입을 빌려 "독일 국민들이 성원해줘서 이겼다. 고맙다"라고 대답했다. 그는 호탕하게 웃었다. 1m 65cm인 내 키에 비해 그의 체구는 크고 우람했다. 특히 손은 크고 거칠어 억세었으며 독일을 이끌어가는 독재자답게 강인한 인상을 풍겼다.

마라톤 우승을 축하하기 위해 일본 선수단 본부는 선수촌에서 축하 파티를 열었다. 모든 준비가 끝나 파티를 시작해야 하는데 정작 주인공인 나와 남승룡 선배가 보이지 않아 난리가 났다. 날이 밝을 때까지 그들은 우리를 찾아내지 못했다. 그 시각에 우리는 베를린에 살고 있는 안봉근(安鳳根) 씨의 초대를 받아 그 댁에 가 있었다. 정상희, 권태하 선배가 선수단에는 이야기도 하지 않은 채 나와 남승룡 선배, 김용식 씨 등 조선 선수를 모두 데리고 나온 것이다.

안봉근 씨는 독립투사 안중근 의사의 사촌이었다. 안봉근 씨 댁에서 나는 난생 처음 태극기를 보았다. 선명한 색깔로 나뉜 음과 양, 그리고 태극을 감싼 괘. '이것이 태극기로구나. 이것이 우리의 깃발이로구나.' 온몸에 전류가 흐르는 듯 나는 몸을 부르르 떨었다. 잃어버린 조국, 죽은 조국의 얼굴을 대하는 듯한 기분이었다. 탄압과 감시의 눈을 피해 태극기가 살아 있듯 조선 민족도 살아 있다는 확신이 마음을 설레게 했다.

승리를 축하하는 자리였으나 분위기는 엄숙하기 이를 데 없었다. 파리에서 유학하던 중 베를린으로 달려왔다는 정석해(鄭錫海) 씨는 내 손을 덥석 잡으며 반가워 했다.

"나는 손 군이 단순히 운동선수라고만 생각지 않네. 오늘 일본인들의 축하 파티가 있음에도 불구하고 피를 나눈 동포들의 모임에 나와 주었으니 이야말로 애국지사가 아닌가?"

안봉근 씨는 두부 공장을 경영하고 있었다. 부인은 독일인이었는데 조선 사발과 놋쇠 그릇에 음식을 가득가득 담아가지고는 "많이 잡수세요" 하고 서툰 우리말로 음식을 권했다.

뒤늦게 조선 동포들의 축하 모임이 있었다는 말에 일본 임원들은 화가 이만저만이 아니었다. 조선 선수들에 대한 냉대도 점차 노골화했다.

그럴 즈음 유명한 일본인 2세 성악가 후지와라 요시에(藤原義江) 씨가 우리를 찾아왔다. 그는 스코틀랜드인 아버지와 일본인 어머니

제11회 베를린 올림픽 마라톤 우승 유물

2012년 손기정 탄생 100주년을 기념해 금메달, 월계관, 상장 세 점이 등록문화재 제489호로 지정
되었다.
1 베를린 올림픽 마라톤 금메달의 앞면과 뒷면.
2 당시 손기정이 머리에 썼던 마라톤 월계관.
3 베를린 올림픽 마라톤 우승 상장. 상장에 'KITEI SON JAPAN'이라고 이름과 국적이 적혀 있다.
'JAPAN' 글자 부분을 떼었다 붙인 흔적이 남아 있다.

사이에서 태어난 혼혈이었다. 일본에서 드물게 보는 테너 가수로, 대단히 큰 체구에서 나오는 우렁찬 목소리에 밀라노의 유명한 라 스칼라 오페라하우스의 샹들리에가 흔들린다고 할 정도였다. 그는 마침 독일 순회공연을 위해 베를린에 들른 참이었다.

그는 우리를 시내 고급 레스토랑으로 초대해서 점심 대접을 하며 "24년 만에 올림픽 마라톤에서 우승했다고 떠드는 일본이 정작 우승한 선수에게는 환영하는 기색이 없으니 될 말이냐"고 일본인들의 좁은 소견을 나무랐다. 일본의 발전을 위해서도 민족 차별이 있어서는 안 된다는 것이 그의 견해였다.

잊지 못할 얼굴들

올림픽 마라톤 우승의 들뜬 밤이 지나고 8월 10일 아침. 내 방은 아름다운 흑장미로 장식되었다. 선수촌의 관리와 청소를 맡고 있던 군인들의 솜씨였다. 마라톤 우승자에 대한 예우인 듯했다. 세계 각지에서 축하의 전보가 날아들었다.

수많은 축하객을 만나는 동안 가장 큰 고민은 내가 일본 사람이 아니라 조선 사람이라는 사실을 어떻게 알리느냐는 것이었다. 자주 말썽이 나면서도 나는 '손긔정'이라는 한글 사인과 곁들여 조선 지도를 그려주거나 'KOREA'라는 영문자로 국적을 써주었다.

조선, 일본 사람을 빼고는 아는 사람이 없는 내게 하루에도 수십 명씩 외국인들이 사인을 요구하고 악수를 청해왔다. 그런 가운데서도 가장 자랑스러웠던 일은 올림픽 영웅 파보 누르미와의 만남이었다. 운동선수로서, 장거리 선수로서 그는 내 인생의 첫 좌표였다. 1920년 앤트워프 올림픽에 처음 출전했던 그는 1924년 파리 올림픽과 1928년 암스테르담 올림픽에 출전해 장거리 왕국 핀란드의 명성을 높였다. 1932년 로스앤젤레스 올림픽에도 출전하려 했으나 '핀란드 정부로부터 큰 상금을 받았으므로 이제는 프로 선수'라는 모함으로 뜻을 이루지 못했다. 선수 생활을 떠난 그는 베를린 올림픽에 핀란드 임원으로 참석, 장거리 왕국의 선수들을 이끌었다. 그는 마라톤 우승자인 내게 따뜻한 격려와 축하의 인사를 해주었다.

누르미의 후예들은 베를린 올림픽에서도 중장거리를 휩쓸어 육상 장거리 왕국 핀란드의 위용을 자랑했다. 10,000m 경주에서는 1·2·3위를 모두 휩쓸었으며, 5,000m에서 1·2위, 3,000m 장애물 경주에서도 1·2위를 차지했다.

'검은 탄환' 제시 오언스의 우승은 감동적이었다. 인종차별과 가난의 희생물이었던 그 역시 베를린에서 온갖 어려움을 뚫고 올림픽 영웅으로 떠올랐다. 그러나 우승 전에도 우승 후에도 가난과 흑인에 대한 편견에 대항한 그의 싸움은 그치지 않았다.

육상선수 중에서도 최장거리 선수와 최단거리 선수는 늘 사이가 좋은 법이다. 마치 형제들 중에서도 큰형과 막내의 의가 좋듯이. 경기가 끝난 후 최장거리인 마라톤에서 우승한 나와 100m 스프린트에서 우승한 그도 비교적 친해져 따뜻한 우의를 나누었다.

오언스는 나보다 한 해 늦은 1913년 9월 12일, 미국의 앨라배마주 오크빌에서 사탕수수 농장 노예의 7남매 중 하나로 태어났다. 그 역시 가난에 찌들려 달리기밖에 할 것이 없었다. 사탕수수밭에서 뛰고 놀던 그는 달리거나 높이 뛰거나 멀리 뛰거나 하여튼 다리로 뛰고 달리는 것만큼은 누구도 따를 수 없는 대단한 재능을 보였다.[11]

순전히 두 다리로 미국 육상계를 석권한 오언스는 극심한 인종차별 속에서도 미국 대표선수로 베를린 올림픽에 출전할 기회를 갖게 되었다. 그리고 가장 많은 금메달을 따내 세계를 놀라게 했다. 100m에서 10초 3으로 우승했으며, 200m에서는 20초 7이라는 올림픽 신기록으로, 400m 릴레이에서도 선두 주자로 활약, 39초 8의 올림픽 신기록으로, 멀리뛰기에서도 8m 6의 올림픽 신기록으로 각각 우승함으로써 모두 네 개의 금메달을 획득했다. 머리를 숙인 채 결승점을 향해 바람을 일으키며 달려가는 그의 모습은 참으로 '검은 탄환'이라고밖에 표현할 길이 없었다.

히틀러는 독일 민족의 우수성이 한 '검둥이'의 돌풍으로 인해 손상되는 데 화를 냈다. 오언스는 미국에 돌아가서도 여전히 인종 핍박을 받았다. 훗날 그는 이렇게 회고했다. "히틀러는 올림픽 4관왕인 나와 악수하기를 거부했다. 백악관 역시 그랬다. 나는 올림픽에서 개선하자마자 흑인들만 사용하도록 한 버스 뒷문에 매달려야 했다."[12] 가난에 찌든 그는 백인들 앞에서 짐승처럼 말과 경주를 해서 굶주림을 면해야 했고, 농구 경기의 휴식 시간에 재주넘듯 시범 레이스를 보이며 살아야 했다.

베를린 올림픽 우승 후 40여 년이 지난 1976년 비로소 그는 포드 대통령의 초대로 백악관을 방문하고 대통령과도 악수할 수 있었다. 1980년 3월 폐암으로 눈을 감을 때에야 그는 미국 육상의 영웅으로

정상에 서서

추앙되었다. 사탕수수밭 노예의 후손은 죽을 때 비로소 멍에를 벗은 것이었다. 그리고 독일 땅에는 베를린 올림픽 후 36년 만에 올림픽의 영웅으로 나와 함께 초대되었다.

영원한 청춘 레니 리펜슈탈

레니 리펜슈탈. 베를린 올림픽의 감동과 웅장한 모습을 재현한 불후의 명작 〈민족의 제전〉은 이 여성의 손으로 만들어졌다.

영화의 첫 장면에 그리스의 조각 작품 〈원반 던지는 남자〉가 등장한다. 울퉁불퉁한 근육, 필드를 응시하는 눈, 금방이라도 돌아설 듯한 자세. 순간 근육미 넘치는 실제 사람이 원반을 돌리며 화면을 가득 채운다. 숲속에 선 비너스상이 전라의 아름다운 여체의 율동으로 변해간다. 그리고 105리를 달리는 마라토너들의 대행진, 불꽃처럼 타오르는 단거리 주자들의 눈빛….

2시간가량 되는 이 기록영화는 스포츠 기록을 예술의 경지로 끌어올린 걸작이다. 원래 제목은 〈올림피아〉. 그 전편이 우리에게 익히 알려진 〈민족의 제전〉이고, 후편이 〈미(美)의 제전〉이다.

레니는 이 영화 촬영을 위해 아테네에서 베를린에 이르는 성화 봉송 코스를 따라 카메라를 돌렸으며, 마라톤 코스를 함께 달렸다. 카메라의 신속한 이동을 위해 수영장 풀 위에, 그라운드의 트랙 옆에 레일을 가설했다. 역영(力泳)하는 수영선수의 모습을 담기 위해 수중 촬영 호(壕)를 만들었으며 비약하는 멀리뛰기선수의 표정을 잡기 위해 모래구덩이를 팠다. 공중촬영을 위해서는 기구를 띄웠다.

1936년 당시 이러한 촬영 장비와 기재, 기법 들이 동원될 수 있었다는 것 자체가 우리에겐 큰 놀라움이었다. 당시 올림픽 각 경기장은 폐쇄회로를 통한 텔레비전 방송으로 올림픽 선수촌 각 구내에 중계되었다.

선수촌에서 쉬고 있던 어느 날 나는 다른 조선 선수들이 경기하는 모습을 보려고 방을 나섰다. 마침 선수촌에 와있던 정상희 씨가 "텔레비전으로 다 나오는데 갈 필요가 있느냐?"라며 말렸다. 나는 멋모르고 "그게 어디 지금 하는 겁니까? 옛날 활동사진이지요"하고 말했다가 망신만 당했다. 선수촌 안에 앉아서도 중계 방송으로 경기를 볼 수 있다는 걸 알 리가 없었다. 정상희 씨는 또 우산 중간을 툭 꺾어 넣고 다녀 나를 놀라게 했다. 우산 길이를 줄이려고 반으로 접히게 만든 우산도 나는 그때 처음 보았다.

당시 기록영화 제작을 위해 독일은 엄청난 재정을 지원했으며, 레니는 누구도 해내기 어려운 걸작을 만들어냈다. 이러한 레니의 힘은 총통 히틀러로부터 주어진 것이었다. 아름다운 여배우이자 유능한 영화제작자로서 그녀는 히틀러의 절대적인 신임과 후원을 받고 있었다. 확실치는 않지만 히틀러의 정부라는 소문까지 나 있었다. 레니는 수많은 스태프와 장비를 지휘, 관리하며 올림픽 개막 전부터 올림픽 폐막 후까지 이 작품에 몰두했다. 경기 전 선수들이 연습하는 모습과 실제 경기를 촬영했으며, 그래도 부족하면 경기 후 다시 연출해서 찍어 넣기도 했다.

올림픽이 끝난 후 레니는 마라톤 우승자인 나와 세단뛰기 우승자

정상에 서서

1

2

레니 리펜슈탈과 손기정

1 레니 리펜슈탈은 선수들의 역동성을 카메라에 잡아내기 위해 새로운 장비와 촬영기법을 사용하는 등 감독으로서 여러가지 도전을 했다.

2 손기정과 레니는 1936년 베를린 올림픽 이후 1972년 뮌헨 올림픽에서 다시 만났다. 둘은 엽서와 편지를 주고받으며 오랜 우정을 나누었다.

3 1978년 레니가 손기정에게 보낸 엽서다.

4 1940년 아내 강복신과 함께 〈민족의 제전〉 서울 상영회에 참석한 모습이다.

인 다지마를 초청했다. 혼자 사는 그의 집은 덕수궁에 비할 만큼 엄청난 호화 저택이었다. 그는 영화에서 미흡했던 우리의 표정을 재촬영하며 우리의 승리를 축하해주었다.

레니는 제2차 세계대전에서 독일이 패망한 후 히틀러의 추종자로 프랑스군에 잡혀 재판을 받았다. 그가 찍은 성화 봉송 필름이 군사 정보로 이용되었다는 혐의도 받았다. 기록영화 필름은 프랑스군에 빼앗겼으나 후에 국제재판을 통해 되찾았다고 한다.

나는 레니를 1972년 뮌헨 올림픽에서 다시 만났다. 그녀는 내게 발전한 촬영 장비로 뮌헨 올림픽 기록영화를 멋지게 만들어보고 싶다고 말했다. 그러나 그녀의 뜻은 이루어지지 않았다.

지금도 건강한 얼굴을 잃지 않고 있는 만년 청춘 레니는 새 장비로 더 좋은 기록영화를 만들어보는 것이 꿈이다. 그녀는 나보다 열 살이 많지만 올림픽 때마다 나와 만나 옛이야기를 꽃피우며, 언제나 자신의 모습을 엽서로 담아 보내는 다정한 친구이다.[13]

세계 각국에서 〈민족의 제전〉은 큰 주목을 받았다. 뛰어난 표현력, 기술, 예술성이 녹아든 그만한 스포츠 기록영화는 그 이후에도 찾기 어려웠다. 도쿄 개봉 때는 수천 명이 극장을 에워싸고 입장 차례를 기다려야 했다. 나는 경성의 경일뉴스관에서 남승룡 선배와 부부 동반으로 초청되어 영화에 담긴 내 모습을 지켜보았다. 경성 사람들은 라디오로만 들었던 마라톤 우승의 감격적인 순간을 뒤늦게나마 눈으로 확인할 수 있었다.

귀로에서

귀국길에 올랐다. 승리의 감격과 망국의 울분이 뒤엉켰던 마라톤 전장 베를린을 떠났다. 그러나 선수단 일행은 여러 패로 나뉘어 수많은 곳에서 초청 친선 경기를 갖도록 되어 있어 베를린에 갈 때보다 더 먼 장거리 여행을 하게 되었다.

첫 기착지는 덴마크였다. 마라톤 우승자인 나와 몇몇 종목 선수들이 시범 경기를 갖게 되었다. 마라톤 경기 후 나는 발목에 이상이 생겨 제대로 뛸 수 없는 형편이었다. 그러나 동행한 후루가 코치가 "영어가 짧아서 제대로 설명이나 하겠느냐? 너를 보기 위해 모인 사람들이니 아픈 내색 하지 말고 운동장 세 바퀴만 돌아라" 하고 강권했다. 하는 수 없이 아픈 발목에 약을 바르고 트랙을 돌며 덴마크 관중의 환호에 답했다. 덴마크 어린이들은 가는 곳마다 우리 일행을 둘러싸 함께 기념 촬영도 하고 사인도 해주었다. 덴마크를 떠나 파리로 향하는 선수단에서 빠져나와 나는 아껴 두었던 지원금으로 런던 여행에 나섰다. 이런 기회에 세상 구경이나 하면서 견문이나 넓혀두자는 생각이었다.

런던에서 묵던 어느 날 새벽 3시에 손님이 찾아왔다. 훗날 자유당 시절 내무장관과 국방장관을 역임했던 신성모(申性模) 씨였다. 보성 전문을 졸업한 후 상하이(上海)를 거쳐 런던의 항해대학을 졸업, 일등 항해사로 영국에서 일하고 있었다. 신 씨는 우리가 런던에 왔다는 소식은 들었으나 일본대사관에서도 거처를 몰라 런던의 호텔을 거의 다 뒤진 끝에 새벽에야 우리를 찾아낸 것이었다.

정상에 서서

나는 그를 붙잡고 베를린에서 당했던 수모와 불평을 쏟아냈다. 신씨는 "다 알고 있다. 조선 민족 모두가 겪고 있는 일 아니냐. 마라톤 우승자가 가는 곳마다 불평을 털어놓았다고 소문나면 귀국해서 말썽이 생길 테니 조심해야 한다"며 나를 달랬다.

이리저리 흩어졌던 선수단은 파리에서 다시 집결, 친선경기를 위해 로마로 갔다. 그러나 일본대사관에서는 선수들 대부분이 공부해야 하는 학생들이니 하루빨리 귀국하라고 재촉했다. 이즈음 일본과 친선 관계를 맺고 있던 에티오피아가 이탈리아의 침공을 받아 이탈리아 정부에 항의 중이었다. 일본대사관의 조처도 그런 데 연유한 것 같았다.

이탈리아 사람들은 예정했던 경기가 취소되면 손해배상을 청구하겠다고 매달렸다. 로마에서 거의 형식적인 경기를 치르고 나폴리로 출발했다. 나폴리에서 일본 선수단은 이탈리아 배로, 일부는 일본 상선을 타고 일본으로 향했다.

봄베이(지금의 뭄바이)에 기항해서는 엔진 고장으로 일주일이나 발이 묶였다. 현지의 일본 교포들이 선수단에 많은 도움을 베풀어 지내는 데 큰 불편은 없었다. 선수단은 소운동회를 열어 일본 교민들의 도움에 답례했다. 나와 남승룡 선배는 출전하지 않았다.

봄베이를 떠나기 전 술을 마신 일본 선수들 간에 싸움이 벌어졌다. 공립학교다 사립학교다 해서 패싸움이 된 것이다. 모범 국민이라고 자랑하던 그들의 싸움을 구경하며 우리는 고소해했다.

봄베이를 떠나 싱가포르에 도착했을 때 일본 상선을 타고 있던 정상희 씨가 쪽지를 건넸다. "주의해라. 일본인들이 감시하고 있다.

본국에서 사고가 나서 너희를 감시하라는 전문이 선수단에 들어와 있다."

싱가포르에서 비로소 내 가슴의 일장기를 지워 없앤 사건으로《동아일보》가 정간되고 수많은 사람이 일본 경찰에 붙잡혀간 소식을 듣게 되었다. 더 상세한 내용은 상하이에서 알게 되었다. 상하이교통대학 교수인 신국권(申國權) 씨의 부인이 "올림픽 시상대에 오른 내 사진에서 일장기를 지워버린 사진이 게재되어《동아일보》는 정간되고 기자들이 투옥되었다"고 했다. 신 씨의 부인은 해군 제독 손원일(孫元一) 씨의 누이다. 신국권 씨는 일찍이 중국에 터를 잡아 1932년 로스앤젤레스 올림픽에서 중국 대표선수로 100m에 출전했었다.

상하이에 머무는 동안 육상을 했다는 인연으로 신국권 씨에게 여러모로 신세를 졌다. 특히 신 씨의 부인은 우리의 노고를 치하하며 친절하게 대해주었다. 남편이 교편을 잡고 있는 상하이교통대학을 견학시켜주기도 했다.

그러나 상하이에서 전해 들은 국내 소식으로 마음은 더욱 무거워졌다. 일본인들의 압박과 횡포를 어떻게 견뎌낼까 걱정이었다.

하루는 총독부 기관지인《경성일보》상하이 주재원이 나를 찾아왔다. 경성에서의 환영회를《경성일보》가 주최하도록 해달라는 것이었다. 뻔한 속셈이었다. 마라톤 우승자를 자기들의 선전물로 이용하려는 것이었다. 나는 한마디로 거절했다. "내가 아직 학생이니 내 소속학교에서 결정할 일이오. 환영회를 한다 해도 모교 양정에서 해야 할 것이오" 하고 쫓아 보냈다.

정상에 서서

반도를 흔든 마라톤 충격

조선 사람들은 조선 민족의 생존을 알리는 기념비로,
또 조선 민중의 잠자던 민족자존의 의식을 고취하기 위한 각성제로서
나의 우승을 받아들였다. 나 자신도 모르는 기운데
나는 마치 폭탄의 뇌관처럼 위험스러운 존재가 되어버렸다.

일장기 말소 사건

8월 9일, 일장기를 가슴에 달고서 올림픽 시상대에 오른 나의 모습은 즉각 세계 각국으로 전송되었고, 호외가 길거리를 덮었다. 조선의 신문들 또한 말할 것도 없었다.

도쿄와 경성이 축승 분위기에 들뜨자 조선총독부에서도 무언가 한마디 하지 않을 수 없었다. 미나미 지로(南次郎) 조선총독은 "손기정, 남승룡 두 선수는 우리 반도의 자랑이다. 조선 반도에는 이 같은 우수 청년이 많이 있다. 이것은 일본을 위해 참으로 기쁜 일이다"라는 담화문을 발표했다.

경성 광화문통 139번지에 위치한 민족 신문을 자처하는 《동아일보》에서도 호외를 준비하느라 부산했다. 체육 담당 이길용 기자는 일본 주간지 《슈칸 아사히(週刊朝日)》의 스포츠면에서 오려낸 사진을 만지작거리고 있었다. 손기정은 경영마라톤에 데뷔할 때부터 그가 눈여겨보아온 선수였다. 일취월장, 마라톤이라 하면 안 나가는 데가 없이 뛰어다니더니 조선 제일의 마라토너가 되었고, 마침내 베를린 올림픽 높다란 시상대 위에서 이렇게 승리의 월계관을 쓴 것이었다. 감회가 남달랐다. 그런데 시상대에 월계관을 쓰고 선 손기정의 가슴엔 일장기가 선명했다.

마라톤 우승자 손기정은 분명 조선인이다. 일장기가 웬말이냐. 너무도 선명한 일장기가 그의 눈에 거슬렸다. 이길용 씨는 사동(使童)을 불러 조사부의 이상범(李象範) 화백에게 사진을 보냈다.

"이 사진 가슴 부분을 손질해달랍니다."

"엣, 뭐라구? 이 사진을⋯."

예사로 넘길 일이 아니었다. 이 화백은 즉시 전화를 들었다.

"예, 일본 신문에 게재되었던 사진인데⋯ 보시다시피⋯."

"잘 알았습니다."

이 화백은 전화기를 내려놓고 고개를 끄덕였다. 더는 긴 얘기가 필요 없었다. 손기정은 조선 사람이요,《동아일보》도 조선인의 신문이었다.

일장기를 지워버리는 건 간단한 일이었다. 흰 러닝셔츠에 박힌 일장기를 흰색 물감으로 허옇게 문질러버리면 끝나는 것이었다. 얼핏 보면 자연스러운 그늘처럼 보였다. 훌륭한 위장이었다. 이 화백은 통쾌감을 누르지 못해 신문이 나올 때까지 동료들과 소곤소곤 그 이야기를 나누었다.

8월 25일 한낮이었다. 윤전기에서 뽑아져 나오는《동아일보》사회면에 자랑스런 마라톤 우승자 손기정의 늠름한 모습이 실렸다. 나라 잃은 국민의 슬픔처럼 가슴에는 나라를 상징하는 아무런 표지도 없었다.

일장기가 있는 사진과 지워진 사진

일본《아사히 신문》기사(왼쪽)에는 일장기가 선명한 사진이 실려 있는 반면 1936년 8월 25일자
《동아일보》에 실린 손기정 선수 사진에는 일장기가 지워져 있다. 이 사진이 일본 관헌에 적발되면
서《동아일보》가 정간되기에 이른다. 한편 8월 13일에도 《조선중앙일보》와 《동아일보》에 일장기
를 지운 사진이 실렸었다.

　　같은 시각, 조선총독부는 발칵 뒤집혔다. 막 배달된《동아일보》를
펴놓고 미나미 지로 총독은 소리쳤다. "이런 사진이 어떻게 나갔나!"
　　즉각 일본 경찰이 동아일보사 문을 박차고 들어왔다. 모의의 주범
격인 이길용 기자, 일장기를 지워버린 이상범 화백, 현진건(玄鎭健)
사회부장, 신낙균(申樂均) 사진부장, 임병철(林炳哲) 편집기자, 제판
부 백운선(白雲善) 씨 등이 모두 붙들려갔다. 경기도 경찰부는 40여
일간 발로 차고 때리고 따귀를 올리며 벌물을 먹이기도 했다. 고문

을 계속하면서 이들은 일장기 말소 사건이 계획적이고 조직적으로 이루어진 것임을 자백받으려고 날뛰었다. 송진우 동아일보 사장의 지시에 따른 것이냐고 다그치고 며칠 몇 시에 누구누구가 모였는지 따졌다.

8월 27일, 조선총독부 지령 제3호에 의해 《동아일보》는 네 번째 정간처분을 당했다. 사회의 안녕과 질서를 어지럽혔다는 이유로 신문지법 20조 2항에 의거, 발행 정지령을 내린 것이었다. 일본 경찰은 더 이상 형법상의 죄목을 찾아내지 못해 구속자들을 석방했으나 주모자급 다섯 명으로부터 서약서를 받아냈다. 앞으로 일체 언론기관에 참여하지 않으며 만약 또 다른 사건으로 입건될 때에는 이번 사건의 책임을 가중하여 엄벌을 받는다는 내용이었다.

1937년 6월 2일, 일장기 말소 사건이 있은 지 10개월 만에 조선총독부는 사내 위험인물을 모두 파면한다는 조건으로 《동아일보》 복간을 허락했다. 이 바람에 송진우 사장, 김준연 주필, 설의식(薛義植) 편집국장, 현진건 사회부장, 조사부 이상백 화백, 이길용 기자 등 10여 명이 쫓겨났다.

내가 이길용 선생을 처음 본 것은 1932년 3월 《동아일보》에서 주최한 제2회 경영마라톤대회에서였다. 키가 작았고, 체육을 전담해서 전차를 타고 다니며 취재했다. 1934년 양정이 일본중등육상경기대항선수권대회에서 우승하고 개선했을 때에는 환영식장에서 경기 상황 보고를 하기도 했으며 크고 작은 체육인 행사에 많이 관여했다.

그는 또 기자이기 전에 독립지사였다. 중국으로 건너가 독립운동 취지문을 국내에 반입하기도 하고, 앞장서서 창씨개명에 반대하다가 옥고를 치르기도 했다. 《동아일보》의 일장기 말소 사건 전후로 그는 항상 일본 경찰의 요주의 인물이었다.

청전(靑田) 이상범 화백은 충청남도 공주에서 태어나 선전(鮮展, 조선미술전람회)에서 특선만 열 번을 한 산수화의 대가였다. 일장기 말소 사건으로 신문사를 떠난 후 선전 심사위원으로 일했다.

이들이 경찰서에서 채 풀려나기 전 종로서 형사 두 명이 심상찮은 얼굴로 《동아일보》 자매지인 《신가정(新家庭)》 주간 수주(樹州) 변영로(卞榮魯) 선생을 찾아왔다. 잡지 화보에 내 하반신만 잘라서 실은 것이 말썽이었다. 변 선생은 일장기가 달린 상반신을 굳이 쓸 필요가 없다고 생각해서 날려버리고는 사진 제목을 '세계를 이긴 이 다리'라고 붙여놓았다.

형사 하나가 다짜고짜 "당신은 지능범이오! 일장기를 지우는 것은 무모한 짓이니 다리만 잘라서 실으면 된다고 생각한 것 아니오?" 하고 을렀다. 입담이 좋은 변 선생은 "손 선수가 세계를 제패하였다니 그가 무엇으로 세계를 제패했겠소? 두뇌가 명석하니 두뇌로 세계를 제패했겠소, 심장이 튼튼하니 심장으로 세계를 제패했겠소? 이도 저도 아니라면 결국 세계를 제패한 것은 그의 무쇠 같은 두 다리가 아니겠소? 화보의 효과를 살리려고 다리만 확대 게재한 것이오"라고 설명했다.

변영로 선생은 또 그 사진이 일장기가 붙은 옷을 입은 사진에서 갖다 쓴 것이 아니라 양정의 '양(養)' 자가 붙은 옷을 입은 사진에서 잘라낸 것이라고 말했다. 형사들의 미심쩍은 눈총을 받으며 변 선생은 사진의 상반신을 버린 휴지통을 들추었다. 한 번, 두 번, 세 번….

이상한 일이었다. 분명히 있어야 할 사진 반 토막이 없어졌다. 변 선생의 등에서는 식은땀이 흘렀고 형사들의 입가에는 냉소가 번졌다.

변 선생은 창피를 무릅쓰고 "기어이 찾아낼 테니 몇 분만 기다리시오" 해놓고는 아래위층 사동들을 총동원해서 사옥 밖에 쌓인 쓰레기더미를 뒤지기 시작했다. 형사들은 이제 잡았다는 듯이 변 선생의 꽁무니만 쫓아다녔다. 한 사동이 자신 없는 말투로 "이건가요?" 하고 반 토막 사진을 집어 들었다. 틀림없이 잘려나간 상반신 사진이었다. 손기정의 가슴에는 정말 '양(養)' 자가 붙어 있었다. 형사들이 행여 틀리기를 바라며 맞추고 또 맞추어 보아도 영락없는 제짝이었다. 그들은 실망해서 "실례했소" 하고 물러갔다.

변영로 선생은 중앙학교를 다니다 중퇴하고 만주 안둥 지방을 헤매는 등 세상을 알기 위해 부유한 가정을 떠나 유랑을 마다하지 않았다. 영어를 익혀 영문시를 발표하는가 하면, 《폐허(廢墟)》의 동인으로 국문학 작품을 선보였으며, 1933년부터 《신가정》 주간으로 신문에 관여했다.

《동아일보》가 일장기 사건으로 곤욕을 치르게 되자 《조선중앙일보》는 사전에 일을 단속해서 신문을 구한다는 뜻으로 자진 휴간하기도 했다. 원래 《조선중앙일보》에서는 체육부 기자였던 유해붕 선배가 내 가슴의 일장기를 지워서 썼는데 용케 말썽 없이 지나갔다. 그후 《동아일보》가 무기 정간 처분을 당하자 《조선중앙일보》는 일을 쉽게 처리한다는 뜻에서 유해붕 선배를 자진 신고케 하고 휴간에 들어간 것이었다.

조선 사람들은 갈수록 더해가는 일본의 압제에 울분을 누를 길 없었다. 그런 가운데 마라톤 우승의 낭보가 전해지자 억눌렸던 감정이 폭발해버린 것이었다. 이렇듯 통쾌한 승전보를 알리면서도 가슴에 일제 침략의 상징인 일장기가 그려진 사진을 매일 게재해야 했으니, 어떤 수단으로든 일제에 항거해보자는 심정들이었다. 내 가슴의 일장기로 인해 조선 신문들은 큰 홍역을 치렀다.

조선 민족, 조선 신문이 겪은 이 고초를 주제로 훗날 일본의 여류 소설가이자 아동문학가인 사이토 요시코(斎藤尚子) 여사는 〈사라진 국기(消えた国旗)〉라는 소설을 썼다.

1916년 중국 칭다오(青島)에서 태어나 1923년 일곱 살 때부터 일본이 패망한 1945년 스물아홉 살 때까지 22년간 경성에서 살았던 사이토 씨는 일본인의 눈에 비친 일장기 말소 사건, 그리고 피지배 민족 조선의 아픔을 열 개의 단편에 담아냈다. 그 표제가 열 개 작품 중 하나인 〈사라진 국기〉이다. 경성공립제1고등여학교를 졸업하고 일본여자대학 가정학부를 중퇴한 그녀는 그 책머리에 "1910년부터 1945년까지 우리 일본은 조선 민족의 나라를 약탈했다"라고 썼다. 그녀의 작품은 한때 일본 소학교 교과서에 실리기도 했다.

초라한 개선

선수단을 태운 배는 드디어 상하이를 떠나 일본 나가사키(長崎)에 도착했다. 그러나 나가사키에는 잠시 들르는 데 불과했다. 나는 왜 선수단을 태운 배가 나가사키에 들러야 했는지 지금도 이해할 수 없다. 배가 항구에 정박해 있는 동안 일본 경찰이 나를 불렀다.

"총이나 칼 같은 걸 가지고 있느냐?"

"여보시오, 올림픽 갔다 오는 선수에게 무슨 총칼이 있겠소?"

"다녀오는 도중 누구를 만나 무슨 이야기를 했느냐?"

형사 한 사람이 나를 범죄자 대하듯 꼬치꼬치 캐물었다. 울화가 치밀었다. 이게 도대체 그들이 반기던 올림픽 마라톤 금메달리스트에게 할 짓인가. 같은 금메달을 딴 마에하타나 다지마에게도 이런 짓을 할 것인가. 조사를 마친 형사는 나에게 "나도 조선 사람이다. 지금 감시의 눈이 많으니 조심하라"고 당부했다. 일장기 말소 사건 때문인지 일본 경찰은 우승자에 대한 대접을 사상범 다루듯 했다.

나가사키를 떠나 고베에 도착, 비로소 선수단의 모든 여정이 끝나 일본 땅에 상륙했다. 그러나 고베에서도 삼엄한 감시의 눈초리가 내 뒤를 따라다녔다. 나가사키 기항은 혹시 있을지도 모르는 반일 분자들과의 접촉을 탐지하기 위한 것인지도 몰랐다. 고베에서도 나와 만난 사람들은 모두 일본 경찰에 불려가 조사받았다. 일본 대의사(중의원 의원)였던 박춘금(朴春琴) 씨조차 나를 만나 격려해준 후 돌아가서는 일본 관헌에 불려 다녀야 했다.

고베에서 도쿄로 가는 기차역마다 올림픽 개선을 환영하는 인파로 들끓었다. 일본 사람들은 일본 사람들대로, 조선 사람들은 조선 사람들대로 한데 모여 플래카드와 꽃다발을 들고 개선한 선수들을 반겼다. 나와 남승룡 선배는 좀 묘한 입장이었다. 일본 사람들 쪽으로 가자니 조선 사람들이 욕할 것이오, 조선 환영객 쪽으로 가자니 일본 환영객들이 탓할 것 같았다. 그래서 한 번은 내가 조선 사람들

쪽으로, 남 선배가 일본 사람들 쪽으로 가고, 그 다음번은 내가 일본 사람들 쪽으로 남 선배가 조선 사람들 쪽으로 가서 환영에 답하고 꽃다발을 받았다.

사람을 만난다는 것이 무서워졌다. 어떻게든 빨리 도망가고 싶을 뿐이었다. 정신적인 압박감에 견딜 수 없었다. 고베에서 도쿄행 열차에 오르며 경성에 전보를 쳤다. 누군가의 도움이 필요했다. 도쿄의 마루노우치(丸內)호텔에 묵는 동안 양정 담임인 황욱(黃澳) 선생님이 와주셨다. 그러나 복도에는 항상 내선(內鮮, 일본과 조선)계 형사들이 두 명씩 교대로 서성거리며 감시하고 있었다. 밥맛 떨어지는 일이었다.

때마침 조선 선수들과 교분이 두터운 일본 세도가 스즈키 다케 씨가 찾아왔다. 육상선수 출신인 그는 남승룡 선배의 재능을 첫눈에 알아보고 격려해주었으며 조선 선수들이 어려울 때마다 도움을 베풀었다. 스즈키 다케 씨의 부친은 육군 장성이었고, 그의 백부는 일제의 패망 직전 전시 내각을 이끈 수상 스즈키 간타로(鈴木貫太郎)였다. 해군 대장이던 스즈키 간타로는 일본 천황의 시종무관장과 추밀원 고문, 부의장, 의장 등을 지내다가 수상에 올랐다. 1932년 2월에 과격파 일본 장교들에게 피격을 당했으나 목숨을 건졌으며, 무조건 항복으로 패전을 수습했던 인물이다.

나는 우승을 축하하는 스즈키 다케 씨에게 대뜸 "우승을 도로 물려야 되겠습니다" 하고 불평을 터뜨렸다. "그게 무슨 소리야?" 깜짝 놀라서 묻는 그에게 "입만 열면 조사요 심문이니 어디 살겠습니까? 날 만나는 사람마다 다 잡아가고 그래도 불안해서 저렇게 보초까지

반도를 흔든 마라톤 충격

세워놓았습니다" 하고 불만을 털어놓았다. 그는 문밖에서 서성이던 형사들을 불렀다.

"뭘 하고 있는 건가?"

"예, 마라톤 우승자를 호위하기 위해서…."

스즈키 씨는 우물우물 대답하는 형사들을 호통쳐 내쫓아버렸다. 그는 이 조선 선수에 대해서는 자기가 책임질 테니 더는 지킬 필요가 없다고 감시망을 풀게 했다.

휴식이 필요했다. 정신적으로 육체적으로 고달프기 그지없었다. 괜히 우승했나보다 싶을 정도였다. 나의 우승은 일본인에겐 일본인 대로, 조선 사람은 조선 사람대로 큰 뜻이 있었다. 일본은 나로 하여금 자랑스러운 일본 대표선수로서 세계 스포츠 무대에 일본의 위세를 떨친 선전물로 이용하고 싶어 했다. 조선 사람들은 조선 민족의 생존을 알리는 기념비로, 또 조선 민중의 잠자던 민족자존의 의식을 고취하기 위한 각성제로서 나의 우승을 받아들였다. 그러니 일본인들의 핏발 선 감시의 눈초리가 있을 수밖에 없었다. 정작 나 자신도 모르는 가운데 나는 마치 폭탄의 뇌관처럼 위험스러운 존재가 되어버렸다.

1936년 10월 17일, 나는 황욱 선생님과 함께 프로펠러가 달린 비행기를 타고 현해탄을 건넜다. 도쿄를 떠나 후쿠오카로, 울산을 거쳐 여의도 비행장에 안착했다. 비행장에는 이미 형사와 순사 들이 깔려 있었다. 사고를 예방하고 나를 보호한다는 명목이었다. 그들은 비행장 입구를 막고 서서 환영 나온 인파의 출입을 막았다. 마치 중죄인을 잡아가는 사건 현장에서 구경꾼들을 막고 선 꼴이었다.

마라톤 영웅의 귀국 살풍경
손기정은 베를린 올림픽 마라톤 우승 후 일본까지 배편을 이용, 일본 고베에서 비행기를 타고 여의도 비행장으로 귀국했다. 양정의 안종원 교장과 큰형이 마중을 나왔다(위). 그러나 총독부와 경찰이 환영 인파의 출입을 막아 비행장은 매우 썰렁했다. 더욱이 순사들이 옆에 붙어 죄지은 사람 데려가듯 조선신궁으로 가야 했다. 아래 사진에서 손기정(가운데) 오른쪽에 팔짱을 끼고 있는 사람은 손기정과 친하게 지내던 《조선일보》 고봉오 기자다.

양정의 안종원 교장선생님, 서봉훈 교감선생님,《조선일보》체육기자 고봉오(高鳳梧) 씨 등이 마중 나와 있었다. 아무런 환영 절차 없이 나는 이들에게 이끌려 승용차에 올라탔다. 그때까지 정복을 입은 순사가 내 뒤를 따르고 있었다. 죄수 호송과도 같은 장면이었다. 양정 교문 앞에는 갑(甲), 을(乙) 반 학생들이 줄지어 서서 나를 기다리고 있었다. 학생들은 급우의 올림픽 우승 소식을 마치 자신들의 일처럼 기뻐하며 자랑스러워했다. 그러나 서봉훈 교감선생님은 차를 세우지 못하게 했다. 무슨 일이 생길지 알 수 없어 겁이 난 것이었다. 차를 돌려 남산의 조선신궁으로 달렸다. 국립묘지 참배하듯 그때에는 무슨 큰일이 있으면 조선신궁부터 찾아갔다. 제사 지내듯 개선을 보고하고 정중히 절한 다음 물러나오는 것이었다.

나라 없는 민족에겐 올림픽 우승을 기뻐하고 축하할 기회조차 없었다. 올림픽 우승자도 일본인들에겐 한낱 천덕꾸러기요 성가신 요주의 인물이었다. 나에 대한 환영 축하 행사는 일절 금지되었다. 하다못해 양정 급우들의 환영 다과회조차 일본 사람들의 눈을 두려워한 학교 측의 반대로 열지 못했다. 나의 우승을 계기로 무슨 사고라도 날까봐 모두 벌벌 떨었다.

대동아전쟁을 앞두고 조선총독부는 내선일체를 부르짖고 있었다. 그들은 때마침 나의 우승 소식을 듣자 정치적 선전물로 이용하기 위해 대대적인 환영 준비를 하고 있었다. 그러던 중에《동아일보》의 일장기 말소 사건이 터졌고 깜짝 놀란 총독부는 모든 환영 행사를 금지해버렸다.

이달희 씨 집에도 더 신세질 수 없게 되었다. 원래 나 자신을 숨기고 기숙했던 데다가 일본인들의 감시가 따라붙어 미안해서도 더는 묵을 수가 없었다. 툭하면 형사들이 찾아와서 집안 식구가 모두 신경과민증에라도 걸릴 듯한 정도였다.

나는 황욱 선생님 댁으로 거처를 옮겼다. 그동안 많이도 옮겨 살았다. 공병우 씨, 조인상 씨, 김봉수 씨, 이달희 씨, 황욱 선생님 댁…. 어려움 속에서도 이렇게 많은 사람의 도움을 받을 수 있었던 나는 행운아였던 셈이다. 황욱 선생님 댁에도 주말만 되면 순사들이 놀러 온다는 핑계를 대고는 번갈아 찾아와 동정을 살폈다. 그러고는 "어디서 편지 온 것 없느냐? 누가 찾아오지 않더냐?"고 시시콜콜 캐물었다. 나는 볼멘소리로 "아니, 우편배달은 누가 하는 거요? 총독부 검열을 받으며 우편국에서 하는 거 아니오? 그러면서 왜 내게 그런 걸 묻소?"하고 핀잔을 주었다.

올림픽이 끝난 지 두 달이 지난 11월에야 총독부 학무국과 조선일보사 주최로 환영회가 마련되었다. 장소는 조선일보사 2층 강당. 참석자는 시내 학교 체육교사들로 한정되었다. 환영회라기보다는 귀국보고회 같았다. 나는 일본 말로 답사하도록 다짐받았다. 올림픽 우승을 아예 묵살할 수는 없으니 때가 다 지난 다음 생색이나 내자는 짓이었다. 희한한 환영회가 열렸다. 내가 일본말로 이야기하면 사회를 맡았던《조선일보》주필 서춘(徐椿) 씨가 "지금 손 선수의 이야기를 알기 쉬운 말로 옮기면…"하고는 우리말로 통역을 했다. 어떻게든 올림픽 우승자의 심정을 우리 동포들 앞에서 우리말로 옮겨 전하고 싶었던 것이다.

조선체육회는 나와 남승룡 선배의 마라톤 제패 기념체육관을 건립하기 위해 모금운동을 벌이다가 조선총독부의 조사를 받게 되어 중단하고 말았다. 《아사히신문》은 1937년 1월 올림픽 마라톤에서 우승한 공적으로 내게 아사히 상을 주었다.

《삼천리(三千里)》라는 잡지사에서 마라톤 우승자에 대한 인터뷰 기사를 싣겠다고 소설가 최정희(崔貞熙) 씨가 나를 찾아왔다. 함경남도 단천 태생인 최 씨는 나와 동갑[14]으로 그때만 해도 소설 창작보다는 신문이나 잡지 일에 종사하고 있었다. 여성으로서는 무척 스포츠를 이해하고 즐기는 편이었다. 인터뷰 중 최 씨는 "혹시 여성 팬레터가 온 적 없느냐?"고 물었다. "한 사람 있지요" 하고 대답했더니 무척 궁금한 눈치였다. 무얼 하나 물어봐도 화난 사람처럼 부은 얼굴을 해서 마라톤은 잘하는지 몰라도 말주변은 정말 없구나 하고 실망하는 듯하던 차였다. "그게 누구지요?"라고 다그쳐 묻기에 "내 어머니지요. 어머니는 글 쓸 줄도 모르지만 이웃 사람들에게 대필을 시켜서라도 내게 편지를 보내거든요" 했더니 웃는 건지 화가 난 건지 기가 찬 건지 알 수 없는 표정을 지었다.

모교 양정의 추억

양정에서의 학창 시절은 내 인생의 기틀을 다진 중요한 시기였다. 양정에서 나는 배움에 대한 갈증을 풀었고 운동선수로서의 꿈도 이루었다. 양정 교정에는 모교에 대한 나의 보답과 애정의 표시로 베를린 올림픽에서 가져온 우승 기념 월계수를 심었다.[15] 양정에서도

양정 후배들과 함께

양정에 입학해 마라톤을 시작하고 올림픽 마라톤 영웅이 된 손기정에게 양정은 모교로서 특별한 곳이다. 그는 학교와 육상부 후배들을 찾아 자신이 받았던 격려를 되돌려주고자 했다. 사진은 1930년대 후반 모교를 방문했을 때 손기정 월계관 기념수 앞에서 후배들과 함께 찍은 것이다.

세계 마라톤을 제패하고 돌아온 나를 위해 '모교를 빛낸 졸업생'으로 기념비를 마련, 맨 첫 줄에 내 이름을 새겨주었다. 이 기념비 제막 역시 내가 졸업한 후인 1937년 6월 학생들이 귀가한 늦은 오후에 조촐히 거행되었다.

양정에는 언제나 조선인 선생님들의 높은 기품과 자애가 넘쳐 흘렀다. 일본인 교사들마저 그 분위기에 젖어 있었다. 우리는 그 속에서 마음껏 생각하고 마음껏 떠들어댔다. 출석을 불러도 우리말로, 학문을 가르쳐도 우리말로 하기가 예사였다. 안종원 교장선생님은 마음도 높고 깨끗해서 모든 선생님과 학생의 존경을 받았다. 서봉훈 교감선생님은 무슨 일에든 신의를 다하는 분이었다. 몸이 불편해서 결강하려 해도 교실로 손수 나와서 학생들에게 사정을 말하고 양해를 얻을 정도였다.

학생들이 가장 무서워하는 선생님은 정욱(鄭煜) 선생님이었다. 약간 얽은 얼굴에 양 끝을 치켜올린 카이저 수염을 했으며, 안경테 너머의 눈이 언제나 날카롭게 빛났다. 학생들에게 영어 암송을 시키고 틀리면 알밤을 먹이곤 하셨다. 정욱 선생님은 어떤 일이 있어도 우리말로만 강의를 해서 조선총독부 장학관이 나왔을 때 적잖이 곤욕을 치렀다. 선생님이나 학생들이나 갑작스럽게 일본어로 수업하려니 어색해질 것은 뻔했다. 선생님은 꾀를 내어 출석으로 거의 반 시간을 때워 지리해진 장학관을 따돌렸다. "1번 아무개 왔나?" 하고선 학생들을 훑어보고, 또 "2번 아무개…" 하는 식의 호명에 시간은 시간대로 흐르고 장학관도 지쳐버렸던 것이다. 학과 시간에 그렇게 엄한 정욱 선생님도 교실만 나서면 인자한 어버이 같아 학생들이 멀리서도 일부러 쫓아와 인사하곤 했다.

3학년 때부터 우리 갑조 담임은 황욱 선생님, 을조 담임은 장지영(張志暎) 선생님이었다. 황욱 선생님은 영어, 장지영 선생님은 조선어와 중국어를 담당했는데, 학생들의 낙제를 염려해서 영어, 수학 등 다른 학과목 과외수업까지 해가며 학생들을 지극 정성으로 가르쳤다. 우리는 끝없는 공부에 짜증을 내면서도 그분들의 투철한 교육정신에 큰 감명을 받았다. 장지영 선생님은 내가 졸업한 뒤 1942년 조선어학회 사건에 연루되어 교무실에서 체포당해 함경도 홍원감옥으로 끌려가 옥고를 치렀다.

학우 중에 문제안(文濟安) 씨는 작은 키에도 유별나게 담이 커서 양정의 악동으로 자자했다. 그는 버찌를 따다 들키고 앵두 따다 혼나면서도 선생님들의 걱정과 사랑을 받았다. 이병옥 선배처럼 담배를 가지고 다니다 혼나던 친구, 선생님이 도장을 달라는데 엉겁결에 담배 빨부리를 드렸다가 야단맞던 친구…. 학창 시절은 좋은 일이든 나쁜 일이든 모두 아름다운 추억으로 남아 있다.

내가 베를린에서 우승하고 돌아올 무렵 양정 학우들은 밤늦게까지 환영회를 위한 준비 모임을 열고 있었다.

"기정이….”

"아니, 손 선수….”

"아니야, 마라톤왕 손기정 선수….”

"아니야, 좀 길긴 하지만 세계를 제패한 마라톤 제왕….”

내가 있던 5학년 갑조 교실에 갑, 을 양조의 학생들이 모두 모였다. 우선 나에 대한 명칭만도 수십 가지가 나왔으나 환영회 방식을 놓고는 더욱 의견이 분분했다. 20대 전후의 학생들이라 열의만 앞섰지 의견이 정리되지 않아 목소리 큰 사람이 제일이었다. 일어서서 떠들다가 숫제 책상 위로 뛰어오르기도 했다. 그만큼 젊었고 그만큼 앞에 둔 일이 컸고 그만큼 흥분하고 있던 것이다. 점차 소란이 더해가자 좀 더 회의 형식을 갖추자 해서 제법 순서를 지켜 의견을 나누었다. 그렇지만 기차역에서 학교까지 흰 광목을 깔아주자느니, 학교 운동장에 새 황토흙을 깔자느니 하는, 예산 따위는 아예 머릿속에 없는 듯한 다소 황당한 의견들이었다.

같은 시각 직원실에서는 선생님들이 대책 회의를 열고 있었다. 환영회가 아니라 저 철없는 학생들의 흥분을 어떻게 가라앉히느냐는 것이 의제였다. 회의가 길어지면서 학생들이 모인 교실에는 어둠이 깃들고 직원실에는 불이 환해졌다. 어둠 속에서 학생들은 점차 비장한 생각들을 품게 되었다. 고등계 형사 이야기도 나오고 예산 문제도 언급했다. 일본 경찰의 탄압에 대한 구체적인 대항 방안도 나왔다. 우리 집에는 단도가 있다느니, 우리 집에는 아버지가 쓰시는 엽총이 있다느니 하며 살벌한 기운마저 감돌았다. 상여에다가 나를 실어놓고 통곡을 하며 시가행진을 하자는 의견도 나왔다.

몇 시간 전의 흥분은 가라앉고 대신 비장한 결의가 학생들을 사로잡았다. 회의 분위기도 점점 거칠어졌다. '손기정 환영식'을 독립운동으로까지 이끌어보자는 엄청난 의견까지 나왔다. 그때 교실 문을 열고 서봉훈 교감선생님이 들어섰다. 평소 그의 신의와 당당한 인품이 학생들을 압도했다. 황욱 선생님, 장지영 선생님… 모두 학생들을 친자식, 친동생처럼 사랑하시던 분들이 교실에 들어섰다. 교실 안은 찬물을 끼얹은 듯 조용해졌다. 선생님들도, 학생들도 이미 가슴속에 비장한 결의를 품은 탓인지 미동도 없었다. 이윽고 서봉훈 교감선생님이 무거운 입을 열었다.

"얘들아, 제발 빈다. 그만 집으로 돌아가다오."

선생님들이라고 학생들의 마음을 모를 리 없었다. 그러나 철없는 것들이 그 흉포한 마수에 당할 고난을 두려워하셨던 것이다.

'제발 빈다'는 애소에 학생들은 너도나도 울분을 터뜨리며 항변하기 시작했다. 일제에 대한 울분이 모임을 막으려는 선생님들에게로 쏟아졌다. 선생님들의 무기력, 오히려 선두에 서서 이끌어주어야 할 선생님들의 만류에 일제히 공박을 가했다.

어둠 속에서 세대가 다른 양편의 대치가 계속되었다. 그러나 평소 학생들을 끔찍이도 사랑하고 아끼시던 선생님들의 높은 인덕으로 그날 저녁의 대치는 더 이상의 큰 소란 없이 조용히 가라앉았다.

향학에의 의지

1937년 3월, 양정 교문을 나섰다. 졸업할 무렵 도쿄고등사범학교 (이하 '도쿄고등사범')에서 입학원서를 보내왔다. 내 실력으로 들어갈 수 있을까 망설여졌다. 그사이 접수 마감 기일이 지나버렸다. 뒤늦게 김태식 씨의 권유로 도쿄고등사범 체육과에 입학원서를 접수했다. 그리고 도쿄에 가서 축구, 철봉 등 실기 시험까지 마쳤다. 그러나 학력이 부족한 탓인지 낙방했다. 《아사히신문》은 철봉에 매달린 내 모습을 찍은 사진과 함께 '마라톤왕 손기정. 그러나 마라톤보다 입시가 더 어려웠다'는 기사를 실어 망신을 주었다.

실망해서 경성으로 돌아왔다. 어떻게든 대학에 가고 싶었다. 며칠을 별러서 인촌(仁村) 김성수(金性洙) 선생을 찾아갔다. 김성수 선생은 일본 와세다대학을 나와 1917년에는 중앙학교를, 1932년에는 보성전문을 맡아 영재 교육에 힘쓰고 계셨다. 나는 무릎 꿇고 앉아 전후 사정을 털어놓았다.

"선생님, 도쿄고등사범 시험을 봐서 낙방했습니다. 부끄럽지만 보성전문에 들어가고 싶습니다."

보성전문 신입생 환영회에서

1937년 보성전문에 입학한 후 평북학생회에서 신입생 환영회를 열었다. 그런데 누군가 불법 집회 신고를 해 강제 해산당하고, 손기정은 경찰서에 출두까지 해야 했다. 베를린 올림픽 마라톤 우승 이후 손기정에 대한 일제의 감시는 끝이 없었다. 결국 손기정은 1학년 2학기가 되기 전 보성전문을 그만두고 일본으로 떠났다. 일본에 가서 일본 사람들 사이에 섞여 있으면 감시를 피할 수 있을 것이라 생각했기 때문이다. 사진의 앞줄 오른쪽에서 두 번째가 손기정이다.

　선생님은 먼저 시험부터 보라고 일렀다. 그렇게 해서 나는 보성전문 상과에 입학했다.

　그러나 보성전문에 들어오자마자 사고가 연발했다. 보성전문 내 학생 단체인 평북학생회에서 신입생 환영회를 열었다. 선배들이 회비 50전씩을 갹출, 관철동 중국요리집 태화관에 모였다. 환영회가 시작되어 막 음식이 나오는 참에 느닷없이 경찰이 들이닥쳤다. 종로서에서 학생들의 비밀 집회가 열린다는 제보를 받고 달려온 것이었다. 이유 불문하고 모두 쫓겨나 강제 해산당했다.

사건 조사는 보성전문이 있는 구역 관할인 동대문서로 넘겨져 출두 명령이 내려왔다. 체육부장이던 홍성하(洪性夏) 씨와 동행했다. 조사를 맡은 형사는 불법 집회를 한 목적과 동기 등을 따져 물었다.

"무슨 모임이었느냐?"

"신입생 환영회요."

"누가 주최한 것이냐?"

"선배들이 하는 일을 내가 어떻게 알겠소?"

왜 이러한 심문을 나에게 하는지 도무지 알 수 없었다. 신입생으로 들어와 선배들의 환영을 받는다는 게 잘못된 것인가. 또 잘못이라도 왜 나만 심문당해야 하나. 어처구니없는 일이었다. 한참 캐묻던 형사는 "다음부터는 사람 많은 데에 가지 말라"고 주의를 주고는 보내주었다.

내가 가는 곳마다, 내가 만나는 사람마다 일본 경찰의 그림자가 뒤따라 다녔다. 가뜩이나 반일 성향으로 주목받고 있던 보성전문은 나 때문에 더욱 날카로운 일본의 눈총을 받게 되었다. 차라리 일본 울타리 안에 뛰어들어 일본 사람 속에 섞이는 게 악몽 같은 감시의 눈초리를 떨쳐버릴 수 있는 길이라는 생각도 들었다.

2학기에 말도 없이 보성전문을 그만두고 다시 일본으로 떠났다. 그러나 여기저기 기웃거려 봐도 미움받는 조선의 문제아를 받아줄 곳이 없었다. 낭패였다. 마침 조선총독부 학무국에 있던 정상희 씨와 만철에 있던 권태하 선배가 자신들과 지면이 있는 메이지대학에 보증을 서서 들여보내주었다. 마라톤왕 손기정의 입학 조건은 다시는 육상 운동을 하지 않는다는 것이었다. 더는 손기정의 이름을 빌리지 않을 테니 어디에도 나타나지 말고 쥐 죽은 듯 엎드려 있으라는 뜻이었다.

메이지대학은 조선 학생들과 여러 가지로 인연이 많은 학교였다. 경성에서 보성전문이나 연희전문에 가지 않는 선수들은 대부분 메이지대학과 와세다대학으로 진학해서 일본에서도 가장 조선 학생이 많았다. 양정 선배로 총독부 학무국에 들어간 정상희 씨, 마라톤 선배인 권태하 씨, 남승룡 선배 등 나와 가까웠던 육상인들이 모두 메이지대학 출신이었다. 메이지대학 스케이트부는 거의 조선 선수 판이었다.

신의주와 평양에서 사귄 김정연을 비롯해 장우식·최용진·윤세식(尹世植)·장일홍(張日泓) 등 조선 선수들은 조선과 일본 무대를 휩쓰는 메이지대학 스케이트부의 스타들이었다. 나는 도쿄에 들를 때마다 메이지대학 스케이트부의 신세를 톡톡히 졌다.

메이지대학에 입학한 후 다시 학비 문제로 고통을 겪었다. 보성전문에 다니는 동안에는 성제육영회(省濟育英會)로부터 장학금으로 매달 15원을 받았다. 김성권(金星權) 씨가 운영하는 이 장학 재단은 국내 대학생에게는 15원, 국외 유학생에게는 19원의 장학금을 지급했다. 또 다른 사람의 도움을 받게 되면 장학금 전액 지급을 중단한다는 규정도 있었다.

성제육영회는 내가 보성전문에 다니다 아무런 상의 없이 일본으로 갔다 해서 15원밖에 보내주지 않았다. 나는 도쿄 외곽인 요코하마에서 다니며 신문 배달 일을 해야겠다고 생각했다. 그런 내 사정을 안 스케이트부 친구들이 나를 스케이트부 합숙소에서 지내도록 해주었다.

다음 해 여름방학 때 성제육영회를 찾아가 도움을 요청했다.

"나도 일본에 유학하고 있는데 왜 15원만 줍니까? 남들은 모두 19원 받는다는데."

"왜 그럼 보성전문에서 옮길 때 아무 이야기도 하지 않았소? 규칙위반이오. 운동선수에게 장학금을 지급한다는 규정도 없고 그나마 보성전문 다닌다는 게 증명이 되어 15원의 장학금이 지급되었는데, 보성전문을 그만두었으니 원래는 한 푼도 줄 수 없는 것이오."

"육영회도 규칙 위반입니다. 애초 마라톤 우승자에게 장학금 주라는 규칙이 어디 있었습니까? 그리고 보성전문이건 메이지대학이건 지금 분명히 학교에 다니고 있으니 15원을 주고 있는 것 아닙니까? 도저히 견딜 수 없으니 19원을 보내주십시오. 그리고 나 혼자 도와줄 데를 알아볼 테니 상관치 마십시오."

성제육영회의 규칙이야 어찌 되었든 내가 죽게 생겼으니 생떼를 썼다. 그 이후로 나는 성제육영회에서 19원, 명월관 주인 이종구(李鐘九) 씨로부터 20원의 지원을 받아 다소 여유 있는 생활을 할 수 있게 되었다.

25~26세의 늦은 나이에 대학에 다니자니 쉽지 않았다. 책은 좀 보아야겠는데 책만 펴면 정신이 아물거리고 골치가 아팠다. 어릴 적부터 체계적으로 차근차근 학교 공부를 한 것도 아니고 형편 따라 다니다 말다 했으니 학력이 뒤질 수밖에 없었다. 어쨌거나 학교 분위기에 휩쓸려 도서관엔 열심히 다녔다.

졸업이 가까워오자 무엇인가 해야겠다는 절박감에 짓눌려 밤잠을 제대로 이룰 수 없었다. 이제 학교 울타리를 떠나면 무엇을 할 것인 가, 일본인의 눈총도 있고 나 스스로의 결의도 있고 해서 나는 육상 경기에 나서지도 않았다. 그런 가운데서도 틈틈이 혼자서 달리며 새 로운 날을 기다리고 있었다. 내가 다시 떳떳이 달릴 수 있는 광복의 그 날, 조선에 아무도 달릴 사람이 없다면 노쇠했더라도 나는 다시 마라톤에 나서리라. 그러나 그 이전에는 결코 나서지 않겠다고 다짐 했다. 메이지대학 육상부원들이 역전경주 멤버가 약하다며 몇 차례 나 한 구간만 뛰어 달라고 요청했지만 나는 사람들의 시선이 많은 곳은 아예 피해 다녀야 했다.

나는 더 늦기 전에 나의 후계자, 조선 마라톤의 후배들을 길러내야 겠다는 생각을 하게 되었다. 마라톤이나 운동계에서 멀리 떠난 듯하 면서도 정상희 씨와 권태하 선배는 나보다 더 열성스럽게 조선의 육 상을 생각했던 듯하다. 나는 두 사람의 지원을 받아 마라톤 보급 운 동을 해보기로 했다.

메이지대학 법과 전문부 졸업을 앞두고 나는 일본인 경보선수 아 사오와 함께 운동 보급을 위해 조선을 돌아다녔다. 우리가 내건 캐 치프레이즈는 '뛰어라! 걸어라!'였다. 운동의 필요성을 알리고 소질 있는 선수를 발굴해내는 것이 목적이었다. 나는 마라톤이나 장거리 에 대해, 아사오는 경보에 대해 설명했다.

보급 운동을 하고 있던 어느 날 만주 신징(新京, 지금의 창춘長春)에 서 임태섭(林泰燮)을 찾아냈다. 그는 마라톤에 뛰어난 소질을 보였 다. 그를 양정에 입학시켜 육상부에 넣고 내 약혼녀 강복신에게 하 숙비를 대주도록 했다. 그러나 임태섭은 양정 육상부의 골칫거리가

'뛰어라! 걸어라!' 캠페인

손기정은 대학 졸업을 앞두고 지도자로서 마라톤 선수 양성의 길에 나섰다. 일본인 경보선수 아사오와 함께 조선과 만주까지 다니며 '뛰어라! 걸어라!' 운동 보급 캠페인을 펼쳤다.

1 손기정과 아사오.

2 손기정이 운동 시범을 보이는 모습.

3 참가자들과 함께 달리기를 하는 장면으로 검은 상하의를 입은 이가 손기정이다.

되고 말았다. 그는 스승이고 선배고 안하무인이었다. "손 선생이 인정해준 나를 누가 감히 지도하겠다는 거냐"며, 자신의 뛰어난 소질을 믿은 데다 올림픽 우승자인 내가 추천한 뜻을 오해하고서는 혼자 우쭐해서 연습도 하지 않고 자만에 빠진 것이었다. 그를 좋은 선수로 만들어보려던 내 희망은 깨어지고 말았다. 양정으로부터 여러 차례 그런 이야기를 전해 듣고 그를 타일렀다.

"이젠 너무 늦은 것 같다. 운동 포기하고 공부나 열심히 해보아라."

그는 그제서야 풀이 꺾여 아무 말도 못 했다. 3학년에 다니던 중 그는 도저히 자신이 없었던지 운동이고 공부고 모두 때려치우고 신징으로 돌아가버렸다. 그가 떠난 후에도 늘 마음이 쓰였다. 대학 졸업 전에 이루어보려던 후계 양성의 꿈이 너무 허무하게 깨어져버렸기 때문이다. 양정에 그를 입학시킬 무렵 큰형 아들이 학교 갈 준비를 하고 있었다. 그 애도 삼촌이 다닌 양정에 들어가고 싶어 했다. 내가 양정에 그 뜻을 말했더니 "임태섭이냐, 조카냐, 한 사람만 말해라. 둘은 어렵다"라는 답을 들었다. 나는 조선 육상의 앞날을 위해 서슴없이 임태섭을 택했다.

임태섭은 신징으로 돌아간 후 새 생활을 시작했으며, 훗날 내게 또박또박 쓴 엽서를 보내왔다. "선생님의 뜻을 받들지 못해 죄송합니다. 신징에 돌아온 후 학교 공부를 계속해서 지금은 지린(吉林)에서 소학교 교사로 봉직하고 있습니다." 다행스러운 일이었다.

전운에 휩싸인 세계 스포츠

올림픽 정신을 부르짖던 올림픽의 아버지도 가고
올림피아드도 전쟁의 소용돌이 속에 사라지고 말았다.
다시는 일장기를 달고 경기장에 나서지 않으리라 다짐했었지만
세계를 덮친 전쟁의 먹구름으로 나설 스포츠 무대조차 없었다.

첫 결혼

약혼녀 강복신을 만난 것은 역시 운동선수였던 《조선일보》 기자 고봉오 씨 덕이었다. 그는 평안북도 강계 사람으로 신의주고보를 다니며 스케이트, 정구 선수로 활약했다. 고봉오 씨 부인 역시 스케이트 선수였다. 1931년 안둥의 압록강 얼음판 위에서 벌어진 빙상대회에서 고봉오 씨는 500m를 50초 8에 마크하며 당시 조선 최고 기록을 세웠다.

이 대회에서는 취재기자단 경주도 열렸는데 넘어지고 엎어지고 해서 수많은 관중의 웃음을 자아내는 가운데 《동아일보》의 이길용 씨가 1등을 차지했다. 일본 닛코(日光)에서 열린 제4회 전일본 빙상대회 500m에서 이성덕 씨가 48초로 1위, 고봉오 씨가 49초로 3위를 했다. 늘 경기장에서 얼굴을 마주하는 사이라 나는 이길용 선생이나 고봉오 씨와 친했다. 특히 고봉오 씨는 운동선수인 데다 나이도 비슷해 형이라 부르며 가까이 지냈다. 메이지대학에 다니면서도 방학 때면 경성으로 돌아와 고봉오 씨 댁에 머물곤 했다.

전운에 휩싸인 세계 스포츠

1939년 졸업반 때 여름방학이었다. 하루는 고봉오 씨가 "내 좋은 친구 하나 소개할 테니 사귀어봐"라고 말했다. 고봉오 씨는 자기 집으로 가끔 놀러 온다는 처녀와 나를 함께 불렀다. 다 큰 처녀와 그렇게 마주 앉아보기는 처음이었다. 괜히 목이 타고 얼굴이 달아올랐다. 방안의 더운 기가 한결 더한 듯했다. 벌써 27세이니 새삼스럽게 부끄러워할 나이도 아니었건만 어쩐지 부자연스러웠다.

강복신은 건강하면서도 단정한 용모의 처녀였다. 햇볕에 그을린 얼굴이지만 탄력이 넘치고 건강미가 흘렀다. 나나 그나 전혀 초면은 아니었다. 나는 그라운드에서 강복신의 대활약을 지켜보았고, 그녀도 나를 마라토너로 잘 알고 있었다.

1931년 내가 조선신궁경기대회에 나갔을 때 강복신은 평안남도 대표로 여자 200m에서 우승을 했었다. 조선의 육상 강호들이 모두 출전하는 제9회 전조선여자올림픽대회에 서문고녀 선수로 출전한 강복신은 200m에서 29초 3의 대회 신기록으로 우승했으며, 멀리뛰기에서도 4m 40으로 1위를 차지해 서문고녀의 종합 우승에 크게 이바지했다.

제11회 전조선여자올림픽대회에서는 서문고녀의 리더로 200m에서 27초 9의 조선 신기록을 세우고 우승했으며, 100m에서도 13초 1로 경성사범의 현계숙과 공동 1위를 차지했다. 이밖에도 그는 800m 릴레이 선두 주자로, 200m 릴레이의 최종 주자로 활약, 네 개 종목에서 1위를 기록했다.

강복신 시대의 서문고녀는 전조선여자올림픽에서 네 번 연속 우승을 차지하는 등 조선 최고의 육상 명문으로 군림했다. 서문고녀에는 강복신 말고도 정인애, 노용섭(盧龍燮), 전경하(全敬夏) 등 쟁쟁한 선수들이 있었다.

서문고녀와 니카이도(二階堂) 여자체육전문학교(지금의 일본여자체육대학)를 졸업한 강복신은 경성에 올라와 동덕고녀에서 체육교사 겸 기숙사감으로 근무하고 있었다. 둘 다 운동선수였기 때문인지 우리는 서로를 이해하며 쉽게 친해졌다. 고봉오 씨는 우리가 서로 싫은 눈치를 안 보이자 '옳다, 됐다' 하고는 약혼을 발표해버렸다.

강복신은 평양의 부유한 무역상인 강용석(姜用錫) 씨의 7남매 중 막내딸이었다. 장인이 될 어른은 건강이 좋지 않아 눈감기 전 막내사위를 보겠다고 벼르던 참이었다.

방학이 끝나고 도쿄에 가 있는데 고봉오 씨로부터 급히 들어오라는 연락이 왔다. 웬일인가 하고 허겁지겁 돌아왔더니 장인어른의 병세가 악화되었으니 빨리 평양으로 가보라고 독촉이 열화 같았다. 그러나 내가 평양에 도착했을 때는 벌써 장인어른이 숨을 거둔 후였다. 문병을 갔다가 뜻하지 않게 상을 당하고 말았다. 결혼식도 올리기 전에 막냇사위로 상을 돌보아야 할 처지가 되었다.

부잣집 초상에는 원래 문상객도 많고 구경꾼도 많은 법이지만 적잖은 사람들이 "저 사람이 마라톤 우승한 손기정이다", "저 사람이 이 집 막냇사위다" 하고 구경하며 수근거렸다.

처가는 무척 개화된 집안으로, 상을 당한 지 몇 달 안 되었지만 돌아가신 어른의 소망대로 막내딸의 결혼을 서둘렀다. 나는 결혼에 앞서 신의주 집으로 가서 전후 사정을 이야기했다. 그러나 뜻밖에도 어머니의 완강한 반대에 부딪혔다. 어머니는 옛날이야기를 끄집어냈다.

전운에 휩싸인 세계 스포츠

"우리 집안은 강(姜) 씨가 들어와 망한 집안이다. 이제 또 강 씨를 며느리로 맞다니, 어림도 없다."

옛날은 옛날이고, 지금 이 사람은 다르다고 아무리 설명해 봐도 통하지를 않았다.

"어쨌든 저는 그 여자와 결혼합니다. 평양에서 결혼할 테니 그리 아십시오."

마치 운동선수가 되겠다고 집을 뛰쳐나올 때와 같은 어수선한 상황이었다. 나는 집안 어른들이 내 고집을 잘 알 테니 결국에는 내 뜻을 받아주리라 생각했다.

같은 해 12월 21일 추운 겨울날에 평양 공회당에서 결혼식을 올렸다. 처가 집안 어른들과 일가친척이 모두 모였다. 나는 결혼식장에 들어설 때까지 신의주에서 누가 오려나 하고 눈이 빠지도록 기다렸다. 슬픈 일이었다. 끝내 아무도 오지 않았다. 평소에 효도는 못했지만 이 결혼식이야말로 그토록 불효한 짓이란 말인가. 마음이 착잡했다. 경성에서 온 양정 동창들이 울적한 나를 위로해주었다. 담임선생님이었던 황욱 선생님은 결혼 축사를 해주셨다.

결혼식을 마치고 나와 처는 신혼여행도 못 가고 평양을 떠났다. 우리는 함께 3등 열차 칸에 탔으나 처는 동덕고녀에 귀임하기 위해 경성역에서 내리고, 나는 그길로 일본으로 건너가 학교에 복귀했다.

1940년 3월 메이지대학을 졸업했다. 연건동에 방 2개를 얻어 신혼살림을 시작했다. 타고난 가난뱅이라 넉넉지 못했다. 처가는 장인이 살아 계실 때만 해도 평양에서 쩡쩡 울리는 부잣집이었다. 그러나 장인어른이 세상을 떠나자 가세도 기울어 시집간 딸에게 아무런 도

손기정과 강복신, 결혼하다

1939년 12월 21일 평양공회당에서 손기정과 강복신의 결혼식이 열렸다.《조선일보》1939년 12월 22자 기사 〈새 신랑된 마라손 왕〉에서는 "결혼식으로는 처음 보는 초만원의 성황을 이루었는데 축전과 축문은 500장을 돌파하는 신기록을 지었다"며 결혼식 장면을 전했다. 한편 결혼에 반대한 어머니와 가족 모두 결혼식에 참석하지 않아 손기정은 착잡한 마음을 숨길 수 없었다.

움을 주지 못했다.

4월에 조선육상경기연맹의 소개로 저축은행에 들어갔다. 저축은행 두취(頭取, 은행장)는 이모리(伊森明治) 씨로, 조선육상경기연맹 회장이기도 했다. 메이지대학 법과를 나와 주판 만질 줄도 모르는 내가 은행에 입사한 것은 순전히 그의 덕이었다. 또 한 군데 대동광업(大同鑛業)에도 일자리가 생겼으나, 말끔하고 단정한 행원 쪽이 훨씬 인기가 있을 때였다. 대동광업은 함경북도에 커다란 텅스텐 광산을 가지

전운에 휩싸인 세계 스포츠

고 있을 뿐 아니라 대동공전이란 전문학교까지 가진 대기업이었다.

저축은행 신입 행원은 덧셈, 뺄셈, 곱셈, 나눗셈의 4가지 계산법을 테스트받아야 했다. 더하고 빼고 곱하는 것은 그런대로 따라갈 만했지만 나눗셈은 그 공식부터가 어려워 번번이 낙방했다. 적당히 필산으로 때우긴 했지만 아침저녁으로 30분씩 일찍 나오고 늦게 퇴근하며 나눗셈을 익히느라 무진 애를 먹었다. 신입 행원 봉급은 월 30원, 외무사원은 50원이었다. 나는 내근 사원이었으나 예·적금 기탁을 받아온다는 조건으로 10원을 추가해 40원을 받게 되었다. 두 식구가 편히 살기에는 부족한 돈이었다. 처는 동덕고녀 근무를 계속했다.

적금 가입 신청을 받으러 다녔으나 쉬운 일이 아니었다. 마침 신의주와 메이지대학에서 스케이트 선수를 하며 친하게 지냈던 최용진이 나와 붙어 다니면서 여러 가지 요령을 가르쳐주었다. 그는 내게 술을 산다며 기생집으로 끌고 갔다. 처음 보료를 깔고 앉아 술 따르는 기생들의 호들갑스러운 수다에 얼떨해져 있었다. 최용진은 넉살 좋게 웃겨가며 나를 마라톤왕 손기정이라고 추켜올리고는 기생들로부터 몇천 원까지 적금 가입 신청을 용케 받아냈다.

은행에 다닌 지 몇 달 안 된 견습 사원이었을 때 저축 강조 기간이 있었다. 각 은행의 과장이나 말단 행원이나 할 것 없이 예금 유치를 위해 뛰어다녔다. 그중 많은 액수가 1만 원 내외였다. 그러나 나는 잘 알고 있던 몇몇 사람들을 통해 단번에 5만 원이라는 예금고를 올려놓았다. 저축은행은 물론 놀라고 다른 은행에서도 큰 화제가 되었다. 모두들 마라톤왕의 인기 덕분이라고 부러워했다.

저축은행에 다니는 동안에도 마음은 마라톤에 있었다. 나는 기회만 주어지면 마라톤 보급 일에 온 힘을 기울이리라 벼르고 있었다. 은행에 재직하면서도 1941년 6월에는 황해도 체육회로부터 초청을 받아 진남포상공학교의 육상·코치로 학생들을 지도했다. 곳곳에서 마라톤왕 손기정의 내방과 지도를 기다리며 반겨주었다.

일본인들과의 충돌도 여전했다. 일본 경찰은 여전히 내 뒤를 쫓으며 감시하고 있었다. 나는 가끔 그로 인한 심리적 압박감을 덜기 위해 됫술을 마시기도 했다.

어느 날 명월관에서 취해 술좌석의 기분이 한창 무르익었을 때였다. 일본군 오장(五長) 하나가 군복에 칼을 찬 채 술을 마시다 객기를 부려 명월관이 떠들썩해졌다. 한두 마디 말에 서로 분기가 올라 나도 모르게 벌떡 일어서서 그와 맞섰다.

"그래, 쳐라! 대일본도로 장제스(蔣介石)의 목을 안 치고 다 죽은 조선인 목을 치려느냐?"

뜻밖의 저항에 놀랐던지 오장은 우물쭈물 뒤로 물러났다. 다음 날 목재상을 하는 처남 친구 집에 들렀다가 일본도를 빼 흔들던 오장이 거기에 늘어져 쉬고 있는 것을 보았다. 깜짝 놀라 물었더니 "실은 사업 건으로 대접하러 그를 데리고 명월관에 갔었다"며 미안해 어쩔 줄을 몰라 했다.

어머니, 그리고 아내와의 사별

처는 아침저녁으로 설거지, 빨래 등 집안일로 바빴고, 또 낮엔 학

전운에 휩싸인 세계 스포츠

교 일을 해내느라 눈코 뜰 새 없었다. 운동하던 몸이라 그래도 피곤을 견디며 큰 탈 없이 살림을 꾸려나갔다. 나는 그런 처가 고마워서 때때로 먼저 집에 들어간 날은 저녁을 지어놓고 기다리곤 했다.

1941년 첫 아이 딸 문영(文英)을 낳았다. 결혼식에도 오지 않으셨던 어머니가 그래도 손녀는 보아준다고 오셔서 함께 지냈다. 어머니는 잠시 머물다 신의주로 돌아가고 우리는 우리대로 여전히 바쁘게 지냈다.

이듬해, 한번 제대로 모셔보지도 못한 채 어머니는 심장마비로 세상을 떠나셨다. 허무한 일이었다. 너무 내 일에만 매달려 사느라 아버지, 어머니 두 분 모두 임종도 지키지 못한 채 떠나보냈다. 천하에 이런 불효가 있을까.

어느 어머니든 자식에 대한 사랑은 크고 아름다운 것이다. 내 어머니 역시 세상일에 밝지는 못했지만 자식 사랑은 눈물겨운 것이었다. 얼어 터진 손으로 밥 짓고 빨래하고 그것도 모자라 행상 보따리를 이고 다니시며 자식들의 앞날을 염려해주시던 어머니. 공부만 잘하라고 아들과 싸움을 하시던 어머니. 먼저 떠난 아버지 무덤에 아들의 세계 제패 소식을 전하며 목이 메이시던 어머니. 사실 내색하지 않았지만 아버지가 얼마나 내게 큰 기대를 걸고 있었는지 뒤늦게 어머니로부터 전해 들었다. 아버지는 어머니를 통해 지하에서도 나의 우승 소식을 듣고 기뻐하셨을 것이다. 할 수 있을 때엔 소홀히 하고 다 늦은 후엔 후회하는 것이 인간의 일인지도 모르겠다.

결혼할 때까지도 여자 200m 달리기에서 27초 6의 조선 선수권을 가질 정도였으니 처의 건강쯤은 문제없으려니 했다. 그러나 처도 깊

고향 신의주에서 가족, 친척들과

베를린 올림픽에서 우승하고 나서 1937년 신의주를 찾았을 때 집 앞에서 찍은 기념사진이다. 맨 앞줄 가운데가 손기정이고, 그의 오른쪽이 어머니 김복녀 여사와 큰형, 왼쪽이 둘째 형이다.

은 병을 앓고 있었다.

처는 첫아이 임신 중에도 맹장 수술을 받고 거뜬히 일어날 정도였다. 딸을 순산한 후에는 몸조리도 하는 둥 마는 둥 또다시 학교 일로, 집안일로 분주했다.

1943년 9월 둘째인 아들 정인(正寅)을 낳은 지 5개월 만에 모르고 지냈던 처의 병이 위태로운 상태로까지 악화되었다. 첫째 문영은 이모 집에 맡겨두었지만 갓난아이는 맡길 데도 없었다. 하는 수 없이 둘 다 대학병원에 입원시켰다. 기막힌 일이었다. 위층 소아과 병실에는 어린것을 눕혀놓고, 아래층 중환자실에는 아이 엄마를 눕혀놓고 하루에도 몇 번이나 위아래 층을 쫓아다니며 탄식했다. 게다가 어린 아이를 병원에서 제대로 돌보아주지 않아 다리 사이가 짓무르는 통에 병원 사람들과 싸우며 야단을 쳤다.

처는 간장염이라고 했다. 시간이 지체되고 염증 부위가 너무 넓게 퍼져 수술은 하나마나이니 수의나 준비해 두라고 의사가 말했다. 처는 강단 있던 사람이라 그러고도 2주일이나 버텼다. 하루하루 안색이 달라져가는 처를 보며 '이게 무슨 놈의 팔자인가!' 하고 수없이 한탄했다. 어머니의 뜻을 거역해가며 한 결혼이 5년도 안 되어 비극으로 끝나버렸다. 1944년 5월, 뼈에 가죽만 씌운 듯 말라가던 처는 마침내 세상을 떠났다. 과로 때문이었다. 신혼의 꿈도 재미도 모두 잊은 채 집안 살림, 학교 일에 시달리다 처는 스물아홉 한창나이에 가고 말았다. 비통한 일이었다.

둘째 아이가 태어난 뒤 신의주 형님이 점을 쳐보고는 "부모하고 떨어져 살 운수"라고 해서 화를 냈었는데, 둘째 정인은 정말 제 어미가 죽은 후 누이 문영과 함께 신의주 형님댁에 가서 살게 되었다.

당시는 아직 깨지 못한 때여서 그랬던지 점이니 굿이니 하는 미신을 많이들 믿고 따랐다. 집안에서는 누가 아프다 하면 우선 굿부터 시작했으니 한 해에 한 번 굿을 하는 꼴이었다. 굿 한 번 하는 데 30원, 40원 했으니 약값보다 더 들어갔다. 내가 양정 다닐 때 누이는 무슨 병이었는지 크게 아파서 굿을 했는데, 무당은 춤을 추며 주술을 외고 집에서는 계속 무당에게 돈을 쥐어주는 동안 그만 숨을 거두고 말았다.

처의 죽음으로 모처럼 얻었던 안정된 가정생활도 5년 만에 끝났다. 나 같은 떠돌이에게 결혼은 처음부터 어울리지 않는 것이었는지도 모른다. 저축은행도 그만두었다. 마라톤보급 운동에 더 정진키로 했다. 그러나 일이 뜻처럼 쉽지 않았다. 1941년에 일본군이 진주만을 기습해 태평양전쟁이 시작되었고, 갈수록 불리해가는 전세를 만회하기 위해 일본은 더욱 조선을 들볶았다.

일본은 구실만 있으면 남녀노소 가리지 않고 부역을 시킨다, 학병으로 끌어간다, 재산을 몰수한다 해서 조선 땅은 일본의 전쟁 수행을 위한 군수 창고처럼 쑥밭이 되었다. 내선일체라고 일본과 조선이 한 덩어리라는 미명하에 우리말과 우리글 사용을 탄압하고 조선인의 성을 일본식으로 갈게 했다. 이 바람에 조선어학회 사건이 터져 수많은 조선어 학자가 감옥에 갇혀 모진 고문을 당했으며, 창씨개명에 반대하는 사람들은 드러내고 숨을 쉬지도 못했다. 학교에서는 일본말만 쓰게 해서 일본어를 해야 배지를 달아주는 기묘한 제도도 생겨났다. 나치 독일이 유대인 가슴에 달게 한 황색 별과는 대조적이었다. 직장에서도 출근부에 도장을 찍기 전에 먼저 그 위에 걸린 일장기에 배례해야 했다. 조선 민족 문화 말살의 발악적인 조치가 시작되었다.

전쟁 예비 병력을 기르기 위해 각급 학교에서 군사훈련이 실시되고 정규 과목으로 채택되었다. 남학생들은 군장 꾸려 달리기, 여학생들은 간호 연습을 했다. 나는 총독부의 정상희 씨에게 "전쟁 준비하느라 체력 단련에 더 힘쓴다는데 그럴 바에 군에 운동부라도 만드는 게 어떻습니까?"라고 제안했으나 급박한 때여서인지 이루어지지 않았다.

조선총독부는 오히려 일선에 보낼 학도병 모집에 혈안이 되었다. '조국을 위해 목숨을 바치는 건 남아 일생일대의 영광'이라며 숱한 학생들을 강압으로 몰아갔다. 또 사회 명사들에게 압력을 가해 학병 모집을 위한 연설을 하도록 했다. 조선 청년들로부터 존경을 받던 많은 인사가 목숨을 부지하기 위해 이 일에 나섰다가 제 이름을 더럽히기도 했다.

나 역시 마라톤으로 이름깨나 났다 해서 학도병 모집에 강제 동원되었다. 그렇지 않으면 무슨 화를 당할지 모를 일이었다. 조인상 선배와 경성(鏡城), 회령(會寧) 등 함경북도 변방으로 다니다 겪은 일이었다. 총독부에서 시킨 대로 학병 지원을 권했다. 벽지에 살면서도 그곳 사람들의 태도는 분명했다.

"나는 농사나 짓는 무식쟁이지만 내 자식들은 대학 공부까지 해서 나보다는 머리가 깨었소. 학병이 일본 사람들 말처럼 그렇게 국가를 위하고 자랑스러운 일이라면 그 아이가 스스로 나서지 왜 숨어 다니겠소?"

조선 땅에 그런 생각을 갖지 않은 사람은 한 사람도 없었을 것이다. 그러나 그렇게 딱 부러지게 말로 반박하는 사람들은 처음 보았다. 일을 판단하는 데는 글자 한두 자 알고 모르는 게 별 상관이 없는 듯했다. 학병 지원 권유에 나섰던 우리는 바보짓을 하고 다녔음을 후회했다.

두만강을 끼고 앉은 회령에서 나는 엉뚱한 상념에 사로잡혔다. 회령에는 일본군 기병대가 있었다. 그런데 기병대의 구실이 약화되면서 군장비 수송을 위한 마필을 관리하는 부대로 개편되었다. 일본 육군성 직속부대여서 부대장 사인 하나면 자유로이 국경을 넘나들 수 있었다. 마침 말먹이와 말을 구하기 어렵던 때였다. 나는 부대장 미야오(宮尾)에게 만주와 중국 지방의 안내를 자원했다. 문관 형식으로 미야오에게서 사인을 받아내는 데 성공했다. 니시하라(西原)라고 불리던 조선인 조역과 함께 말먹이를 구한다는 핑계로 만주를 지나 톈진(天津)까지 갔다.

나는 내심 톈진에서부터 다시 중국 국민정부 부근인 충칭(重慶)으로 들어가 독립투사들과의 접선을 꿈꾸기도 했다. 베를린 올림픽 마라톤 우승의 쾌거로 "수억 인구의 중국이 2,000만 인구를 가진 조선만도 못하다"라던 장제스의 말이 떠올랐다. 그는 "손기정의 우승은 3·1운동, 광주학생운동에 이어 조선 민족이 보여준 제3의 쾌거"라고 칭찬했었다. 그러나 내 야심은 톈진에 살던 우리 동포들의 공개적인 대환영으로 이룰 수 없었다.

대륙 저편 유럽에서도 전쟁이 본격적으로 시작되었다. 발칸반도의 전황을 뉴스로 듣고 나는 그리스에서부터 불가리아, 유고슬라비아, 헝가리, 오스트리아, 체코슬로바키아를 향했던 성화의 역순으로 전화가 퍼져나가는 것을 머릿속에 그려보며 독일이 고안한 사상 최초의 올림픽 성화가 전쟁을 위한 용의주도한 준비 작업이었음을 확인할 수 있었다.

전시하의 독일 체육 훈련은 대단히 조직적이었다. 개전 즉시 독일

전운에 휩싸인 세계 스포츠

은 히틀러 유겐트에 전시 교육에 관한 법률을 반포, 국민 개전(皆戰)의 총력 집중에 힘을 기울였다. 14~15세 소년들은 일주일에 두 시간씩 체조와 각종 스포츠를 하도록 했고, 16~18세는 매주 토요일 방공훈련과 국방 스포츠라고 해서 사격 연습을 실시토록 했다. 17~19세는 예비 병력으로 본격적인 군사훈련을 받았다. 체육 검정제도를 만들어 체력장을 실시하고 의무화했다. 성인 남자들은 전화로 잃은 시설물의 복구공사에 투입되고, 여자들은 부족한 공장 노동력을 보충하는 데 동원되었다.

독일의 체육장관 오스텐, 이탈리아의 체육장관 라파엘레 만가니엘로(Raffaele Manganiello)[16] 등은 세계에 대항한 힘겨운 싸움 준비로 청소년 스포츠를 병정놀음으로 바꾸고 국가를 위한 체력 향상을 부르짖었다.

일본 체육계 역시 전시 체제에 돌입했다. 조선에서는 1919년 2월에 일본인들에 의해 일본체육협회 조선지부 격인 조선체육협회가 발족했다. 그 이듬해 6월 윤익현(尹翼鉉), 김규면(金圭冕) 씨 등 10인이 명월관에 모여 조선인들에 의한 체육단체 설립을 논의하고, 7월에 중앙예배당에서 조선체육회를 창립했다. 초대 회장에 장두현(張斗鉉) 씨가, 장덕수(張德秀) 선생과 윤익현 씨 등이 이사가 되었다. 조선체육회는 그해 11월 배재 운동장을 빌려 제1회 조선야구대회를 여는 등 조선체육협회보다 더 활발한 체육 사업을 벌였다.

1938년 일본은 전시 체제하의 체육 활동을 보다 효율적으로 한다는 구실로 조선체육회 해체를 강요했다. 7월 4일 조선체육회는 긴급 이사회를 열고 '경성에 두 체육 단체가 나뉘어 있을 필요가 없어 합작한다'고 결의했다. 그러나 조선체육회는 조선체육협회로 일방적으로 흡수되어 사실상 해체되었다. 이후 조선의 모든 체육 행사는 일본인들의 조선체육협회에 의해 실시되었다. 일본은 전쟁 준비로 한창이던 1942년에 조선체육협회마저 없애고 조선체육진흥회를 발족시키더니 그나마 전황이 급박한 1943년에는 모든 체육 활동이 중지되었다.

일본이 황기(皇紀) 2600년을 기념하기 위해 베를린에서 불꽃 튀는 투표전 끝에 개최권을 쟁취했던 제12회 도쿄 올림픽도, 1944년의 제13회 올림픽도 전쟁의 소용돌이 속에 모두 중지되고 말았다.

일본은 이미 1929년부터 이른바 건국 2,600년을 맞는 1940년 국민 축전의 하나로 올림픽 유치를 계획하고 있었다. 1929년에는 일본을 방문한 시그프리드 에드스트룀(Sigfrid Edström) 국제육상경기연맹 회장을 통해 일본의 올림픽 개최 가능성을 타진했으며, 1931년에는 도쿄시의회에 의해 올림픽 유치 신청 계획이 확정되었다. 일본은 1932년 로스앤젤레스 IOC 총회에 가노 지고로(嘉納治五郎)와 기시 세이이치(岸清一) 두 IOC 위원을 통해 정식 신청서를 제출했다. 그러나 1940년 제12회 올림픽 유치 희망 도시로 도쿄 외에도 로마, 바르셀로나, 헬싱키, 부다페스트, 알렉산드리아, 부에노스아이레스, 리우데자네이루, 더블린, 토론토, 런던 등의 도시가 입후보하여 1935년 오슬로 IOC 총회에서 결정키로 미루어졌다. 일본은 로스앤젤레스에 다섯 명의 위원을 파견, 각국 IOC 위원들을 초청해 협력을 구하는 한편 유럽 사찰단을 파견해 측면 지원에 나섰다.

1933년 일본은 세 명의 IOC 위원을 갖게 되었으며, 이들이 가장 강력한 상대이던 로마를 방문해 무솔리니의 양해를 받아내면서 로마는 경쟁에서 떨어져 나갔다. 그전까지도 로마의 신문들은 도쿄가 유럽과 너무 멀어 교통이 불편하고 비가 많이 오고, 경기 시설이 빈약하다는 등의 이유로 도쿄 개최를 적극 반대했었다. 도쿄시회(지금의 도쿄시의회)는 부랴부랴 참가 선수단에 총액 100만 엔의 선수단 파견 보조비를 지급한다는 안을 내놓기까지 했다. 로마가 물러나자 이번에는 런던이 끼어들어 도쿄를 위협했다. 일본은 영국에도 교섭단을 파견해 동맹국인 일본의 건국 기념행사를 도와 달라고 요청했으나 받아들여지지 않았다.

개최지 결정은 다시 1936년 베를린 IOC 총회로 연기되었다. 총회가 열리기 이틀 전 영국은 연방회의를 소집했다. 영국은 올림픽 시기가 너무 급박하고 뒤늦게 개최 신청을 내어 올림픽 정신에 위배된다는 스스로의 결정에 따라 개최 신청을 철회했다.

여러 가지 사전 조사 결과에 대한 검토를 거쳐 마지막까지 남은 후보 도시는 도쿄와 헬싱키였다. 드디어 투표가 진행되었다. 도쿄는 영국, 미국, 이탈리아와 중남미 국가들의 지지로 36표, 헬싱키는 노르웨이, 스웨덴, 덴마크, 네덜란드, 스페인, 포르투갈, 체코 등 북구와 동구의 지지를 받아 27표를 얻었다. 올림픽 사상 처음 아시아에서 올림픽이 열리게 되었다. 일본은 마라톤 우승에 앞서 올림픽 개최권 획득으로 축제 무드에 들떴다. 1930년 올림픽 개최 의사를 밝힌 이래 7년 동안 다각적인 노력을 펼쳐 거둔 개가였다. 일본이 조선에 이어 만주를 집어삼킴으로써 대일 감정이 악화되어가던 당시의 정세로는 얻기 어려운 큰 성과였다.

일본은 그해 12월 도쿄 올림픽 조직위원회를 결성하고 준비 사업에 바빴다. 빈 IOC 총회에서는 삿포로가 제5회 동계 올림픽 개최지로 내정되었다. 일본 국민들은 축제 분위기에 들떴다.

'1940년, 건국을 기념하는 도쿄 올림픽에서도 영광의 마라톤 우승은 지켜야 한다. 아직 손기정은 건재하다. 1940년의 손기정은 믿어도 좋은가?'

일본 신문은 세브란스 병원에서 실시한 내 신체기능 검사 보고를 게재하며 '손기정의 세계 제패에 이상 없다'고 보도했다.

세브란스 내과부장 오한영(吳漢泳) 박사와 병리실의 최성장(崔性章) 주임은 첫날 15리를 달리고 난 직후 두 번에 걸쳐 신체기능 검사를 실시했다. 검사 결과 심장 기능이 남보다 크게 발달되어 있으며, 특히 좌심실이 발달되어 있었다. 맥박은 1차 검사에서 62회, 2차 검사에서 84회, 혈압 1차 최고 104, 최저 58, 2차 최고 112, 최저 60으로 거의 달리지 않았을 때처럼 정상. 폐활량은 1차 3,900cc, 2차도 3,900cc, 혈액형은 B형, 무릎 위 대퇴부와 무릎 아래 하퇴부의 길이는 꼭 같다는 것이었다. 이 결과에 대해 전문의들은 심장과 폐의 기능이 대단히 좋아 장거리 선수로서 최적의 상태이며, 상하 다리 부분의 비율도 이상적이라고 평가했다.

최성장 씨는 "어떤 신체 조건을 가졌길래 그렇게 뛸 수 있을까? 그에 대해서는 늘 연구하고 싶은 마음이었다. 검사 결과 그는 얼마든지 더 오래 달릴 수 있는 특수한 심폐 기능을 가졌음이 확인되었다. 아마 1940년에는 베를린에서보다 더 좋은 성적을 거둘 수도 있으리라 믿는다. 일상생활에서 의식주에 주의를 기울이면 도쿄에서의 우승도 문제없을 것이다"라고 검사 결과를 평가했다.

1937년 7월 일본이 중국 본토까지 마수를 뻗침으로써 사상 최초로 아시아 대륙에서 열리리라던 도쿄 올림픽에도 암운이 감돌기 시작했다. 일본에서도 전쟁 중의 올림픽 개최 여부가 격렬한 논쟁을 불러일으켰다. 일본 각의는 마침내 올림픽 개최 포기를 결의, 로잔의 IOC 본부에 통보했다. IOC는 뒤늦게 표 대결에서 실패한 핀란드의 헬싱키를 제12회 올림픽 개최지로 결정, 핀란드 측의 수락을 얻어냈다. 그러나 1939년 올림픽 한 해를 앞두고 나치 독일이 폴란드를 침공하고 영국과 프랑스가 선전을 포고하면서 세계는 제2차 대전을 맞게 되었고 올림픽은 포연에 휩싸여 자취를 감추고 말았다.

전운이 감돌던 1937년 9월 2일, 근대 올림픽의 창시자 피에르 드 쿠베르탱(Pierre de Coubertin) 남작은 스위스 제네바에서 정양 중 74세로 세상을 떠났다. 올림픽 정신을 부르짖던 올림픽의 아버지도 가고 올림피아드도 전쟁의 소용돌이 속에 사라지고 말았다. 국제 분쟁은 주기적으로 일어나 언제나 올림픽을 위협했다. 어쩌면 전쟁은 평화의 준비 단계요, 평화는 전쟁의 준비 단계인지도 모른다.

다시는 일장기를 달고 경기장에 나서지 않으리라 다짐했었지만 세계를 덮친 전쟁의 먹구름으로 나설 스포츠 무대조차 없었다.

날이 밝아 오다

광복된 조국 땅에서 처음으로 조선의 체육인들이 모두 모였다.
태극기를 든 손이 떨려왔다. 얼마나 자랑스러운 영광인가.
자랑스러운 태극기를 양손에 들고 나는 그 오욕의 날들을 떠올렸다.
눈물이 앞을 가려 제대로 걸을 수 없었다.

해방 전야

　중국 진출의 꿈을 이루지 못한 채 경성으로 돌아왔다. 중국으로 가는 길은 없을까. 충칭이나 상하이를 빠져나갈 방법은 없을까. 나는 벌써 경성 상공을 날기 시작한 미국 폭격기 B29를 쳐다보며 저놈의 괴물을 집어 타고 조선 천지에다 조선 독립 투쟁의 통쾌한 소식을 뿌려보고 싶었다.

　틈나는 대로 여운형 선생을 찾아뵙고 졸랐다. 여운형 선생은 나와 양정 동기동창인 여홍구(呂洪九)의 아버님이셨고 서울육상경기연맹 회장직을 맡고 있어 잘 아는 터였다.

　항일투사요 민족의 정신적인 지도자로 숭앙받던 여운형 선생은 기회가 있을 때마다 조국 독립을 위해 청소년 운동의 필요성을 역설하고 민족 자주정신의 함양을 부르짖었다. 그는 대단한 웅변가여서 누구든 그의 연설을 들노라면 몇 차례씩 감전당한 듯 몸을 떨며 큰 감동을 받았다. 당시 여운형 선생은 임시정부 조직에 가담하는 한편, 충칭 국민당 정부를 도와 중국 본토를 넘보던 일본의 동맹국인 영

국을 비난하다가 대전형무소에서 3년간 옥고를 치르고 나와 댁에서
정양 중이던 때였다.

선생은 일본 패망을 예측하고 건국 준비를 서두르고 있었다. 나
는 선생님의 심부름으로 두 차례나 인천 육군 조병창 책임자였던 채
병덕(蔡秉德) 씨를 찾아갔다. 일본 육군사관학교를 나와 소좌로 있던
채병덕 씨는 명월관에서 보자는 여운형 선생의 전갈에 주의의 눈길
을 의식한 탓인지 "바빠서 못 나가겠다"며 응해주지 않았다. 해방 후
에야 그는 "선생의 뜻을 짐작은 했으나 그때 형편으로는 어려웠다"
며 사죄했다.

나는 반도호텔에 있던 여운형 선생의 아지트를 찾아가 중국으로
떠나게 해달라고 부탁했다. 선생은 이상백 씨를 만나보라고 일렀다.
이번에는 이상백 씨가 내게 닦달을 당했다.

"권태하 선배를 통해 여권 신청을 했더니 안 나옵니다. 이젠 달리
방도가 없으니 책임지십시오."

만철에 다니던 권태하 선배가 칭다오에 근무할 때였다. 이상백 씨
는 몇 차례씩이나 달려와 다그치는 내 부탁에 못 이겨 금속 수매 회
사를 하던 조성기(趙晟基) 씨를 소개해 그의 회사 직원으로 여권을
얻어내는 데 성공했다. 이럭저럭 1944년 12월이었다. 일본이 불지
른 대동아전쟁이 연합군의 승리로 막을 내리려 할 즈음이었다. 여권
을 받아놓고도 이 궁리 저 궁리 하며 시간을 보냈다. 여권 받는 도중
지쳐버린 탓도 있었다. 충칭으로 갈까, 상하이로 갈까, 베이징이라는
데는 어떨까, 망설이고 있었다.

일본의 국운은 눈에 띄게 기울어져갔다. 전황은 갈수록 불리해졌

다. 일본 외무성에는 장철수라는 조선인 일등 서기관이 있었다. 그는 늘 술을 진탕 마시고는 "일본은 망한다. 곧 꺼꾸러지고 만다"라며 일본 욕을 하고 다녔다. 일본 경찰이 몇 번씩이나 혼내주려고 데리고 갔으나 술 깬 후 알고 보면 당당한 외무성 서기관인지라 손도 못 대고 풀어주곤 했다. 모든 뉴스는 일본에 불리한 것뿐이었다. 거기에 따라서 일본인들의 횡포는 날이 갈수록 심해졌다. 일본인들의 온갖 모욕을 참아내며 조선인들은 '오냐, 오래가지 않는다. 조금만 더 참고 기다리자' 하며 이를 갈았다.

광복

단말마의 몸부림은 오래가지 않았다. 1945년 세계와 맞섰던 이탈리아, 독일, 일본이 차례로 손을 들었다. 8월 6일 히로시마(廣島)에, 8월 9일 나가사키에 원자탄이 떨어졌다. 가공할 위력에 일본은 넋을 잃었다.

15일 아침 일찍부터 일본 방송은 정규 프로그램을 중단하고 스폿 뉴스로 천황의 중대 성명을 예고했다. '올 것이 왔구나.' 일본인들도, 조선인들도 침을 꿀꺽 삼켰다. 자신들의 운명이 결정되는 순간이었다. 정오에 천황 히로히토는 무조건 항복한다는 성명을 발표했다.

경성 거리는 인산인해였다. 끝없는 태극기의 물결. 아! 어디에 저토록 많은 태극기를 숨겨두었던 것일까, 그 서슬 퍼런 일본의 총칼 속에서…. 플래카드를 들고 고함지르는 젊은이, 땅에 주저앉아 흐르

날이 밝아오다

는 눈물을 주체 못 하는 노인들. 만세, 만세의 함성이 경성을, 조선 천지를 뒤흔들었다. 조국 광복의 기쁨에 겨워 온 겨레가 함께 웃고 울었다.

일제 35년, 너무 긴 세월 동안 너무 많은 것을 빼앗겼고, 너무 많은 것을 잃었다. 상처는 쉽게 치유될 것 같지 않을 만큼 깊었다. 그래서 이 민족, 이 나라의 비극은 그치지 않는 것일까.

아직 일제의 그늘에서 완전히 벗어난 것은 아니었다. 조선총독부의 일장기는 내려지지 않았다. 일본은 연합군에 무조건 항복을 한 후에도 조선에 남아 있는 일본인들의 안전을 지킨다는 구실로 총검을 놓지 않았다. 자주적인 힘으로 독립을 찾지 못한 이상 그들을 마음대로 몰아낼 힘도 있을 턱이 없었다. 그들의 터무니없는 우월감이 여기서 온 것은 아닐까. 일본인들은 여전히 주인인마냥 조선 사람들을 핍박했다.

여운형 선생은 치안 유지와 독립 국가 건설을 대비해 조선건국준비위원회(이하 '건준')를 조직해 총독부의 업무 인계를 기다리고 있었다. 그러나 기독교청년회관(YMCA) 자리의 건준 건물 공보판은 하루 걸러 한 번씩 러시아어판으로, 또 영어판으로 바뀌었다. 하루는 소련군이 들어온다 하고, 하루는 미군이 온다 하여 서울역 환영 시위에 갔던 학생들이 일본 군경들과 충돌해 살상당하기도 했다.

제 땅을 지킬 힘이 없는 자는 주인도 아니었다. 사람들은 또 다른 주인을 기다리듯 해방군의 입성을 기다리는 꼴이었다. 과연 이 일제의 마수를 쫓아내줄 은혜의 손은 어느 쪽에서 올 것인가. 북쪽인가, 남쪽인가. 나 역시 젊은 혈기로 뛰어다니며 여운형 선생의 건준 일을 도왔으나 하루하루가 불안한 정황이었다. 여운형 선생의 독주 탓인지 국내 지도자들 중에서도 김성수, 송진우 등 거물급 인사들은 건준을 외면하고 있었다.

9월, 마침내 승전국 미국군이 인천항에 상륙, 미군정이 시작되었다. 곧 닥쳐올 정권 이양을 앞두고 우후죽순처럼 정당이 생겨나고 정치 조직이 늘어갔다. 점차 정치 운동에 싫증이 났다. 여운형 선생을 도운 것도 단순히 우리나라를 우리 힘으로 세운다는 대의명분 때문이었다. 그러나 제 나라의 건설을 앞두고 사람들은 저마다 제 몫의 이익만을 생각했다. 모두가 지도자요, 모두가 정치인인 듯했다. 일제 앞에선 죽은 듯이 숨어 지내던 사람도 지사요, 아부하던 사람도 애국자가 되어 나타났다. 모두가 권력욕에만 불타고 있었다. 나는 이제 체육인으로 돌아가야 할 때임을 깨달았다.

1946년 신의주 형님 댁에 가 있던 아이들을 데리러 갔을 때의 일이다. 먼저 죽은 처의 집이 있는 평양에 가서 처가 어른들을 만나 뵈었다. 평양에는 조선 청소년들과 온 민족에게 민족의 살길을 역설하며 일제에 항거하시던 고당(古堂) 조만식(曺晩植) 선생이 계셨다. 고당 선생은 관서체육회장을 오래 맡고 있어서 나는 양정 다닐 때부터 자주 뵙던 터였다. 조만식 선생은 궁금하셨던지 서울 소식을 이것저것 물어보았다.

"그래, 서울은 어떻더냐?"

"말도 마십시오. 나라 이름도 하룻밤 새 바뀌고, 정당도 많아 음주(飲酒)당도 있을 정도랍니다."

선생은 수심이 가득한 얼굴로 더는 아무 말씀도 안 했다.

날이 밝아오다

평양을 떠나 신의주로 가는 차 안에서였다. 차장이 차내 방송을 통해 "이 기차는 북쪽으로 가는 마지막 기차입니다. 앞으로는 38선이 생겨 내왕이 끊기게 됩니다"라고 안내 방송을 했다. '도대체 무슨 소리야? 북으로 가는 마지막 기차라니. 38선이라는 건 또 뭘까?' 궁금한 중에도 대수롭지 않게 생각하고 그대로 지나쳤다.

신의주는 종전으로 고향을 찾은 사람, 본국으로 돌아가는 일본 사람으로 아우성이었다. 일본 관리들이 직무를 버리고 떠나느라 따라왔던 민간인들이나 조선 사람들이나 수난이었다. 수많은 사람이 헐벗고 굶어 죽기도 했다. 길거리엔 굶어 죽은 시체들이 나뒹굴었다. 신의주자치회 청년들도 팔에 완장을 두르고 무너진 질서를 잡느라 분망했다. 대일본제국 군대임을 뽐내던 일본 군인들은 모두 무장 해제당하고 시계 등 소지품까지 압수당했다.

평안북도 용천 태생으로 도쿄고등사범을 나온 종교인 함석헌(咸錫憲) 선생은 신의주에서 도교육위원장을 맡고 있었다. 그는 일제하에서도 대를 굽히지 않고 바른말 하다 고초를 많이 겪었는데, 조선 땅을 떠나는 일본인 교사들에게 마지막까지 가슴 아픈 말로 훈계했다.

"너희는 우리나라에서 거짓 교육만을 해왔다. 너희 나라에 가거든 너희 2세들에게만은 부디 참된 교육을 해라."

그 말의 깊은 뜻을 일본 교사들이 제대로 알아들었는지 모를 일이다. 함 선생은 언제 어디서나 정곡을 찌르는 뼈아픈 말로 오히려 화를 자초하면서도 물러남이 없었다.

어느 날 신의주에 더 머물 수 없는 일이 생겼다. 갓 스물이 될까 말까 한 젊은이가 찾아와서는 "손 동무, 누가 오랍니다"라면서 계속 동무, 동무 하는 통에 비위가 상하고 더럭 겁도 났다. 아직 사회주의니 공산주의니 하는 말 뜻도 제대로 모를 때였다. '이게 공산주의니 뭐니 하는 걸까' 하는 생각이 들었다. 체육회에 관여했던 사람들은 평안북도 체육회 창립을 서두르며 나의 참여를 권유해왔다. 어물거리다간 붙들려 눌러앉기 십상이었다.

나는 서둘러 서울로 돌아갈 준비를 했다. 아이들은 다음에 좀 더 형편이 나아지면 데려가야겠다고 생각했다. 그러나 체육운동 하던 사람들이 나를 붙잡았다.

"여보, 고향에서 체육운동을 해야지, 가긴 어딜 간단 말이오?"

"고향에만 눌러앉아 있을 수 있겠소? 중앙에 가서 활약해야지."

나는 적당히 얼버무려 대답하고는 트럭을 타고 황급히 신의주를 떠났다. 평양 처가에서 한숨을 돌리고 개성 북방의 금교(金橋, 지금의 황해도 금천)까지는 기차로, 금교에서 개성까지는 80리 길을 걸어서 내려왔다. 북으로 가는 마지막 열차에서 38선이 생긴다던 말뜻을 그제서야 이해할 수 있었다.

북에는 소련군이, 남에는 미군이 들어와 일본이 남기고 간 행정 공백을 메우고 있었다. 이 두 해방군의 진주로 우리 민족에게 또 한 번의 큰 슬픔이 닥치게 될 줄을 왜 몰랐던가. 그들이 진정한 의미에서 한국의 독립을 돕기 위한 자유의 전사들이었던가. 아니면 승전국으로서 전리품 획득에 나선 탐욕스런 파견군이었던가.

개성은 신의주와 딴판이었다. 북쪽에서 꼼짝 못 하던 일본인들의 활기가 놀라웠다. 게다짝을 딸깍거리며 일본으로 짐을 부친다고 설치고 다녔다. 주둔군 미군은 껌을 씹으며 길거리를 돌아다닐 뿐 일본 사람들에게 아무런 간섭도 하지 않는 듯했다.

조선마라톤보급회

광복과 함께 체육계는 체육계대로 활기찬 하루하루를 맞고 있었다. 일본인들이 주도하던 조선체육협회도 체육진흥회도 모두 없어지자 체육인들은 해당 종목 단체를 결성하느라 바빴다. 육상 운동에 참여했던 이들도 육상 종목 기구를 만들기 위해 분주히 뛰어다니고 있었다. 종로통의 기독교서관 근처 영보빌딩에 있던 권태하 선배의 작은 사무실이 우리의 근거지였다. 1945년 9월 23일 우리는 다른 어떤 종목보다 빨리 이 작은 사무실에서 조선육상경기연맹(이하, 육상연맹)[17]을 탄생시켰다. 초대 회장으로는 조선통신사 사장 김승식(金承植) 씨가 취임했다. 육상연맹은 1947년 국제육상경기연맹에 가입해 국제기구의 공인을 받으며 확고한 기반을 다져갔다.

육상연맹을 필두로 축구, 농구, 탁구, 정구, 권투, 체조, 배구, 유도 등 각 종목 경기 단체가 1945년 한 해에 속속 창립되었다. 11월에는 일제하에서도 국내 체육운동에 앞장서온 이상백 씨를 위원장으로 한 조선체육동지회가 결성되었다. 이 모임은 일제의 탄압으로 강제 해산된 조선체육회 재건을 위한 준비 단계로, 같은 달 26일에 제11회 평의원회의를 열어 헌장 및 임원을 확정하고 마침내 조선체육회를 부활시켰다. 여운형 선생이 제11대 회장으로 취임했다.

정황은 여전히 어지러웠다. 여운형 선생은 체육회장으로 보다는 정치인으로 더 바쁜 나날을 보내고 있었다. 건준 위원장으로 전국 지부 조직에 힘썼다. 부위원장이었던 안재홍(安在鴻) 선생은 건준에 좌익 급진 세력들이 참여하자 이에 반발해 탈퇴하고 조선국민당을 창설했다.

여운형 선생은 미군정과의 충돌로 건준 일에 실효를 거두지 못하자 근로인민당을 창당해 당수로 정치 활동을 이어갔다. 조선체육회는 마치 근로인민당 종로지구당과도 같은 분위기였다. 정치 혼란에 멀미를 느끼던 때라 나는 여운형 선생을 찾아가 "정치를 하시든지, 체육회장을 하시든지 둘 중 한 가지만 하십시오" 하고 지적했다가 도리어 미움을 샀다.

10월에는 미국에서 망명 생활을 하던 이승만 박사가, 11월에는 상하이임시정부의 백범 김구, 김규식, 신익희 선생 들이 광복된 조국 땅으로 돌아왔다. 그러나 국내는 좌파, 우파로 나뉘어 유엔 신탁통치 안을 놓고 찬탁이다, 반탁이다 대립하며 혼란을 더해갔다. 학생, 청장년 들이 모두 정치운동에 가담해 저마다 제 편의 주장을 내세워 싸우느라 평화스러운 날이 없었다.

스포츠는 끊임없이 정치에 오염되고 이용당하지만 때로 정치적 화합의 장을 열어주는 위력을 가졌다. 1945년이 저물어가던 12월 27일, 재건된 조선체육회는 자유해방을 기념하는 전국종합경기대회를 서울운동장(옛 경성운동장)에서 열었다. 광복된 조국 땅에서 처음으로 조선의 체육인들이 모두 모였다. 조국 광복과 함께 체육 활동도 부활한 것이었다.

대회 개막일에 나는 태극기를 들고 선두에 서 행진, 열 개 종목

태극기를 들고 흘린 눈물

손기정은 1945년 자유해방 경축 전국종합경기대회 개회식에 기수로 입장했다. 광복 후 조국에서 열린 첫 운동경기대회에서 조선 체육인 4,000여 명의 맨 앞에 서서 태극기를 들고 입장한 손기정은 가슴 벅참과 동시에 일장기를 가슴에 달아야 했던 지난날이 떠올라 결국 눈물을 흘리고 말았다.

4,000여 명의 선수단을 이끌고 경기장에 들어섰다. 운동장을 가득 채운 관중이 일제히 박수갈채를 보냈다. 태극기를 든 손이 떨려왔다. 얼마나 자랑스러운 영광인가. 일장기 아래 울분의 눈물을 흘려야 했던 저 베를린 올림픽 시상대. 자랑스러운 태극기를 양손에 들고 나는 그 오욕의 날들을 떠올렸다. 눈물이 앞을 가려 제대로 걸을 수 없었다. 본부석에 조선체육회장 여운형 선생과 나란히 앉았던 이승만

조선마라톤보급회를 열다

권태하, 김은배, 남승룡, 이길용과 함께 마라톤보급회를 만들기로 하고 안암동 집에 '마라톤 선수 합숙소' 현판도 달았다. 실력 있는 인재들을 모아 한국 마라톤의 후계자로 키우겠다는 염원으로 선수들과 합숙 훈련도 마다하지 않았다. 위 사진은 현판 앞에서 선수들과 함께 찍은 기념사진이다. 앞줄 맨 왼쪽이 남승룡, 그 옆이 손기정이다. 그 사이로 보이는 사람이 1948년 런던 올림픽 마라톤에 출전한 홍종오, 그 뒤에 두건을 쓴 사람이 1947년 보스턴마라톤대회에서 우승한 서윤복이다.

박사는 "사랑하는 청소년 제군들이 태극기를 선두로 행렬하는 모습을 보니 가슴이 메고 눈시울이 뜨겁다. 특히 태극기를 든 손기정 군을 보며 세계적으로 조선 사람의 이름을 떨친 것을 생각하니 감격을 누를 길 없다. 세계적 선수인 손 군을 위해 다시 한번 박수 보내자"고 연설, 만장의 박수갈채가 터져 나왔다.

여운형 선생도 감회 어린 어조로 격려사를 했다. 모두가 조국 땅에서 조국의 깃발 아래 처음 열린 체육 잔치에 감격의 빛을 감추지 못했다. 이날만큼은 정치적 반목도 갈등도 찾아볼 수 없었다.

날이 밝아오다

1946년, 베를린 올림픽 마라톤 우승 10주년을 맞게 되었다. 8월 9일 우승의 날에 동아일보사는 '회상의 저녁'이라는 기념 잔치를 베풀었다. 그 길로 돈암동 권태하 선배 집에 김은배, 남승룡, 나, 이길용 선생 등이 모여 런던 올림픽에 대비해 마라톤보급회를 조직하기로 결의했다. 권태하 선배가 위원장, 김은배 선배가 총무, 남승룡 선배와 내가 지도원이 되었다. 우리는 제법 거창한 계획을 세워 전국 마라톤대회를 열고 단축마라톤도 실시해 선수들을 발굴, 육성키로 했다. 또 세계 제패 기념 경주대회도 계획했다.

안암정(지금의 안암동) 내 집에 태극기를 올리고 '조선마라톤보급회'를 정식 발족했다. '마라톤 선수 합숙소'라는 현판도 달았다. 방네 개를 비워 전국 각도에서 뽑은 젊은 선수들을 모아 합숙 훈련을 시작했다. 본격적인 마라톤 보급 운동이 시작되었다. 경비 염출에 골머리를 앓았지만 보람 있고 즐거운 일이었다.

우리는 틈나는 대로 김구 선생, 이범석 장군 등 독립운동하시던 이들을 강사로 모셔 교양강좌를 열기도 했다. 이들은 우리의 참뜻을 이해하고 자신들이 겪은 항일운동을 소상히 들려주며 젊은이들에게 조국의 소중함과 민족의식을 깨우쳐주었다.

보스턴에 휘날린 태극기

보스턴 하늘 높이 태극기가 올랐다.
태극기를 달고 이룬 최초의 승리였다.
잃었던 조국을 되찾고, 잃었던 태극기를 되찾고,
그리고 잃었던 코리아의 이름을 되찾아 만방에 조국의 건재를 알린 것이다.

광복 한 돌과 마라톤 세계 제패 열 돌 기념식

　소용돌이치는 정정(政情) 속에 광복 한 돌이 다가왔다. 8월 14일 광복 기념일 전야에 한경수(韓慶洙) 씨가 발행하던 《비판신문》은 광복 한 돌을 기념하는 봉화의 제전을 마련했다. 오후 6시 영락거리 대종교 총본사의 단군전에서 성화 전수식이 거행되었다. 나는 성화를 받아 들고 조선마라톤보급회 선수 20여 명의 호위를 받으며 종로와 남대문통을 거쳐 남산으로 달렸다. 남산 봉화 제전 식장에서 기다리고 있던 김구 선생은 내게서 넘겨받은 성화를 남산 봉화대에 점화했고, 이를 신호로 북악 산정의 봉화구에서도 불꽃이 피어올랐다. 이범석 장군이 "이 봉화는 광복된 조국과 조선 민족이 나아갈 길을 밝힐 햇불"이라고 봉화 제전의 식사를 했다. 군중 모두가 숙연히 바라보고 있는 가운데 봉화는 남산에서, 북악에서 서로 화답하듯 환한 빛을 내며 타올랐다.

　8월 20일 오후 5시. 베를린 올림픽에서 마라톤 우승을 한 지 열 돌을 넘긴 날 덕수궁에서 축승회가 베풀어졌다. 광복된 조국의 품에서 처음 열린 성대한 우승 기념식이었다. 가설된 식장 뒷벽에는 커다란 태극기가 걸렸다. 단상 오른쪽으로 김구 선생, 이승만 박사, 이 박사의 부인인 오스트리아 태생의 프란체스카 여사가 차례로 자리를 잡았다. 왼쪽에는 주둔군 총사령관인 존 하지(John R. Hodge) 중장과 미군정 요인들이 앉았다. 나는 김은배, 권태하 선배의 인도를 받으며 대한문을 들어서서 단상으로 다가갔다. 체육시보사에서 감람나무로 엮은 승리의 관을 머리에 얹었다. 이화여대 학생이 축하의 꽃다발을 안겨주었다. 이승만 박사와 김구 선생도 기념품을 주었다. 경성전기합창단의 축가 〈승리의 환희〉 합창이 끝나자 하지 중장, 아놀드 소장, 러치 군정장관이 차례로 축하의 인사를 했다. 이윽고 연단에 나선 이승만 박사는 "우리 민족은 일제의 탄압 아래서 먹고 입고 호흡했을 뿐 죽은 사람들이었다. 그런 중에 손기정, 남승룡 양 선수가 조선의 명예를 위해 세계 무대에서 싸워 최후의 승리를 거두었다. 우리 삼천만 겨레도 두 선수와 같이 굳센 의지를 발휘하자"라고 치하했다. 김구 선생의 축사는 지금까지 내 귓속을 맴돌고 있다.

"나는 오늘까지 세계를 제패한 손기정, 남승룡 군으로 인해 세 번 울었다. 10년 전 난징의 컴컴한 방 안에서 나라 없는 청년이 세계 열강의 젊은이들과 겨뤄 우승했으나 조선 사람이면서도 가슴에 일장기를 붙이고 조선 사람 행세를 못하는 모습을 신문으로 보면서 가슴 아파 울었다. 태평양전쟁이 일어났을 때 충칭에서는 조선 청년 손기정이 일본군에 지원해 필리핀 군도에서 전사했다는 소식을 듣고 원통해서 울었다.[18] 또 오늘은 죽었다던 손 군을 광복된 조국 땅에서 다시 만나 이렇듯 뜻깊은 자리에 함께했으니 감격해서 울지 않을 수

광복 기념일일 전야의 성화 봉송

1946년 8월 14일 광복 기념일 전야에 손기정은, 대종교 총본사 단군전에서 봉화 제전이 열리는 남산으로 남승룡을 비롯한 조선마라톤 보급회 선수들의 호위를 받으며 성화를 봉송했다. 남산 봉화 제전 식장에서는 김구 선생이 손기정으로부터 봉화를 넘겨받아 점화했다.

김구 선생에게 격려를 받으며

1946년은 베를린 올림픽 마라톤 우승 10주년이 되는 해로, 김구 선생, 이승만 박사, 미군정 인사 등이 참석한 가운데 덕수궁에서 베를린 올림픽 마라톤 시상 재연 행사가 열렸다. 손기정은 10년 전 중국 난징의 깜깜한 방에서 "조선 사람이면서 일장기를 달고 조선 사람 행세를 못하는" 자신과 남승룡을 보며 울었다는 김구 선생의 말을 오래도록 기억했다.

없다."

참석한 모든 이가 김구 선생의 감회 어린 말씀에 숙연해졌다. 마라톤 세계 제패 10주년 기념식은 유억겸 문교부장의 만세삼창으로 마무리되었다. 일제의 탄압으로 귀국 환영회조차 받아보지 못했던 내게는 더 없이 영광스러운 의식이었다. 10년 만에 되찾은 감격이요, 기쁨이었다. 저녁 8시에는 덕수궁 홀에서 레니 리펜슈탈의 베를린 올림픽 기록영화 〈민족의 제전〉이 상영되었다.

기념식에 앞서 오후 3시부터는 동아일보사 주최로 세계 제패 10주년 기념 마라톤대회가 열렸다. 광화문에서 노량진을 왕복하는 이 대회에서 서윤복(徐潤福) 군이 1위를 차지, 이날 기념식장에서 상을 받았다. 이 대회에서는 또 재동국민학교 6학년생인 13세 소년 정성화(鄭聖和) 군이 전 코스를 완주해 사람들을 놀라게 했다.

10월 9일은 성군 세종대왕이 한글을 창제 반포하여 우리 겨레가 독자적인 문자를 가진 문화 민족으로 자긍심을 갖게 된 날로, 해방 이듬해인 1946년 10월 9일은 한글 반포 500주년이 되는 날이었다. 《동아일보》는 이날을 기념하고 세종대왕의 성덕을 추모하는 뜻에서 7일 오후 4시 여주군 능서면 왕대리의 영릉 정자각에서 덕수궁까지 《훈민정음》 원본을 받들고 사흘 동안 역전경주로 전하는 영릉 역전 봉심회(奉審會)를 열었다. 주자들이 경기도 25개 면을 달리는 동안 각 부락의 농악대와 어린 학생들이 연도에 줄을 서서 반겨주었다. 마지막 날인 9일 오전 10시, 나는 마지막 주자로 《훈민정음》 원본을 받든 채 남승룡 선배와 함께 덕수궁 한글 반포 500주년 기념식장에 입장했다. 각 사회단체 대표, 시민, 시내 남녀 중등학교와 전문학교

학생 등 5,000여 명이 식장에서 우리를 기다리고 있었다.

이병도(李丙燾) 선생이 《훈민정음》 서문을 낭독하고, 국악 연주에 이어 한글학자 정인승(鄭寅承) 씨가 한글 연혁을 소개했다. 양정 은사였던 장지영 선생은 이날 "우리말로 힘 있게 살아보자"라고 뜻깊은 기념사를 했다. 제자들 앞에서도 일제의 눈치를 보아가며 우리말을 써야 했고 끝내는 우리말을 연구한다는 이유로 옥고까지 치른 선생의 감회는 남달랐을 것이다.

보스턴까지의 험난한 길

조선마라톤보급회의 깃발을 올린 후 합숙 훈련에 참여한 젊은 선수들 중에서 가장 뛰어난 인재는 서윤복 선수였다. 나보다 열한 살 아래인 서 군은 편모슬하에서 1943년 고학으로 경성상업실천학교(지금의 숭문고등학교) 야간부를 나왔다. 어려운 가정 형편으로 일본인 회사에 다니다가 해방 후 뒤늦게 고려대학교 육상선수로 스카웃되었다. 그나마 스무 살 때 어머니마저 잃고 형과 단 두 형제만 남았다. 다른 분야도 마찬가지였겠지만 인재를 구하기 어려운 때였다. 서윤복 또래의 젊은이들은 전쟁을 치르는 동안 수난의 대상이 되었다. 많은 젊은이가 전쟁터로 끌려가 목숨을 잃었다. 남은 사람들도 무엇에든 뜻을 두고 정진하기 어려운 형편이었다. 사회 역시 어수선하고 아직 제자리를 잡지 못했다.

서윤복 군도 처음부터 마라톤 선수로 나섰던 것은 아니었다. 1945

보스턴에 휘날린 태극기

년 12월 광복 기념 체육대회 때 처음 본 그는 중장거리 선수였다. 그러나 105리의 풀코스 연습을 두어 번 하더니 2시간 39분대로 국내 선수권을 차지했다. 이후 뛰었다 하면 1위를 해 국내 최고의 마라토너로 발돋움했다.

제2차 세계대전 동안은 각종 스포츠대회가 모두 중단되었다. 그러나 전쟁의 소용돌이 밖에 있었던 미국에서만은 스포츠가 크게 활기를 띠고 있었다. 그중에서도 1896년에 시작되어 오랜 전통을 자랑하는 보스턴마라톤대회[19]에 한국 선수가 출전하게 된 것은 참 우연한 일이었다.

1936년 베를린 올림픽에 출전했던 미국 선수 존 켈리(John A. Kelley)는 우승자인 나보다 내가 신은 운동화에 더 큰 관심을 보였다. 2시간 49분 32초 4로 18위를 했던 그는 자신보다 무려 20분 13초나 앞서 1위로 들어온 내 마력이 바로 내가 신은 이상한 운동화에 있다고 믿는 듯했다. 그때 나와 일본 선수들은 엄지 발가락과 나머지 네 발가락이 나뉜 벙어리장갑 모양의 가벼운 운동화를 신고 있었다. 켈리는 대단한 호기심으로 내게서 그 이상스러운 운동화를 얻어 갔다.

귀국 후 나는 그를 까맣게 잊고 있었다. 그런데 1947년 어느 날 갑자기 존 켈리로부터 엽서가 왔다. 내가 준 운동화의 신통력 덕분인지 보스턴마라톤대회에서 우승했다는 기쁨과 감사의 뜻을 적은 엽서였다.

그가 나보다 내 운동화에 더 큰 관심을 가졌듯이 나도 그의 우승보다 보스턴마라톤대회라는 처음 들어본 국제 마라톤 무대에 큰 매력을 느꼈다. 조선마라톤보급회를 시작한 후 어떻게 하면 보스턴이

지카다비(地下足袋)

엄지발가락과 나머지 발가락 사이가 갈라져 있는 일본 버선 '다비'의 바닥에 고무를 덧대어 가볍고 미끄럽지 않게 만든 것이다. 손기정은 이 신발을 신고 베를린 올림픽 마라톤 경기에 출전했다. 경기가 끝나고 미국 마라톤 선수 존 켈리는 손기정에게 이상하게 생긴 운동화를 달라고 부탁했다. 그 운동화가 손기정이 우승한 비결이라고 생각했기 때문이다. 손기정은 흔쾌히 운동화를 켈리에게 선물했다. 1945년 보스턴마라톤대회에서 그 운동화를 신고 우승한 켈리는 손기정에게 소식을 적은 엽서를 보냈고, 손기정은 그 엽서를 보고 1947년 보스턴마라톤대회 참가를 결심했다.

라는 데를 갈 수 있을까 생각해보았으나 방법이 막연했다. 주소가 잘못된 탓인지 켈리와도 연락이 끊기고 말았다.

보스턴에 가는 방법을 매일 골똘히 생각하던 나는 미군정청 공보과장이던 이용선 씨를 찾아가 상의했다. 그는 미국인 고문 스메들리 여사를 소개해줬다. 스메들리 여사는 친절하게도 내 뜻에 동감해 보스턴마라톤대회에 출전할 방법을 모색했고, 마침 단거리 선수 출신이던 멕시코계 미국인 공보관 프랭크 브리스톤 씨가 나서서 보스턴마라톤대회 조직위원회로부터 정식 초청장을 받아주었다. 브리스톤 씨는 내 요청을 듣고 1936년 베를린 올림픽 때의 나를 기억해냈던 것이다. 그들 덕분에 나와 남승룡, 서윤복 세 사람이 대회 출전 선수

보스턴에 휘날린 태극기

로 초청되었다.

그런데 이번엔 돈이 문제였다. 일전 한 푼 없이 무슨 수로 그 먼 미국 땅 보스턴에 간단 말인가. 우리 처지를 알고 스메들리 여사는 300달러나 기부해 주었다. 그리고 언더우드(Horace Horton Underwood, 한국명 원한경) 씨로 하여금 미국에서 돈을 빌려 쓸 수 있도록 5,000달러짜리 수표를 써주게 했다.

미군정청 장교들이 개인 주머니를 털어 1,500달러를, 러치 군정장관도 1,500달러의 큰돈을 내놓아 자금 문제는 일단 해결되었다. 우리는 미군들의 호의에 놀랐다. 러치 장관은 우리의 미국 원정이 한국인과 한국 땅에 와 있는 미국인이 상호이해를 증진하고 친선을 도모하는 데 유익하다고 생각했던 것 같다. 미군정청 앞뜰에서 조선이 해방된 이래 처음 국제스포츠대회에 나가는 우리 세 사람에 대한 조촐한 장행회가 베풀어졌다. YMCA 식당에서는 조선체육회, 육상연맹 공동주최로 환송회가 열렸다. 미국인들은 한·미 간 우의 증진을, 한국인들은 자국 독립을 위한 국민 외교를 기대하며 우리의 첫 해외 원정에 큰 관심을 나타냈다.

육상연맹의 정항범 회장은 불안한 얼굴로 우리의 여행을 걱정했다.

"그래, 처음 가는 미국 땅에서 말이 안 통해 어떻게 할 테냐?"

"회장님, 걱정하지 마십시오. 아, 마라톤을 발로 하지 입으로 합니까? 두고 보십시오. 서윤복 군이 이기기만 하면 미국 사람들이 한국말 가르쳐달라고 쫓아올 겁니다."

나는 자신만만해서 오히려 위로를 했다. 부랴부랴 원정 준비를 서둘렀다. 트렁크 장사를 하던 이인태 씨로부터는 가방을 외상으로 받

**미국 샌프란시스코에서
서윤복, 남승룡과 함께**

보스턴으로 가는 도중 로스앤젤레스를 경유했다. 여러 사람의 지원을 받아 어렵게 출발한 여정이었지만, 보스턴으로 향하는 설렘과 꼭 우승할 수 있다는 자신만만함이 세 사람의 밝게 웃는 얼굴에 내비친다. 왼쪽부터 남승룡, 손기정, 불명의 지인, 서윤복이다.

아냈고 밤중에 기성복점에 가서 싸구려 양복 세 벌을 사 입었다. 4월 3일 짐을 꾸려 미군정청이 마련해준 미군 수송기에 올라탔다. 태평양 횡단의 꿈이 이루어진 것이다.

첫 기착지인 샌프란시스코에 내려 차이나타운 근처의 작은 호텔에서 비행기 사정으로 이틀이나 묵었다. 그곳 식당에 갔다가 양주은이라는 주인 노인을 만나게 되었다. 70세인 그 노인은 미국 땅에 살면서도 조국에 대한 남다른 애정을 갖고 있었다. 우리는 이 노인에게 멍청한 대답을 했다가 단단히 혼이 났다.

"어디서들 왔나?"

"조선이요."

보스턴에 휘날린 태극기

"조선이 뭐야! 코리아지. 아직도 일제에 짓눌려 살던 조선 사람이란 말인가? 그래, 무얼 먹겠나?"

"조선 음식으로 먹지요."

"또 조선이야? 이 사람들아! 한찬(韓饌)이지."

노인은 연신 꾸짖으면서도 사위가 권투 선수다, 운동하려면 잘 먹어야 한다며 음식을 권했다. 샌프란시스코에서 미국 국내 여객기를 타고 보스턴으로 날아갔다.

보스턴공항에는 우리의 체재비를 담당해주기로 한 교포 백남용(白南鎔) 씨와 미국 기자들이 기다리고 있었다. 베를린 올림픽에서 1위, 3위를 한 한국 선수들에게 관심이 대단했다. 그러나 이미 그로부터 11년이 지났다. 기자들은 비행기에서 내리는 우리의 초라한 행색에 놀랐다. 양복이라고 입은 게 이리저리 구겨지고 후줄근하고 뒤틀리고 엉망이었다.

"양복이 왜 그 모양입니까?"라고 묻는 기자들의 질문에 백남용 씨는 좀 창피했던지 "비행기를 오래 타고 왔으니 구겨진 게지요" 하고 변명했다. 그러나 우리는 "옷감이 원체 나빠 그렇습니다"라고 설명했다. 당황한 백씨는 우리를 데려가 우선 새 양복부터 맞추도록 했다. 그렇게 멋지고 품위 있는 옷을 입어본 것은 처음이었다. 그러나 돈이 문제였다. 우리는 백씨가 재정 보증인이니 그런 정도는 인심을 쓰겠거니 생각했으나, 그는 우리에게 양복값을 내라 했다. 기가 막혔다. 가뜩이나 미국 땅에서 탄 비행기 삯에 이틀 밤 숙박비로 주머니가 바닥이 날 판인데 어울리지도 않는 미제 양복값이라니. 값을 치르고 나니 주머니에 겨우 200달러 정도가 남았다. 이제 오도 가도 못 할 판이었다.

　우리 세 사람은 백남용 씨 집에 머물면서 대회를 기다렸다. 세 사람이 모두 선수로 오긴 했으나 어디까지나 서윤복을 위한 원정이었다. 남승룡 선배나 나는 이미 그 전성기가 지난 때여서 서윤복 군에게 기술지도와 뒷바라지를 하며 우승 전략을 짰다. 나는 가져간 쌀을 접시로 일어 밥을 지어댔고, 서윤복 군이 연습을 마치면 다리를 주물러주기도 하며 대회를 준비했다. 쌀에 흙덩이가 많이 섞인 데다 접시로 일자니 여간 어렵지 않았다.

　보스턴엔 백남용 씨 외에 김태술(金泰述)이란 이가 살고 있었다. 하루는 우리를 차에 태우고 가다 찻간에서 두 사람이 언쟁을 벌였다. 우리가 들을까봐 영어로 말싸움을 하는데 눈치를 보아하니 백남용 씨가 혼자 우리 뒷바라지하기가 어려우니 돈을 대라고 하는 것 같았다. 두 사람은 동업해서 돈이 많이 벌리자 의가 상해 갈라선 상태였다.

　이 눈치 저 눈치 보아가며 마침내 결전의 날을 맞았다.

보스턴 하늘에 휘날린 태극기

　4월 19일, 보스턴의 하늘은 맑게 개었다. 보스턴에서 조금 떨어진 렉싱턴은 푸른 하늘과 푸른 들판, 가물거리는 아지랑이로 온통 봄빛에 물들어 있었다.

　2시간 26분의 세계 최고 기록을 가진 핀란드의 미코 히에타넨

(Mikko Hietanen),[20] 전해 우승자인 그리스의 키리아키데스(Stylianos Kyriakides)…. 핀란드와 그리스, 캐나다, 터키, 벨기에, 아르헨티나, 미국, 한국 등 8개국에서 모여든 153명의 선수가 제51회 보스턴마라톤 대회 출발선에 섰다. 서윤복 군은 첫 비행기 여행에 불면증으로 고생해서 컨디션이 그다지 좋은 편이 아니었다. 낮 12시. 출발 신호가 울렸다. 나는 응원을 위해 코스를 앞질러 중간 지점에 가서 기다리고, 서윤복 군과 남승룡 선배가 어깨를 나란히 출발점을 뛰쳐나왔다. 남 선배의 출전도 서윤복 군을 격려하기 위한 것에 지나지 않았다.

서윤복 군은 5km 지점까지 중위 그룹을 달리다가 10km 지점에서부터 상위 그룹으로 올라섰다. 27km 지점에서 마침내 앞으로 달려오는 서윤복 군을 맞았다. 서 군은 선두를 따라잡느라 여념이 없었다.

"윤복아! 조국을 위해 싸워라!"

나는 목청을 돋우어 서윤복 군을 응원했다.

'조국'이란 단어, '민족'이란 말만 들어도 가슴이 뭉클해지던 때였다. 그 조국을 잃은 민족이 되어 일제에 시달린 게 몇 해이던가. 우리는 지금 광복된 조국의 대표로서 처음 세계 무대에 나와 선 것이었다. 아침에 고작 주먹밥 두 덩어리로 끼니를 때웠지만 서윤복 군은 용기백배해 달리고 있었다.

28km 지점에서 그는 드디어 히에타넨을 따라잡았다. 선두에 나선 것이다. 그러나 뜻밖의 사고가 발생했다. 서윤복 군이 선두로 1km가량을 더 달리고 있는데 느닷없이 털이 북슬북슬한 개 한 마리가 코스 가운데로 뛰어들었다. 그 개는 웬 심보인지 서윤복 군을 쫓아가며 훼방을 놓았다. 서윤복 군은 발로 개를 차 쫓아내려다 그만 나뒹

굴고 말았다. 그 바람에 리듬은 깨져버렸고 히에타넨은 그사이 재빨리 추월해서 다시 선두로 달려나갔다. 어처구니없는 일이었다. 서윤복 군은 넘어졌다가 달리느라 맥이 빠져 선두와의 거리는 점점 더 벌어졌다.

이제 어떻게 히에타넨을 잡는단 말인가. 이윽고 32km 지점에 이르렀다. 뛰어올라갔다가는 가슴이 터진다는 마의 고개 하트 브레이크 힐(Heartbreak Hill)[21]이 눈앞에 우뚝 서 있었다. 바로 이곳이었다. 여기 말고 또 어디서 승부를 건단 말인가. 고개를 올라서면 완만한 내리막길. 여기서 잡지 못하면 히에타넨은 휘파람을 불면서 1위를 차지해 버릴 것이다.

서윤복 군은 있는 힘을 다해 언덕을 뛰어올랐다. 가슴이 터질 테면 터져보라는 듯. 뒤늦게 마라톤을 시작했으나 그는 정릉 골짜기에서 삼청공원으로, 북악 꼭대기로 뛰어오르며 체력을 길러왔다. 모두가 가슴이 찢길 듯한 고통으로 괴로워하던 이 언덕에서 오히려 그는 승리의 환희를 찾았다. 언덕 중턱에서 마침내 히에타넨을 앞질러버린 것이다. 승부는 힘겨운 싸움에서, 누구도 견디기 어려운 역경에서 나는 것이다. 그 역경을 이기지 못하면 패배할 수밖에 없다. 모두에게 편하고 모두에게 이로운 상황이라면 역전은 불가능한 것이다.

서윤복 군은 선두를 쾌주했다. 승리가 눈앞에 있었다. 가슴에는 빛나는 태극 마크. 아! 코리아의 승리. 당당한 독립 민족의 승리가 눈앞에 다가왔다. 나는 서 군이 부러웠다. 태극기를 달고 뛸 수 있는 그는 얼마나 자랑스러운 존재인가. 베를린에서 일장기를 달고 뛰던 나, 지금 자랑스럽게 태극기를 달고 뛰는 서윤복. 둘의 모습이 머릿속에

겹쳐 나를 감동케 했다.

그런데 38km 지점에서 새로운 장애가 나타났다. 서윤복 군의 신발끈이 풀어지기 시작한 것이다. 그렇다고 지친 다리를 세워 신발끈을 맨다면 또 아까와 같은 일이 벌어질 것이다. 끈은 점점 더 느슨해져서 달리기에 불편했다. 서윤복 군은 멋진 꾀를 냈다. 도로변에서 관중이 들고 있던 물통을 건네받아 발에 물을 부었다. 물에 젖은 끈은 더 이상 풀리지 않았다. 서윤복 군은 질척거리는 신발을 끌고 달려 마침내 결승 테이프를 끊었다.

2시간 25분 39초. 세계 신기록이었다. 물론 내가 가진 세계 최고 기록보다도 훨씬 앞선 것이었다. 히에타넨은 2시간 29분 39초로 2위, 보스턴이 고향이던 미국의 테드 보겔이 2시간 30분 10초로 3위를 차지했다. 서윤복 군의 우승을 위해 들러리 섰던 남승룡 선배도 30대 후반의 나이에 옛 솜씨를 발휘해 완주, 2시간 40분 10초로 12위를 기록했다.

보스턴 하늘 높이 태극기가 올랐다. 시상대 위에 선 서윤복 군도, 관중석에 있던 나도 북받쳐오르는 감격에 못 이겨 눈물을 흘렸다. 태극기를 달고 이룬 최초의 승리였다. 잃었던 조국을 되찾고, 잃었던 태극기를 되찾고, 그리고 잃었던 코리아의 이름을 되찾아 만방에 조국의 건재를 알린 것이다. 보스턴에, 전 세계 마라톤계에 한국, 코리아의 이름을 떨친 것이다. 나는 11년 전 잃었던 내 조국을 다시 찾은 듯한 심정이었다.

기자들은 첫 출전에 시원스럽게 1위를 차지한 한국 선수에 대해 대단히 놀란 눈치였다. 그들이 한국의 존재를 제대로 알고 있을 리

보스턴마라톤대회에서 결승점을 통과하는 서윤복

서윤복은 국제대회에서 태극기를 달고 우승한 최초의 선수였다. 그는 1935년 11월 손기정이 세운 세계 최고 기록 2시간 26분 42초를 12년 만에 경신하며 2시간 25분 39초라는 신기록을 세웠다. 지도자로서 손기정의 역량이 빛을 발했다. 시상대에 태극기가 게양되고 〈애국가〉가 울려 퍼졌다. 손기정은 그날 서윤복이 무척이나 부러웠다.

없었다. 그들은 어떻게 우승하게 되었느냐고 물었다. 나는 "당신들은 바쁘면 차를 타지만 우리는 바쁠 때면 두 다리로 달린다"고 답했다.

　우승은 했지만 여비가 바닥이 나서 돌아갈 일이 난감했다. 때마침 임영신 씨가 이승만 박사의 외교 사절로 미국을 방문 중에 응원차 우리를 찾아왔다. 미국 남가주대학을 졸업한 그는 중앙보육학교장으로 있다가 1946년부터 중앙여자대학 학장을 맡고 있었다. 나중에는 이승만 박사 집권 시에 상공장관으로 우리나라 여성으로는 처음 장관이 되었다.

임영신 씨는 우리의 여비를 만들어주기 위해 김태술 씨와 담판을 벌였다. 김태술 씨도 원래 연희전문에서 축구선수로 활약해서 서윤복 군의 우승에 기뻐 어쩔 줄 몰랐다. 그러면서도 그는 백남용 씨가 우리 경비를 책임지기로 했으니 자기는 모른다고 잡아뗐다.

"한국의 젊은이가 우승한 게 좋소? 싫소?"

"그야 물론 좋지요."

"그럼 돈을 내시오. 아, 우승까지 했는데 도와줘야 할 게 아니오? 당신도 명색이 축구선수였잖소?"

밤 12시가 되도록 입씨름을 벌여 임영신 씨는 김태술 씨에게 1,000달러라는 큰돈을 받아냈다. 그밖에도 양복이니, 코트니 옷가지를 한 트렁크나 얻어다 주었다.

마침 언더우드 박사의 아들 데이비드가 찾아와 서울에서 받아 온 5,000달러짜리 수표를 찾아갔다. 자동차를 살 돈이라며 우리에게 준 돈이 아니라는 것이었다. 처음부터 빌려 쓰기로 한 돈이었지만 한 푼 써보지도 못한 채 돌려줘야 했다.

그 곤경에서 임영신 씨가 용케도 한인 동포들로부터 돈을 거둬 우리 여비를 만들어주었다. 돈 내기야 아까웠겠지만 미국에서 조용히 살던 한인 사회에서도 고국 땅에서 온 젊은이의 우승으로 대단한 자랑거리를 얻은 것이었다. 가는 곳마다 우리는 뜨거운 환영을 받았다.

뉴욕에서는 남궁염(南宮炎) 총영사 댁에서 환영회가 열려 재미 한국인들과 미국의 유명 인사들이 모였다. 그중에 한 사람이 우리에게 반가운 소식을 전해주었다.

국제육상연맹의 헬리스 씨가 "에이버리 브런디지(Avery Brundage) 씨가 초대에 응하지 못한 대신 그의 선물을 가지고 왔습니다. 브런디지 씨는 여러분이 내년 런던 올림픽에 참가할 수 있도록 모든 조치를 취하겠다고 약속했습니다"라고 전했다. 좌중에서는 일제히 박수갈채가 터져 나왔다. 아직 제 나라 정부를 세우지 못했기에 한국은 국제사회에서 완전한 독립 국가로 대접받지 못했다. 그러나 국내 체육계에서는 런던 올림픽 참가를 위해 백방으로 힘쓰고 있었다. 나와 권태하, 김은배, 남승룡 선배 등 마라톤보급회를 만들었던 일동은 연명으로 미국 육상계와 체육계의 유력 인사들에게 특별 메시지를 보내 올림픽 출전에 협조해 줄 것을 부탁하고 있었다.

에이버리 브런디지 씨는 1928년 미국체육회 회장을 맡았으며, 내가 베를린 올림픽에 참가했던 1936년에는 IOC 위원이 되어 국제 스포츠계에서 영향력이 대단했다. 대학 시절에는 투원반(원반던지기) 미국 내 선수권을 차지했으며 육상 외에도 미식축구, 농구 등 만능선수로 활약했다. 1912년 스톡홀름 올림픽에 미국팀의 10종 경기 선수로 출전, 올림픽과 처음 인연을 맺은 그는 누구보다도 올림픽을 사랑해 1952년 제5대 IOC 위원장에 취임한 이래 20년간 '아마추어리즘의 기수', '미스터 올림픽'이라는 칭호를 들었다.

워싱턴에서는 훗날 외무장관과 유엔 대사를 지낸 임병직(林炳稷) 씨, 국회부의장이 된 최순주(崔淳周) 씨, 대한올림픽위원회 위원을 지낸 월터 정(정범택鄭凡澤) 씨 등이 우리를 반겼다. 특히 시카고대학에서 유학했던 작곡가 현제명(玄濟明) 씨는 환영식장에서 자작한 축가를 불러주었다. 서울대학교 음대학장이던 현제명 씨는 좋은 목소리를 가지고 있어 자신이 작곡한 가곡을 직접 불러 발표하곤 했다.

뉴욕에 있는 동안은 이원순 씨 댁에서, 워싱턴에서는 손현철 씨 댁에서 신세를 졌다. 우리가 안쓰러워하거나 말거나 임영신 씨는 우리 동포들이 많이 살고 있는 로스앤젤레스에서도 우리를 일주일씩이나 붙잡아두고 모금 운동을 벌였다.

그러나 로스앤젤레스 한인 사회의 분파와 당쟁은 낯 뜨거울 정도였다. 나는 1932년 로스앤젤레스 올림픽에 참가했던 권태하 선배로부터 교민들의 부끄러운 당파 싸움을 이미 들었던 터였다. 당시 김은배, 권태하 두 조선 선수의 환영식이 베풀어졌는데 국민회니 동지회니 두 파로 갈려 두 선수를 따로따로 초대하는 등 처음 미국에 간 사람들을 당황케 했다는 것이었다.

우리 일행을 맞을 때는 더욱 파쟁이 심해져서 국민회, 동지회 외에 흥사단이 생겨 서로 길 가다 마주쳐도 외면하고 기피했다. 모처럼 환영회 자리에 모여서도 서로 소 닭 보듯 해 우리가 오히려 면구스러웠다. 그래도 우리 앞에서는 "당신들 때문에 동족끼리 아웅다웅하면서도 한자리에 모였다. 이승만 박사나 해공 신익희 선생이 왔을 때도 함께 모인 적이 없었다"고 말했다.

세 군데 모임에 따로따로 초청되어 가서 하루 세 끼 밥 얻어먹기는 편했으나 마음속으로는 슬프고 안타까웠다. 나라를 되찾은 마당에 국민회면 어떻고, 동지회면 어떻고, 흥사단이면 어떻나. 민족의 지도자들을 떠받들기는 마찬가지인데 서로가 존중하고 이해하면 그만인 것을. 그렇게 이해할 수 없는 싸움이라면 서로 제 공을 내세워

보스턴마라톤대회를 마치고 현지 교민과 함께

손기정은 보스턴마라톤대회에 참가하며 수많은 현지 교민을 만났다. 타국에서 조국의 독립을 염원했던 이들로, 그들에게 서윤복의 우승은 국위 선양 그 이상의 의미가 있었다. 보스턴까지의 여정과 귀국의 길에서 현지 교민들은 모금 운동을 벌이는 등 스스로 나서 손기정과 남승룡, 서윤복을 도왔다.

권세나 누리겠다는 것이지 어디 독립을 위한, 나라를 위한 것인가.

또 한 가지 섭섭했던 일은 살기 어려운 부모들 탓인지 환영회에 모인 동포 2세들이 모두 서윤복이 우승했다는 것만 알았지 우리말을 알아듣지도 못한다는 사실이었다. 할 수 없이 우리가 하는 말을 도산 안창호 선생의 아들인 필립 안 씨가 통역해주었다.

이런 여정 가운데서도 가장 감동적이었던 것은 과수원에서 품팔이를 하던 나이 많은 교민들과의 만남이었다. 손마디가 구슬처럼 굵

보스턴에 휘날린 태극기

게 맺힌 노인들은 우리 손을 붙잡고 눈물을 흘렸다.

"그래, 우리 땅에서 이곳까지 와서 우승했단 말이지. 장하구먼. 우리도 이 박사를 도와 날품팔이로 번 돈 50센트, 1달러씩을 모금해 내놓으며 나라의 독립을 빌었다네. 그렇지만 정말 독립운동은 자네들이 하고 있구먼."

노인들은 미국 신문에 게재된 태극기와 코리아 청년의 마라톤 우승 소식을 보았다며 감격해했다.

임영신 씨의 적극적인 도움으로 돌아가기에 충분한 여비를 마련할 수 있었다. 우리는 국내에서 구하기 어려운 빨랫비누, 그릇 등 일상용품들을 사 들고 개선의 뱃길에 올랐다. 샌프란시스코를 떠나 요코하마를 거쳐 20여 일 만에 인천항에 도착했다.

요코하마에 들렀을 때엔 거류민 단장이던 박열 씨의 안내로 도쿄에 머물고 있던 비운의 대한제국 마지막 황태자 이은 공을 찾아뵈었다. 고종의 셋째아들 순종의 이복동생으로 태어나 1900년 영친왕으로 책봉되었으나 11세에 볼모로 잡혀와 일본에 억류된 지 40년. 일제에 의한 정략결혼으로 일본 귀족의 딸 이방자 씨와 결혼했으며, 망국의 한을 서러워하다가 나라를 되찾았으나 조국의 불안한 정정(政情)에 마음을 졸이고 있었다.

우리를 안내해준 박열 씨도 경성제2고보에 다니던 시절 독립운동에 관련되어 퇴학당하고 일본으로 건너와 21세 청년이던 1923년에 일본 천황 히로히토를 죽이려다 거사 직전에 발각되어 사형 선고까지 받았는데, 나중에 무기징역으로 감형되었다. 그는 자신의 거사를 도왔던 가네코 후미코(金子文子)와 옥중에서 결혼, 두 차례나 일본 사회에 큰 화제를 뿌렸으며 일본의 패망과 함께 풀려났다.

이은 공은 51세의 나이에도 정정했으며 또렷한 우리말로 나랏일을 걱정했다. 아들 이구 씨는 일본 패망 후 생활 지원도 끊기고 시정 생활도 모르던 이들이라 고생이 여간 아니라고 말했다. 나는 차라리 귀국하면 국내 인사들도 도와줄 것이고, 또 이왕 직속 재산도 많다더라고 전했다.

6월 22일, 인천 입항처럼 자랑스럽고 떳떳한 개선은 일찍이 없었다. 서윤복 군은 보스턴에서 받은 승리의 월계관을 머리에 쓰고, 나와 남승룡 선배는 단기로 가져갔던 커다란 태극기를 펴서 흔들었다. 인천 제일 부둣가에는 수만 명의 환영 인파가 몰렸고, 인천 시내 가가호호에 개선을 축하하는 태극기가 물결쳤다. 우리는 부두에서 딸 문영이 다니던 덕성 유치원생들로부터 축하 꽃다발을 받고 그 길로 시가행진해 인천중학교 교정에 마련된 시민환영대회에 참석했다.

23일에 자동차로 시가행진하며 들어선 서울도 경축 일색이었다. 우리는 과도정부와 조선체육회에서 마련한 환영식에 참석했다. 중앙청 앞뜰 환영식장에는 조선체육회장 여운형 선생, 김규식 박사, 주둔군 사령관 하지 중장, 육상연맹 회장 정항범 씨 등 많은 인사가 나와 우리의 승리를 축하해주었다.

내가 "우리 서윤복 군이 오늘 우승해서 개선한 것은 서 군 자신의 노력도 노력이거니와 온 국민의 큰 성원 덕이라고 생각합니다. 오늘 이처럼 성대한 환영식을 베풀어주셔서 대단히 감사합니다. 그러나 우리가 미국으로 원정 떠날 때엔 모두 어디에 가 계셨습니까? 나는 애국자이신 여러 어른보다 우리 서윤복 군이 더 큰 일을 해냈다고

보스턴마라톤대회 우승 후 개선하는 대한민국 선수단

생각합니다. 부디 저희가 마음놓고 운동할 수 있도록 안정된 사회를 만들어주십시오"라고 말하자 군중의 박수갈채가 쏟아졌다.

남승룡 선배 역시 "우리가 떠날 때에는 쓸쓸하게 떠났는데 이기고 돌아오니 이렇게 성대한 환영을 해주었습니다. 11년 전 제가 손기정 군과 베를린에 갈 때도 마찬가지였습니다. 피상적인 환영회보다는 우리 체육계의 젊은이들을 위하여 정신적, 물질적 지원을 해주셨으면 합니다"하고 생색만 내던 인사들을 나무랐다.

며칠 후 백범 김구 선생의 거처인 경교장을 찾아갔다. 김구 선생은 베를린 올림픽에서 나와 남승룡 선배가 일장기를 달고 뛰던 일을 회고하며, 한국의 이름으로 나가서 우승한 서윤복 군을 축하해주었다. 선생은 서재로 들어가시더니 '족패천하(足覇天下, 발로 천하를 재패하다)'라는 글씨를 써서 선물했는데, 서윤복 군은 가보처럼 액자에 넣어 애지중지했다.

김구 선생의 말씀대로 우리 민족은 적어도 두 다리로 싸우는 데서는 지는 법이 없었다. 우리 일행을 환영하며 사람들도 '돈 안 드는 다리 싸움에는 우리가 제일'이라고 농담했다.

1947년 한국과 일본 육상 기록의 비교에서도 우리는 800m 이상 중거리부터 마라톤까지 일본에 뒤지는 종목이 없었다. 마라톤의 서윤복, 10,000m의 최윤칠(崔崙七), 5,000m의 김혁진(金赫鎭), 800m와 1,500m의 이윤석(李潤錫) 등은 우리 육상계가 가진 보배들이었다. 100m의 김유택(金裕澤), 200m의 김인기(金仁基), 400m의 엄팔용(嚴八龍) 등도 일본 선수들에 크게 뒤지지 않는 좋은 기록을 가지고 있었다.

김구 선생, 이승만 박사와의 기념사진

보스턴에서 돌아와 김구 선생과 이승만 박사가 서윤복 선수 우승을 축하하는 자리에 함께했다. 앞줄 왼쪽에서 세 번째부터 손기정, 김구, 서윤복, 이승만, 남승룡이다. 김구 선생은 서윤복에게 '족패천하'라는 글자를 써 선물했는데, 손기정의 베를린 올림픽 우승에 슬픔의 눈물을 흘렸던 그였던 만큼, 태극기를 달고 첫 국제무대에서 우승한 서윤복 선수가 무척 대견했을 것이다.

피로 얼룩진 정치와 스포츠계

보스턴에서 개선한 후 YMCA에서 우연히 여운형 선생을 만났다. 근로인민당 일로, 체육회장 일로 바쁜 선생에게 싫은 소리를 한 후여서 다소 미안스러운 생각이 들었다.

"왜 요즈음은 통 볼 수가 없나?"

"선생님, 체육회장 일만 보시겠다면 언제든지 찾아뵙겠습니다."

간단한 인사만 하고 헤어졌으나 한번 문안을 가야겠다고 별렀다. 시간을 내어 국제극장 자리에 있던 근로인민당 사무실을 찾아갔다. 그러나 비서로 일하던 이영선(李永善) 씨가 지금 안 계시다고 해서 헛걸음으로 돌아왔다. 이상하게도 이영선 씨는 그 후 몇 차례 찾아갈 때마다 안 계신다, 어디 가셨다 하고 나를 따돌렸다.

그렇게도 바쁘신 걸까. 속으로 서운해하던 중 뜻밖의 소식에 나는 몸을 떨었다. 1947년 7월 19일, 매일 일과대로 사무실을 향해 자동차로 혜화동 로터리를 지나던 여운형 선생은 별안간 뛰어든 괴한의 총에 난사당해 그 자리에서 숨을 거두었다.

군복 차림의 괴한은 한지근(韓智根). 그는 경찰의 추적으로 붙잡혔으나 범행 동기나 배경을 밝히지 않았다. 그는 여운형 선생이 민족을 분단시키려는 반역자이기 때문에 애국심에서 저격했을 뿐이라고 주장했다. 여운형 선생의 평소 생활 일과를 정확하게 파악한 한지근은 늘 지나다니는 길목인 혜화동 로터리의 우체국 부근에 잠복해 있다가 여운형 선생이 탄 자동차를 향해 저격한 것이었다.

여운형 선생은 좌파 정치계열 통합을 위해 민전(民戰, 민주주의민족전선의 약칭)이라는 조직을 만들었으나 지나친 좌경 색채에 실망하고 스스로 탈퇴해 근로인민당을 조직해 온건 좌파로 정치 운동을 하고 있었다.

나라를 빼앗겼을 때에는 나라를 되찾기 위해 일제와 목숨을 건 싸움을 벌였던 사람들이 이제 나라를 되찾자마자 붉으니 푸르니 하며 갖가지 정치 색깔로 동족끼리의 싸움을 시작한 것이다. 옥고를 치르며 일제에 항거하던 여운형 선생은 이렇게 되찾은 나라에서 제 동족이 쏜 총탄에 맞아 숨졌다.

피를 부르는 동족 간의 정치 싸움은 벌써 1945년 해방되던 해부터 시작되었다. 독립운동가요《동아일보》사장을 역임했던 송진우 선생도 한민당을 만들어 수석 총무로서 민족진영을 이끌다가 광복의 감격이 채 가시기도 전인 1945년 12월 30일 한현우(韓賢字)의 흉탄에 맞아 세상을 떠났다.

여운형 선생과 함께 일본 정부에 조선 독립의 타당성을 역설했던 설산(雪山) 장덕수 선생도 신민당 정치부장으로 활약하다가 종로경찰서 경사 박광옥(朴光玉)과 배희범(裵熙範)의 저격으로 여운형 선생과 같은 해인 1947년 12월 2일 숨졌다.

동족 간의 살상은 끊임없이 계속되었다. 모두가 진정한 애국자요, 모두가 나라를 위한 마음뿐이라면서도 자신들과 견해가 다른 파를 설득하기 전에 총부터 겨누는 피비린내 나는 정쟁이 이제 겨우 시작된 이 나라의 정치 풍토를 핏빛으로 물들였다. 1949년에는 우리 민족의 큰 별 백범 김구 선생마저 안두희(安斗熙)의 흉탄에 맞아 한 많은 생을 마감했다.

여운형 선생이 돌아가신 후 조선체육회장은 유억겸 선생이, 조선올림픽위원장은 육상연맹 회장이던 정항범 씨가 대를 이었다. 11월에 유억겸 선생이 별세하자 올림픽위원장 정항범 씨가 체육회장직도 겸임하게 되었다.

시련과 영광의 한국 마라톤

런던 올림픽의 마라톤 참패 소식에
우리 국민들의 실망은 이만저만이 아니었다.
대극기를 달고 나간 첫 올림픽에서
그런 치욕적인 참패를 당하리라고 누가 짐작이나 했을까.

런던 올림픽

전화(戰禍)로 중지되었던 올림픽은 1948년 런던에서 부활했다. 아직 독립 국가의 지위를 얻지 못했지만 우리 체육계에서도 조선체육회를 중심으로 런던 올림픽에 나갈 수 있는 방안을 다각적으로 모색하고 있었다. 외교적, 정책적 문제를 해결하기 위해 대책위원회가 구성되고 경제적 여건을 갖추기 위해 후원회가 결성되었다.

그러나 세계 스포츠계의 여론은 한국이 완전히 독립될 때까지는 그 참가를 보류하자는 것이었다. 그 때문에 조선마라톤보급회에서 선수들을 육성하며 가장 자신만만했던 우리 마라톤계에서는 서둘러 세계적인 영향력을 가진 미국 육상계에 협조를 요청하며 올림픽 참가의 길을 찾아 나선 것이었다.

서윤복 군의 보스턴 마라톤 제패로 세계 스포츠계가 한국을 보는 눈이 크게 달라졌다. 약속대로 브런디지 씨는 한국이 올림픽에 참가할 수 있도록 누구보다 적극적으로 도와주었다.

한편 연습에도 열을 올려 매주 토요일 안암동 내 집에 모여 올림픽에 나갈 후보선수 모두가 합동훈련을 실시했다. 먼저 올림픽 표준 기록에 도달하는 선수를 마라톤보급회 준회원으로 뽑고 연습을 거쳐 기록이 우수한 선수를 정회원으로 선발해 올림픽 출전 후보로 정했다.

IOC의 공식 승인을 확인하기 위해 대책위원회의 전경무(田耕武) 부위원장이 스톡홀름 IOC 총회로 가던 도중 비행기 사고로 숨지는 일이 발생했다. 그래서 미국에 있던 이원순 씨가 대신 스톡홀름으로 가 IOC의 최종 승인을 얻어냈다.

우여곡절 끝에 기회를 얻은 런던 올림픽 참가에 앞서 우리 체육계나 일반 국민들이 선수단에 거는 기대는 컸다. 올림픽을 통해 광복된 조국의 이름을 세계 만방에 알리고 조국의 완전 독립을 재촉하게 되기를 열망했다. 나의 우승에 이어 서윤복 군이 보스턴에서 세계 최고 기록으로 우승해 마라톤 제패는 예정된 일처럼 믿었다.

서윤복 군과 함께 욱일승천의 기세로 새 기록을 세우며 성장하는 최윤칠 군, 홍종오(洪鍾五) 군 등도 함께 출전하게 되어 마음 든든했다. 그러나 나는 선수단이 런던으로 출발하기 직전 갑작스런 맹장염으로 입원하게 되었다. 마음은 조급하고 몸은 빨리 낫지 않아 애를 태우다가 결국 선수단보다 늦게 런던으로 떠났다.

런던 출발에 앞서 고맙게도 베를린 올림픽의 경쟁자였던 영국 신사 하퍼로부터 우애 넘치는 편지를 받았다. 편지에는 런던 마라톤 코스와 참가 선수들에 대한 중요한 정보가 담겨 있었다. 하퍼는 이번 마라톤 코스가 어느 곳보다 험난하여 2시간 33분대면 충분히 우승할 수 있을 것이라고 일러주었다. 또 핀란드, 그리스, 터키, 캐나다,

영국 등 마라톤 강국의 선수들이 벌써 현지에 도착해서 이전 올림픽에서의 패배를 만회하기 위해 맹연습 중이라고 했다.

그러나 이러한 사전 정보에도 불구하고 불안한 일들이 꼬리에 꼬리를 물고 일어났다. 먼저 도착한 선수들 중 최윤칠 군이 지리한 배 여행으로 지쳐버려 연습을 할 수가 없었다. 우선 쉬면서 원기부터 되찾아야 할 판이었다. 최윤칠 군은 닥치는 대로 먹고 마시며 힘을 되찾기에 바빴다. 최 군이 원기를 되찾을 무렵 이번에는 서윤복 군이 꼭 이겨야겠다는 강박관념 때문인지 컨디션이 나빠졌다. 이제 믿을 사람은 최윤칠뿐이었다.

최 군은 기대했던 대로 초반부터 힘차게 달렸다. 10km에서부터 선두 그룹에 끼어 달리던 최 군은 20km를 넘어서며 3위 이내에 들어섰다. 그러나 메인 스타디움을 눈앞에 바라보는 32km 지점에서 쾌주하던 최 군은 돌연 멈춰 서버리고 말았다. 근육이 당겨서 도저히 뛸 수 없게 되어버린 것이었다. 슬슬 걸어서 가는데 잇달아 뒤처졌던 몇 무리의 선수들이 앞질러 달아나자 최 군은 아예 주저앉고 말았다.

서윤복 군의 모습은 더욱 애가 탔다. 24km 지점, 반환점을 돌고서도 잘 뛰던 서 군은 27km 지점부터 신경통으로 고통스러워했다. 뛰며 걸으며 쩔쩔매는 그의 옆으로 잇달아 선수들이 스쳐 지나갔다. 죽어도 결승점에 가서 죽는다는 각오로 이를 악물었으나 몸을 제대로 가누지도 못해 이리저리 연도에 늘어선 관중과 부딪히며 걷다시피 뛰었다.

이래서 결과는 홍종오 군이 2시간 56분 52초로 25위, 서윤복 군이

2시간 59분 36초로 27위, 최윤칠 군이 도중에 기권으로 참담했다. 하퍼의 예상대로 아르헨티나의 카브레라(Delfo Cabrera)가 2시간 34분 51초 6이라는 늦은 기록으로 1위를 차지했다. 17개국 41명이 출전한 런던 올림픽 마라톤에서 11명이 기권하고 30명이 거의 3시간 가까이 악전고투하며 간신히 레이스를 마쳤다.

런던 올림픽의 마라톤 참패 소식에 우리 국민들의 실망은 이만저만이 아니었다. 못해도 3위 이내에 입상하리라던 예상은 완전히 빗나갔다. 태극기를 달고 나간 첫 올림픽에서 그런 치욕적인 참패를 당하리라고 누가 짐작이나 했을까. 신문은 연일 마라톤을 비롯한 참가 선수들의 패인을 분석, 속보를 내보냈다. 특히 마라톤에 대해서는 선수들의 훈련 지도가 제대로 되지 않았다, 선수들 간의 반목이 심했다, 마라톤계에 분파가 작용했다고 신랄히 비난했다.

과도정부가 들어선 가운데 런던으로 떠났던 우리는 올림픽을 마치고 분단된 한반도에 독립 국가 대한민국이 수립된 후 돌아오게 되었다. 이승만 박사가 선거를 통해 초대 대한민국 대통령으로 추대되었다. 나는 이 박사에게 귀국 인사를 하기 위해 몇 차례나 경무대를 찾아갔으나 보름이 되도록 비서진에 의해 따돌림을 당했다. 끈질기게 찾아가 조르자 비서진은 낯선 백인 여비서에게 허가를 얻으라고 했다. 그 백인 여성은 내게 '5분간만'이라는 단서를 붙이고 이 박사 접견을 허가했다. 제 나라 대통령을 만나는데 웬 외국인이 가로막고 서서 마음대로 허가하고 말고 하는가 싶어 울화가 치밀었다.

"왜 이렇게 늦었는가?"하고 묻는 이 박사에게 "말씀 마십시오. 들어오는 데 절차가 까다로워 혼이 났습니다"라고 불평했다.

나는 심중에 있던 말을 끄집어냈다.

"사실 이번에 마라톤에만 이기고 돌아오면 꼭 드릴 말씀이 있었습니다만 지고 와서 면목이 없습니다. 저희로서는 박사님이나 김구 선생님이나 모두 존경하는 분들이 아닙니까? 실은 저희 앞에서 다정하게 두 분이 악수라도 나누어주십사 말씀드리려 했습니다만…."

"이봐, 거 정치 얘기 하려거든 나가게."

나는 쫓겨나듯 경무대를 물러났다.

경무대에서의 일은 감춰둔 채 나는 경교장으로 김구 선생을 찾아 뵈었다. 두 분의 불화는 날로 심해져 이제 더 이상 인사도, 말도 나눌 수 없는 지경에 이르렀다. 가까이서 존경하던 분들의 불화에 나는 가슴이 아팠다.

김구 선생님에게 "선생님, 이 박사께서 선생님을 모시고 왔으면 하십니다"라며 거짓으로 이 박사의 온정을 전했다. 김구 선생님은 대뜸 "무슨 소리야? 며칠 전 아들 신(信)이 신혼 인사차 갔다가 의심을 해서 몸수색까지 당하고 들어가 담요 한 장 선물로 얻어왔다던데" 하고 말을 막았다. 얼마 후 다시 찾아가 뵈었을 때도 "선생님, 이 박사가 이리로 올 수는 없지 않습니까? 선생님과 함께 오라니 가십시다"라고 했으나 "거짓말 말게"라며 일언지하에 거절했다.

국토의 분단을 염려한 김구 선생은 남북협상을 위해 김규식 선생과 함께 평양까지 갔다가 실패한 후로 실의에 빠진 듯했다. 이승만 박사는 온 국민의 영웅으로 숭앙받던 김구 선생을 늘 눈엣가시처럼 여겨 점차 꼼짝도 못 하게 그의 주위를 에워쌌다.

1949년 6월 25일, 한창 정당 활동이 활발해져 마침 김구 선생은

시련과 영광의 한국 마라톤

광주에서 열리는 한독당(한국독립당) 전남도당의 창당대회에 내려갈 계획이었으나 뜻하지 않은 훼방으로 경교장을 지키고 있게 되었다. 이튿날, 일요일의 소홀해진 경비를 틈타 흉한 안두희가 선생을 찾아 마주 앉아 문안을 올리는 시늉을 하다가 면전에서 난사, 김구 선생은 74세를 일기로 운명하셨다.

김구 선생이 떠나던 날 온 국민이 부모를 여읜 듯 통곡했다. 동학 운동, 독립운동으로 날을 지새우고, 명성황후 시해에 대한 복수를 한다고 일본군 장교를 살해해 사형 선고까지 받고도 목숨을 건졌던 김구 선생이 제 동족의 총구를 피하지 못해 비명에 눈을 감으셨으니 통분한 일이었다. 선생을 뒤따르며 독립운동, 정당운동에 참여했던 조소앙 선생은 넋 잃은 사람처럼 김구 선생의 시신 앞에 엎드려 탄식했다.

"갔구려, 갔구려, 왜놈 총구 앞에서도 용케 견디더니 나라 찾고 제 나라 청년에게 총 맞아 갔구려."

일요일 육상경기를 마치고 뒤늦게 달려간 나는 이 참담한 광경을 지켜보다가 시내로 발걸음을 돌렸다. 발 닿는 대로 앉아서 술을 마시고는 취해 호떡 한 봉지를 사 들고 다시 선생 영전에 앉았다.

"선생님, 옛날 잠 자리도 없이 밤길을 숨어 다니시다가 호떡 몇 입 베어 물고 허기를 메우시고는 나라 찾는다고 고생 고생 하셨지요."

나는 무릎 꿇고 앉아 호떡 봉지를 앞에 놓고 하염없이 울었다.

드문 마라톤 인재 최윤칠

런던 올림픽의 씻을 수 없는 참패에 이어 한국 마라톤계는 회복되기 어려운 고질병같은 문제에 빠져들었다. 그것은 천재 마라토너 최윤칠 군을 두고 일어난 마라톤계의 분열이었다.

서윤복 군이 보스턴 마라톤을 제패하고 세계 마라톤 무대에 처음 태극기를 휘날릴 무렵 우리 마라톤계에는 새로운 마라톤 인재가 등장, 한국 마라톤의 새로운 시대를 예고하고 있었다. 그가 곧 최윤칠 군이었다. 그는 국내 마라토너 중 가장 가능성이 큰 재목이었다. 그 뛰어난 재능으로 한국 마라톤계에는 예기치 못했던 내분과 파벌 싸움이 일어났고, 끝내는 한국 마라톤이 송두리째 수렁에 빠지는 결과를 가져왔다.

1947년 보스턴으로 떠나기 전에 함경도에서 서광(徐光) 씨가 찾아와 "단천에 좋은 재목이 있으니 양정으로 데려오든지, 아니면 와도 좋다는 보장을 해주든지 하라"고 권했다. 38선 넘나들기가 어려운 때라 양정에서 받아준다는 확약 없이는 데려올 수가 없다는 것이었다.

나와 남승룡 선배, 서윤복 군이 보스턴에 가 있는 동안 서광 씨는 최윤칠 군을 데리고 와 김은배 선배에게 소개했다. 함경도에서는 날리는 선수니 꼭 받아달라고 부탁했다. 그러나 김은배 선배는 최윤칠 군의 옆으로만 딱 바라진 체격을 보고는 마라톤 선수로는 적합지 않다고 판단, 시원스러운 대답을 해주지 않았다. 일껏 서울까지 올라온 최윤칠 군으로서는 낭패였다. 육상 명문 양정에 들어가리라던 계획이 어긋나 버린 것이었다.

서광 씨는 민망해져서 장거리 선수로 활약했던 김혁진 씨에게 최윤칠 군을 소개했다. 김 씨는 최 군을 키워 볼 만한 선수라고 여겨 자신의 모교인 경복고에 입학시켰다. 경복고에서도 한창 육상 열기가 일던 때였다.

보스턴에서 돌아와 그 이야기를 전해 들은 나는 경복고에서 연습 중인 최윤칠 군을 찾아갔다. 힘이 장사였다. 나는 교장선생에게 최 군을 마라톤보급회에서 가르치고 싶다고 말했다. 교장선생은 최 군의 선배들과 상의해서 그렇게 하도록 해보겠다더니 나중에 선배들 이야기가 학교에서 연습시키는 게 더 좋겠다고 했다며 내 제안을 거절했다. 경복고는 그 당시 대한중석에 있던 김혁진 씨의 알선으로 대한중석 합숙소에서 최윤칠, 최충식(崔忠植), 임종우(林鍾禹) 등을 연습시키고 있었다. 나는 최윤칠에게 아무 데서건 열심히 연습하면 좋은 선수가 되지 않겠느냐고 격려해주고 돌아왔다.

최윤칠 군은 날이 갈수록 뛰어난 재능을 발휘하기 시작해 10,000m 최고 기록을 내더니 마라톤에서도 국내 최고 수준의 선수가 되었다. 달릴 때마다 그의 기록은 경신되었고 그의 두 다리에 한국 마라톤에 대한 온 기대가 쏠렸다.

그러나 최윤칠은 누구보다도 불운한 마라토너였다. 런던 올림픽에 앞서 가장 촉망받는 대표선수로서 합숙 훈련을 하면서도 그는 자신을 가르친 코치들의 독특한 훈련 방법, 자신의 체질에 맞는 특수한 체력 관리를 고집했다. 말이 합숙 훈련이지 낮이고 밤이고 서로 다른 훈련을 하며 런던 올림픽을 준비했고 결과는 참패였다.

사실 최윤칠 군의 체질은 특이했다. 근육이 무거워 쉬이 피로가 왔다. 다리는 굵고 탄탄했지만 양 다리 살이 스쳐서 바셀린을 바르고 뛰어야 할 정도였다. 그럼에도 대단한 스피드와 힘을 가져 연습 때마다 좋은 기록을 내곤 했지만 정작 큰 경기에 나가서는 꼭 문제가 생겼다.

그는 인간적으로 여러가지 재미 있는 면을 가지고 있었다. 밤에 자다가도 일어나 체조를 하는 등 연습에 열을 올렸다. 또 남보다 밥을 곱으로 먹었고 야채를 좋아하지만 두부와 콩나물은 손도 대지 않았다. 약을 모르고 지낼 만큼 튼튼하기도 했지만 종기라도 나면 차라리 불로 지져서 가라앉혔다. 노래도 가수 뺨치게 잘 불렀다.

런던 올림픽에서는 실패했지만 최윤칠 군은 여전히 국내 최고의 마라토너였다. 1949년 그를 비롯해서 서윤복, 홍종오 군을 제53회 보스턴마라톤대회에 출전시키자는 데에 그 누구도 이견이 없었다.

그러나 임원 선출을 두고 대한육상경기연맹(조선육상경기연맹에서 명칭 변경, 이하 육상연맹) 내에서 말이 많았다. 처음 선정된 임원진은 단장에 이태환(李泰煥) 씨, 감독에 나, 트레이너에 김혁진 씨였다. 경비 조달이 안되고 임원진이 너무 많다는 소리도 나오고 하면서 출발이 늦어져 나는 이번 대회 성적에 책임을 못지겠다 하고 물러났다. 서윤복 군도 출발 시기가 늦어 좋은 성적을 내기 어렵다 하고 기권해버렸다. 육상연맹은 이 사태를 수습키 위해 선수 세 명만 보낼 테니 나에게 서윤복 군이 가도록 설득해 달라고 요청했다. 서 군은 내 설득에 마음을 돌려 대회에 참가하기로 했다.

그때까지도 서윤복 군과 홍종오 군은 나와 남승룡 선배 밑에서 지

시련과 영광의 한국 마라톤

도받았고, 최윤칠 군은 김혁진 씨 지도를 받고 있었다. 함께 비행장에 가려고 정한 시간에 만날 장소로 나갔으나 최윤칠 군도 김혁진 씨도 보이지 않았다. 한참 후에 육상연맹 회장 정일형(鄭一亨) 씨가 나타났다. 모두들 어떻게 된 거냐고 아우성인 와중에 누군가가 최윤칠 군과 김혁진 씨가 먼저 비행장으로 떠났다고 했다.

나는 정일형 회장 차편을 빌어 서윤복, 홍종오 군을 데리고 김포공항으로 달려갔다. 과연 그들은 자기들 여권과 비행기표만을 챙겨 떠날 판이었다. 비행장에서 분통이 터진 나와 그들이 분수고 체면이고 없이 맞붙어 싸웠다.

우리는 씩씩거리며 돌아와버렸고 그들은 그대로 비행기를 타고 도쿄로 떠났다. 이튿날 체육회, 육상연맹, 국무회의, 경무대, 신문 할 것 없이 우리들의 공항 패싸움으로 난리가 났다. 신문은 외국인들이 드나드는 공항에서 더러운 파벌싸움을 했다고 질타했다. 이승만 박사도 노발대발했고 외무부는 도쿄에 간 김혁진, 최윤칠 두 사람의 즉각 귀환을 명령했다. 문교부는 모든 체육인의 해외파견을 중지한다고 발표했다.

망신스러운 일이었다. 누구로부터 비롯된 것이든 우리 육상계의 치욕이었다. 체육회는 육상연맹의 이사진을 모두 퇴진시키고 나와 김혁진 씨에게는 근신 처분을 내렸다. 이로부터 보이지 않는 양측의 감정 대립이 계속되었다. 육상연맹 회장 선거를 두고는 폭력이 동원되기까지 했다.

다시 보스턴을 휩쓸고

1950년 4월 19일, 또 다시 보스턴마라톤대회에 출전했다. 나는 코치로 최윤칠, 함기용(咸基鏞), 송길윤(宋吉允) 등 세 선수를 인솔했다.

함기용은 조선마라톤보급회가 선수 발굴차 춘천에 들렀다가 찾아낸 선수다. 춘천사범학교에 다니던 그는 자갈밭 길을 맨발로 뛰어다닐 만큼 의지가 대단했다. 양정으로 옮겨온 후 전국체전에서 서울 대표선수로 1위를 차지해 강원도 사람들로부터 좋은 선수를 빼앗겼다는 원망을 듣기도 했다. 송길윤은 서윤복 군의 숭문고등학교 후배였다.

이 대회에서도 최윤칠 군은 가장 큰 기대를 모으고 있었다. 그는 연습을 통해 다른 선수들이 따르지 못할 기록을 내고 있었다. 최윤칠을 지도하는 쪽에서나 최윤칠을 배출해낸 함경북도 도민회에서는 사이가 좋지 않은 선수와 코치가 한데 어울려 떠나는 것을 크게 걱정했다. 그들은 그만큼 최윤칠 군의 자질을 믿었고 그를 사랑했다.

함경북도 도민회에서 손기정이 인솔하는 한 최윤칠은 이길 수 없다고 아우성이었다. 단천에서 최윤칠 군을 데리고 왔던 서광 씨가 일부러 함경북도 도민회의 환송식장에 나를 불렀다. 나는 못미더워하는 그들에게 이렇게 말했다.

"내가 코치로 가는 데에 많은 분이 불안해하시는 것 같습니다. 우리는 우리끼리만 패가 다르다느니, 누가 누구 편이라느니 하고 있을 뿐입니다. 미국에서야 한국 선수 세 명이 오는 것만 알지 한국 어느 지역 출신인지는 관심이 없습니다. 중요한 것은 한국 선수들 중 누구든 우승해야만 한다는 것입니다. 세 사람 중에 누가 우승할지는 단언할 수 없습니다. 이길 사람을 개인 감정 때문에 못 이기게 하고서야 어떻게 한국의 우승을 바랄 수 있겠습니까? 세 사람의 단합이 제일 중요합니다. 단합만 이루어진다면 누구든 한 사람은 반드시 우승합니다. 만약 세 사람이 먼저 싸워야 한다면 무엇 때문에 큰돈 들여서 세 명씩이나 보스턴에 보내겠습니까?"

함경북도 도민들도 더 이상 코치에 대해 왈가왈부하지 않았다. 런던에서의 참패로 우리는 서로 헐뜯고 싸울 여유도 없었다. 누구든 이기지 않으면 안 되었다. 만약 이번에도 진다면 도대체 누가 그 많은 경비를 감당하며 다시 마라톤 선수를 해외에 파견하겠는가. 나는 최윤칠 군의 뒷바라지에 각별히 유의했다. 그 전해에 코치 문제로 일어난 소동을 염두에 두었기 때문이다.

현지에 도착해서도 최윤칠 군은 연습 스케줄부터가 달랐다. 자신의 스타일대로 연습하겠다고 주장했기 때문이다. 함기용, 송길윤이 20km 뛰는 날에 자기는 25km를 뛰겠다고 했다. 그러자니 자동차로 선수들을 내려주고 태워오기가 여간 불편하지 않았다. 선수들 사이에 불평이 많았지만 나는 오히려 함기용, 송길윤을 윽박질렀다. 잠자리도 서로 차별 없이 하느라 날마다 방을 바꾸어 자도록 했다.

악운이 따른 것일까. 대회에 임박해서 최윤칠 군의 다리에 또 말썽이 생겼다. 심한 근육통으로 뛰느냐 못 뛰느냐 하는 심각한 지경에 이르렀다. 최윤칠 군은 어떻게든 기회를 놓치고 싶지 않아 마취 주사라도 맞고 뛰겠다고 고집했다.

의사가 중대한 결정이니 코치와 상의해보라고 일러 최윤칠 군은 나와 마주 앉았다. 나 또한 이런 곤경을 어떻게 처리해야 할지 답답한 노릇이었다. 가장 큰 기대를 걸었던 최 군이 또 이 모양이니. 나는 도대체 어떻게 우승을 시키느냐, 어떻게 반대파들의 공격을 막느냐로 고심하지 않을 수 없었다.

"윤칠 군, 주사를 맞고 뛴다면 주사 맞은 자리가 굳어질 테고, 또 심한 운동으로 어떤 부작용이 생길지 모른다. 나는 그 점에 책임질 수가 없어. 차라리 주사를 맞지 않고 뛴다면 내가 네 성적에 책임을 지마. 세 사람 중 누군가 우승하려면 또 다른 한 사람의 희생정신이 필요하다. 자, 어떻게 할텐가?"

최윤칠 군은 이미 자신의 다리 부상으로 각오를 다지고 있었다.

"그럼 제가 앞서서 뛰겠습니다."

그는 마취제를 맞지 않고 동료 선수들을 위해 앞장서서 외국 선수들을 유도했다. 그 다리의 고통, 그 마음의 고통을 나도 모를 리가 없었다.

장한 사내였다. 최윤칠 군은 두 동료를 위해 참가국 선수들을 유인해 기력을 빼놓으면서도 끝까지 자신의 레이스를 포기하지 않았다. 최 군의 보이지도, 기록되지도 않은 도움을 받아 함기용, 송길윤이 1·2위로 나란히 결승 테이프를 끊었다. 기쁨에 넘쳐 결승점에서 환호하던 내 눈앞에 놀라운 일이 벌어졌다. 어디쯤에서 기권해 차를 타고 들어올 줄로만 알았던 최윤칠 군이 나타난 것이다.

아픈 다리를 이끌고 역주하는 최윤칠. 그런 장한 사내를 여태 본 적이 없었다. 최윤칠은 다른 한 선수와 붙어 이를 악물고 경쟁하며 달리고 있었다. 나는 벼락같이 달려가 소리를 질렀다.

"윤칠이! 여기가 어딘데 꾸물거리는 거야!"

쩌렁쩌렁 울리는 내 목소리에 힘이 났는지 최윤칠 군은 남은 300m를 사력을 다해 달려 3위를 차지했다. 한국 마라톤은 아마 그만한 인물을 두 번 갖기 어려울 것이다. 그는 장사요, 대포알 같은 주력을 가졌다. 나는 함기용, 송길윤 군의 1·2위보다 최윤칠 군의 3위가 더 소중하고 의미 깊은 것이라고 믿는다.

제54회 보스턴마라톤대회처럼 통쾌했던 적도 없었다. 아직 양정고 학생이던 함기용 군이 2시간 32분 39초로 우승하고, 송길윤 군은 2시간 35분 58초로 2위, 최윤칠 군은 2시간 39분 45초로 3위를 차지해 보스턴 하늘에는 태극기만이 가득했다. 전 세계 마라톤계에서 또한 번 한국 마라토너들의 우수성에 탄복했다. 1947년 서윤복 군의 우승에 이어 1950년 함기용, 송길윤, 최윤칠이 1·2·3위를 휩쓸어 미국 내에는 코리아의 선풍이 일었다. 도처에서 초청장이 날아와 어느 쪽부터 응해야 할지 모를 지경이었다. 보스턴 총영사 김용식(金溶植) 씨를 비롯해 미국에 체류하거나 유학 중이던 교포들이 앞다투어 달려와 선수들을 축하하고 격려해주었다.

선수들 사이의 갈등이 완전히 해소된 것은 아니었다. 나는 이곳저곳 환영회에 참석하면서도 눈치껏 함기용을 답사에 내세우기도 하고, 송길윤을 내세우기도 하고, 또 최윤칠을 앞세우기도 했다. 지나칠 정도로 신경을 쓰는 나에게 나이 어린 함기용은 "선생님, 우승은 내가 했는데 뭘 그러십니까?"라고 볼멘소리를 하기도 했다.

6월 20일, 김포공항에 도착했다. 국내에서도 대환영이었다. 이 박사는 함기용과 내 손을 나누어 쥐고는 "수고들 했어. 정말 잘들 했

다시 보스턴을 휩쓴 한국 마라톤

1950년에 열린 제54회 보스턴마라톤대회는 손기정의 지도자로서의 결단력과 최윤칠의 희생정신이 돋보인 무대였다. 한국은 사상 처음 국제마라톤대회에서 1, 2, 3위를 휩쓸었다. 위 사진은 세 선수와 손기정이 보스턴에서 찍은 것으로 왼쪽부터 송길윤, 최윤칠, 손기정, 함기용이다. 아래 사진은 개선 후 이승만 대통령을 만났을 때로, 이승만은 함기용과 손기정의 손을 나눠 잡고 매우 기뻐했다.

어" 하고 기쁨을 감추지 못했다. 런던에서 지고 왔을 때와는 딴판이었다. 부산에서부터 대구, 대전, 서울에서 연이어 환영대회가 베풀어져 우리는 전국의 도시를 누비고 다녔다. 귀국 5일째 되던 날 나는 함기용의 고향인 춘천의 환영대회에 가려고 하는데 6·25전쟁이 터졌다. 환영대회고 뭐고 모두 풍지박산이 나서 뿔뿔이 흩어졌다.

동족상잔의 비극

무너지고 타다 남은 건물의 앙상한 뼈대,
가로수 아래 이리저리 나뒹구는 시체들.
도대체 누구를 위한 전쟁인가. 도대체 무엇을 위한 전쟁인가.

6·25의 비극

　도대체 얼마나 많은 사람이 공산주의의 참뜻을 알고 신봉한단 말인가. 또 얼마나 많은 사람이 민주주의의 참된 의미를 이해하고 있다는 것인가. 6·25전쟁, 그 저주스러운 동족상잔의 비극이 일어나기 전까지 나는 정치 이념이 하루 세 끼 밥 먹는 일보다 더 중요하다고 생각해본 적이 그리 많지 않았다. 서로 총과 칼을 들이밀어도 설마 동족끼리 쏘고 찌르기야 하겠느냐는 것이 먹고 살기 바빴던 서민들의 생각이었다.

　그러나 붉은 탱크는 삽시간에 서울을 점령해버렸다. 허수아비처럼 허세만 부리던 정부는 국민을 내팽개친 채 남으로 달아났다. 도대체 내가 도망갈 이유가 있는가 하면서도 하루하루가 살아 숨 쉬는 것 같지 않았다.

　집에 웅크리고 있던 어느 날 인민군 대위가 찾아왔다. '올 것이 왔구나.' 긴장 속에서 그를 맞은 나는 깜짝 놀랐다. 내가 잘 알고 있던 양정 육상부 후배 한운섭이었다. 그는 100m, 200m 단거리 선수였다.

　　　　　　　　　　　　　　　　　　　　동족상잔의 비극

그의 뒤로 계급이 더 높아 보이는 사람 둘이 서 있었다. 나는 불안한 중에도 그가 반가워서 소매를 끌어 앉혔다. 경황이 없어 대접은 못 하고 소주와 오이를 꺼내 놓고 권했다. 그러나 그는 "다음에 또 오지요" 하고 일어났다. 값진 것은 아니지만 보스턴에서 돌아오며 가져온 기념품을 건넸으나 그 마저도 받지 않고 그대로 가버렸다. 불안은 처음보다 더했다. 한참 뒤 부산에서 만난 친구가 "당신은 한운섭 군 덕에 살았어" 하고 한 군의 배려를 귀띔해주었다.

한운섭이 다녀간 얼마 뒤 또 다른 사람들이 와서는 "메이지대학 출신들이 기다리고 있으니 함께 가자"고 이끌었다. 그들은 나를 소공동 국립도서관 건물로 데리고 갔다. 과연 나뿐 아니라 축구하던 김용식 씨, 민병대(閔丙大) 씨 등이 먼저 와 있었다. 알고 보니 그 건물에 정치보위부인가 하는 기관이 임시로 들어와 요인들을 잡아들이고 있던 것이었다.

그들은 우리에게 다짜고짜 고백서를 쓰라고 강요했다.

"아니, 도대체 무얼 고백하라는 거요?"

"동무는 미국 제국주의 땅에 가서 마라톤 1·2·3위를 하면서 괴뢰 정부를 선전하지 않았소?"

"나야 뜀꾼이니 뜀뛰기 대회라면 어디든지 다 나가오. 그게 정치와 무슨 상관이오?"

"그럼 우리 조선인민공화국 일에 협조하겠다고 서약하시오."

"마라톤을 하라면야 어디서든 할 수 있소. 나야 마라톤 말고는 아는 게 뭐 있소?"

한참 실랑이를 하다가 그들은 나가버렸다. 이틀이 지났는데도 가라 마라 아무 말이 없었다. 김용식 씨는 참다못해 이층 창문으로 뛰어내려 도망가자고 했다. 허기진 배로 어떻게 뛰느냐니까 "손은 그저 밤낮 먹는 것밖에 모른다"고 핀잔주며 안절부절못했다.

마침 한 젊은이가 우리 방을 지나가길래 그에게 "우린 도대체 어떻게 될 것 같소?"라고 물어보았다. 그는 "선생님들이야 운동만 했는데 뭐 별일 있겠습니까?" 하고 안심시켜주었다. 그는 곧 마산서장으로 가게 된다고 기분 좋아서 말했다. 군대가 마산까지 밀고 내려가기도 전에 벌써 행정, 치안 담당자들을 내정해두는 모양이었다.

마산서장으로 간다던 젊은이 말대로 우리는 큰 탈 없이 그곳을 나왔다. 나오면서도 혹시 누가 다시 부를까봐 뒷덜미가 근질근질했다. 중화민국대사관(지금의 중국대사관) 부근에 이르러 "여기서 헤어지자. 같이 다니다가 또 무슨 일이 일어날지 모르겠다. 살면 다시 만나겠지" 하고 우리 셋은 제각기 딴 길로 갔다.

나는 아무래도 그냥 집으로 가는 것이 불안했다. 을지로에 있던 조인상 선배 집을 찾아갔다. 마침 조 선배는 일자리를 구해 쌀이라도 사야겠다고 밖에 나가고 없었다. 이틀 후 돌아온 그는 까닭 없이 경성전기 건물 지하실로 끌려가 매를 맞았다고 한숨을 쉬었다.

다시 회현동 한종흠 선배 집 2층에 피신해 있는데 이웃집 아래층에서 '내무서에서 조사 나온다'는 소리가 들렸다. 큰일났다 싶어 함께 숨어 있던 육상선수 출신 안영재 씨, 신문 일을 보던 우승규(禹昇圭) 씨 등과 함께 그 집을 뛰쳐나왔다. 또 어디로 갈까, 망설이다가 체부동(지금의 내자동 근처)에 있는 농구선수 출신 정상윤(丁相允) 씨 집으로 향했다. 가는 도중 검문에 걸렸으나 "동원이 되어서 불려가는 중이다"라고 둘러댔더니 잠자코 놔주었다.

도저히 다리가 떨리고 겁이 나서 더 걸을 수 없었다. 나는 공중변소라도 들어가 숨자고 했지만 벌써 날은 어둡고 통금 시간인 9시가 다 되어갔다. 하는 수 없이 걸음을 재촉해 정상윤 씨 집에 닿았다. 이마에서는 식은땀이 흘렀다.

정상윤 씨는 충청도에 쌀 가지러 간다고 집을 비우고 있었다. 우리가 도착해서 얼마 안 되어 또 내무서에서 조사를 나왔다. "이젠 꼼짝없이 붙들렸구나" 하고 뜰의 호박 덩굴 밑으로 기어 들어갔다. 그러나 호박잎으로는 도저히 몸을 감출 수 없었다. 숨은 꼴이 달빛에 훤히 드러났다.

나는 안 되겠다 싶어 다시 기어 나왔다. 침실 침대 밑을 들여다봐도 숨을 만한 데가 없었다. '에라, 그럴 바엔 차라리 당당히 앉아 있다가 잡혀가자'고 생각해서 "아주머니, 나 바깥주인 행세 좀 합시다" 하고는 마루에 버티고 앉아 조사 오기를 기다렸다. 그러나 다행히 아무도 찾아오지 않았다. 이튿날 아침 지난 밤 내무서원들이 우리보다 더 늦게 이웃집으로 숨어 들어간 사람들을 찾느라 나왔었다는 이야기를 들었다. 여기도 오래 있다가는 재미가 없을 것 같았다.

내가 "자, 같이 다니면 서로 위험하니 헤어집시다"하고 길을 나섰더니 우승규 씨가 "손은 너무 냉정해"라며 섭섭해했다. 차라리 운동장으로 가는 것이 안전할 것 같아 안영재 씨와 함께 서울운동장으로 향했다. 운동장장 김동우(金東愚) 씨는 시설 책임자로 자리를 지키고 있었고 안영재 씨는 그곳 직원이니 마음놓고 들어갈 수 있었다.

우리 둘은 비를 맞으며 청계천을 걸었다. 우산은 들었으나 비를 막

기보다는 마주오는 사람들의 시선을 막느라 연신 옆으로 기울여 비는 맞을 대로 다 맞아 생쥐 꼴이었다. 청계천 길가에는 아직 몇몇 대포집이 문을 열어 두고 있었다. 우리는 걸음을 옮기는 동안 한 잔씩 목을 축여가며 추위와 불안을 덜어냈다. 술에 얼큰해져서 서울운동장에 도착했다. 뒷문으로 들어가 얘기를 들으니 운동장도 모두 인민군이 접수해서 야구장에는 고사포부대, 수영장에는 통신부대가 자리 잡고 있다는 것이었다. 나는 옛날 엉터리 가정교사 때의 이름을 생각해내어 박동일이라는 운동장 직원으로 가장했다.

하루는 육상을 하던 이경의(李景義) 씨가 밖에 나갔다가 운동장으로 들어오는 인민군들의 위세에 눌려 도움말을 한다는 것이 "고사포부대는 운동장을 나갔다"고 부질없는 소리를 했다. 인민군은 대뜸 "네가 뭔데 군사 기밀을 함부로 떠들어!" 하며 권총을 들이댔다.

사색이 다 된 이경의 씨는 숨이 넘어갈 듯 김 동무, 김 동무 하고 운동장장 김동우 씨를 불렀다. 김동우 씨가 "그는 운동장 직원이니 내가 책임지겠다" 하고 위기를 모면했다. 김동우 씨는 얼떨결에 곁에 있던 나를 손 동무, 손 동무 하고 불러 곤경에 빠뜨렸다. 일껏 나를 박동일이라고 일러줬는데 손 동무라니. 나중에 내가 힐책했더니 그도 무심결에 나왔다고 미안해했다. 나는 그때부터 손동일이 되었다.

불안과 초조 속에 떨다가 다시 북상한 국군을 맞았다. 그사이 수많은 사람이 다치고 끌려가고 숨졌다. 많은 물자가 불에 타고 부서졌다. 유엔군의 이름으로 참전한 미군도 많이 희생되었다. 자신들의 영토를 지키기 위해 참전한 것은 물론 아니었다. 그러나 그들이 오직 한국의 자유와 평화를 지키기 위해 참전했던 것인지는 모를 일이다.

남북의 군대들이 들어오고 물러나고 할 때마다 피해는 그만큼 커져갔다. 무너지고 타다 남은 건물의 앙상한 뼈대, 가로수 아래 이리저리 나뒹구는 시체들. 도대체 누구를 위한 전쟁인가. 도대체 무엇을 위한 전쟁인가. 사람들은 전쟁의 참혹상에 치를 떨었다.

보스턴에서 후퇴하다

전화 속에서 남으로 쫓기면서도 조선마라톤보급회를 중심으로 제55회 보스턴마라톤대회 준비는 계속되었다. 나와 김은배 선배가 감독, 서윤복 군이 트레이너가 되어 동래 온천에서 합숙 훈련에 들어갔다. 선수로는 전해 1·2·3위를 휩쓸었던 함기용, 송길윤, 최윤칠 외에 홍종오와 오세대 군이 참가했다. 이성주(李成周) 치안국장이 양식을, 김윤근(金潤根) 장군이 합숙을 지원해주었다.

보스턴마라톤대회 준비가 한창이던 때에 뜻하지 않은 외신 보도를 접했다. AP통신이 전한 소식은 보스턴육상경기협회장인 월터 브라운(Walter Browne) 씨가 한국팀의 참가를 반대한다는 것이었다. 그의 반대 이유는 이랬다. "한국 선수들은 지금 마땅히 고국에서 싸워야 할 때다. 우리 미국의 젊은이들이 지금 한국을 수호하기 위해 한국 땅에서 싸우고 스러져가고 있지 않는가."

우리 육상계는 모두 경악과 의혹의 시선으로 그의 발언에 주목했다. 보스턴마라톤대회에서의 우승은 정치적, 사회적 시련에 시달리는 우리 국민들의 빛이요 희망과도 같은 것이었다. 보스턴마라톤대

회에 초청하지 않겠다는 브라운 씨의 충격적인 발언은 그만큼 파장
이 컸다. 이승만 대통령은 이철원(李哲源) 공보를 통해 '한국의 보스
턴마라톤대회 참가의 길을 막은 브라운은 한국을 싫어하는 사람이
든지 아니면 공산당'이라고 강경한 어조의 담화를 발표했다.

육상연맹도 즉각 보스턴에 공한을 발송하고 신문에는 국군 장병
에게 보내는 성명서를 냈다. 나는 브라운 씨의 발언에 이렇게 반박
했다. "우리 100만 청년들이 공산 침략을 막기 위해 세계만방에 무
기 지원을 호소하고 있다. 우리 선수들 역시 그 100만 청년의 일원으
로 민주적 갈망에 흔쾌히 참여하고 있다. 브라운 씨는 우리에 대한 이
해가 부족한 것 같다. 선수들이 연습에 임하는 것은 언제든 무기를 들
고 일선 장병같이 싸우는 전사가 될 수 있음을 보여주는 것이다."

동족상잔의 비극

하와이 교민들도 "미국도 제2차 세계대전 중에 야구, 농구 등 스포츠 활동을 계속했다. 그것은 후방 사람들을 안심시키고 동요치 않게 하기 위해서였다"라며 브라운을 공격했다.

1951년 보스턴마라톤대회 참가의 길은 끝내 열리지 않았다. 이 대회에서는 처음 일본의 다나카 시게키(田中茂樹)가 19세의 나이로 우승했다. 그러나 그의 기록 2시간 27분 45초는 아직 1947년 서윤복 군의 대회 최고 기록에 2분 6초나 뒤지는 것이었다. 이 한 번의 불참으로 한국 마라톤은 움츠러들기 시작했고, 일본은 줄기차게 보스턴마라톤대회에 참가, 마라톤 강국으로서 길을 닦았다.

그러나 마라톤에 대한 열기만은 식지 않았다. 1·4후퇴로 부산에 갇혀 있는 동안에도 우리는 중화민국(지금의 타이완) 대사를 지내다 돌아온 이범석 씨를 회장으로 마라톤보급회를 재건했다. 후일 국회 부의장이 된 이재형(李載瀅) 씨가 부회장, 이영근(李榮根) 씨가 재정 담당이었다. 부산역 건너편 건물의 한 사무실을 빌려 이영근 씨는 마라톤보급회 일을 보았다.

동래에서 합숙하며 합숙비 조달을 위해 이영근 씨를 찾아갔다가 뜻밖의 소식을 들었다. 그가 정치적인 일로 붙잡혀 갔다는 것이었다. 1952년 1월, 이승만 박사의 장기 집권을 위한 대통령 직선제, 국회 양원제 개헌을 둘러싸고 전쟁 중에도 어용 시위, 국회의원 피습 등으로 정국이 소란스러웠다. 이영근 씨는 국회부의장 조봉암 씨 밑에서 정치 활동을 하다가 붙들려간 것이다. 피난처 부산에서 일어난 정치파동으로 마라톤보급회도 숨이 끊기고 말았다.

급변하는 세계 마라톤

세계 마라톤의 조류는 급속히 변하고 있었다.
종래 한국이 세계를 제패한 것은 선수들의 끈질긴 정신력과 지구력 덕분이었다.
그러나 이제 시대가 변했다. 끈질기게 버티는 것만이 마라톤이 아니었다.

20년 만의 베를린에서

1952년 7월 19일, 북구의 작은 나라 핀란드의 수도 헬싱키에서 제15회 올림픽이 열렸다. 올림픽의 장거리 왕자 파보 누르미를 탄생시킨 곳이었다. 그는 이미 55세의 장년이었다.

발트해와 접하고 있는 이 작은 나라에서 올림픽이 개막되던 날 주름진 얼굴의 파보 누르미는 자신의 동상이 우뚝 선 올림픽 메인 스타디움에 성화를 치켜들고 입장했다. 관중들은 노장 영웅의 힘찬 모습에 박수갈채를 보냈다.

핀란드는 올림픽을 거창하게 치를 수 있을 만큼 부자 나라는 아니었다. 그러나 모든 사람이 스포츠를 좋아했다. 특히 기본 종목인 육상을 즐겼고 올림픽을 사랑했다. 케코넨 핀란드 대통령도 누르미와 함께 올림픽에 출전했던 옛 동료이다. 헬싱키 올림픽은 화려하지도 웅대하지도 않았지만 아기자기한 스포츠 잔치로 작은 나라에서도 충분히 올림픽을 치러낼 수 있다는 본보기를 보여주었다.

한국은 전란 중이었지만 나는 코치로서 최윤칠과 홍종오 군을 이

헬싱키 올림픽 개막식에 입장하는 한국 선수단

1952년 개최된 헬싱키 올림픽 개막식에서 손기정은 기수로 대한민국 선수단을 이끌었다. 이 올림픽 마라톤에서 '인간 기관차'라 불린 체코슬로바키아의 에밀 자토펙이 등장해 선풍을 일으켰고, 한국의 최윤칠은 아쉽게 4위에 그치고 말았다.

끌고 다시 헬싱키 올림픽 마라톤에 도전했다. 그러나 이미 최윤칠의 시대는 저물고 있었다. 헬싱키에서는 그 유명한 체코슬로바키아의 '인간 기관차' 에밀 자토펙(Emil Zatopek)이 나타나 2시간 23분 3초 2라는 기관차 같은 스피드로 1위를 차지했다. 아르헨티나의 레이날도 고르노가 2시간 25분 35초로 2위, 스웨덴의 구스타브 얀손이 2시간 26분 7초로 3위를 차지했으며, 최윤칠 군은 2시간 26분 26초로 4위를 마크했다.

1956년 8월 9일, 세계군인육상선수권대회가 베를린에서 열렸다. 나는 선수단 임원으로 참가하게 되었다. 1936년 마라톤 우승 이후 처음 밟아보는 베를린이었다. 20년 전의 감격이 새로웠다. 베를린 시민들의 대대적인 환영과 신문들의 환영 보도 기사에 나는 또 한 번 눈시울이 뜨거워짐을 느꼈다. 20년 전 일장기를 달고 달리던 105리의 레이스가 머릿속에 활동사진처럼 펼쳐졌다.

레니, 아름답고 친절했던 그녀를 만난 것도 베를린 올림픽 이후 처음이었다. 여전히 카메라를 손에서 놓지 않은 그녀는 여전히 제 나이로 보기 어려울 만큼 젊음을 간직하고 있었다. 그녀는 세계대전 중에 어떻게 살아남았으며 어떻게 지내왔는지 다정한 친구 대하듯 상세히 들려주었다.

육상대회가 개막한 날 대회 본부 측은 특별히 마련한 시상대 위에 나를 세우고 꽃다발을 증정했다. 양편에는 정복 군인들이 호위하듯 감싸고 꽃으로 장식된 시상대 위에서 나는 열광하는 스탠드의 관중에게 손을 들어 답했다. 눈물이 쏟아질 것 같았다.

스탠드에 있던 젊은이들이 몰려들어 기념 촬영을 요구했다. 1936년 내가 우승할 당시 17세로 졸링겐의 유명한 강철회사에 다녔었다는 한 남성은 그때 내게 받은 사인을 아직도 가지고 있다면서 부인을 소개해주기도 했다. 베를린 시장도 나를 귀빈으로 접대하며 기념 선물을 주었다.

대회가 끝난 후인 8월 23일, 나는 뒤셀도르프에서 마리에 루이제 네프 부인을 만났다. 1936년 무더위 속을 달리던 내게 물을 권하던 중년의 간호사가 어느덧 할머니가 되어 있었다. 당시 적십자사 회원이었던 네프 부인은 올림픽 봉사대원으로 활동했으며 그 후 전란 통에 공군 조종사이던 아들을 잃고 혼자 살고 있었다. 부인은 내가 시상대에서 승리의 월계관을 쓴 사진을 붙여 두고 당시의 감격을 되새

세계적 스포츠인 손기정

1 1952년 헬싱키 올림픽에서 손기정은 자신의 우상 파보 누르미와 재회했다. 누르미는 헬싱키 올림픽에 성화 봉송 주자로 참여했었다. 손기정은 그에게 한국 기념품과 기념 배지를 선물했다.

23 1956년 8월 독일 베를린에서 열린 세계군인육상선수권대회에 한국 선수단 임원으로 참가한 손기정은 1936년 올림픽 이후 처음 베를린을 방문했음에도 베를린 시민들에게 성대한 환영을 받았다. 시민들은 물론 많은 대회 참가자들이 그와 함께 기념 촬영을 했다. 또 베를린 올림픽 이후 처음으로 레니 리펜슈탈을 만났고 이때부터 그들의 우정은 계속되었다.

4 1956년 세계군인육상선수권대회 당시 독일인들과 담소를 나누는 손기정의 모습이다.

5 일본에서 마라톤 영웅들이 만났다. 1985년 일본 월드컵국제마라톤대회에서 역대 올림픽 마라톤 메달리스트들과 찍은 기념 사진이다. 왼쪽부터 일본의 기미하라 켄지(君原健二, 1968년 멕시코시티 올림픽 마라톤 은메달), 독일민주공화국(동독)의 발데마르 키에르핀스키(1976년 몬트리올 올림픽·1980년 모스크바 올림픽 마라톤 금메달), 영국의 벤저민 배질 히틀리(Benjamin Basil Heatley, 1964년 도쿄 올림픽 마라톤 은메달), 손기정(1936년 베를린 올림픽 마라톤 금메달), 프랑스의 알랭 미뭉(1956년 멜버른 올림픽 마라톤 금메달), 미국의 프랭크 쇼터(1972년 뮌헨 올림픽 마라톤 금메달), 체코슬로바키아의 에밀 자토펙(1952년 헬싱키 올림픽 마라톤 금메달)이다.

4

5

기곤 한다고 했다.

나는 독일의 함부르크, 뒤셀도르프, 쾰른, 본, 레마겐 등 대도시와 세계대전의 잔흔을 돌아보며 귀로에 올랐다. 암스테르담, 파리, 로마, 밀라노, 아테네를 거쳐 사이공, 홍콩, 일본을 지나오며 나는 20년 전 그날의 회상에 젖어 있었다.

한국 마라톤의 마지막 주자 이창훈

1953년 전란이 끝나자마자 전국 각지를 다니며 인재 발굴에 나섰다. 대구에서 영남중학교에 다니던 이창훈(李昌薰) 군을 만났다. 경북 성주가 고향인 그는 전국체전에 출전하는 등 한창 달리기에 열중하고 있었다. 나는 그의 뛰어난 소질에 놀라 양정으로 데려왔다. 영남중학교에서는 좋은 선수를 빼앗긴다고 야단이었다. 그렇다고 영남중학교에 다니며 마라톤 훈련을 시킬 수는 없는 일이었다. 큰 선수를 만들고 싶은 욕심에 내 집에서 같이 지내며 사비를 털어 뒷바라지했다.

이창훈 군은 기대했던 대로 점차 두각을 나타내더니 양정 2학년 때 1956년 제16회 멜버른 올림픽 마라톤 대표로 뽑혔다. 스피드보다는 지구력이 대단한 선수였다. 아쉽게도 멜버른 올림픽에서 메달은 놓쳤으나 일본의 가와시마 요시아키(川島義明), 노쇠한 '인간 기관차' 자토펙을 제치고 2시간 28분 45초로 4위를 차지해 마라톤 왕국인 한국의 전통을 이었다. 이 대회에서는 프랑스의 알렝 미뭉(Alain

Mimoun)이 2시간 25분으로·1위, 유고슬라비아의 프라뇨 미할릭(Franjo Mihalic)이 2시간 26분 32초로 2위, 핀란드의 베이코 카르보넨(Veikko Karvonen)이 2시간 27분 47초로 3위를 차지했다.

멜버른 올림픽 때에는 국회의장이며 체육회장, 한국올림픽위원장이었던 이기붕(李起鵬) 씨가 단장으로 간다 못 간다 해서 말썽이 났다. 그밖에도 선수단 임원을 둘러싸고 체육계에 암투가 벌어지면서 선수단이 무슨 유람단이냐는 등 사회의 지탄을 받았다. 또 올림픽 기념으로 발행된 도미니카공화국 우표에 내 마라톤 우승 당시 모습과 함께 일장기를 그려 넣어 외무부에서 공식 항의하는 등 외교 문제로까지 번졌다.

멜버른 올림픽은 또 개막 직전 헝가리의 자유운동을 무력으로 탄압한 소련군에 항의하는 수많은 서방 국가의 불참 통고로 올림픽 사상 처음 정치적 소용돌이에 위협받은 대회였다.[22]

1957년 4월 19일 제61회 보스턴마라톤대회에서 임종우 군이 2시간 24분 55초로 3위에 입상했다. 우승은 못 했으나 이때까지도 한국 마라톤은 일본보다 우위를 지키고 있었다. 일본은 1951년 한국이 전란으로 불참한 때에 처음 다나카 시게키가 보스턴마라톤대회에서 1위를 차지했으며, 1953년 야마다 게이조(山田敬蔵), 1955년 하마무라 히데오(濱村秀雄)가 우승했으나, 1957년에는 야마다가 6위에 그쳐 한국에 뒤지고 있었다.

같은 해 12월 한국 마라톤은 잊지 못할 참패를 당했다. 임종우, 송삼섭(宋三燮), 이상철(李相鐵) 등이 일본 마라톤의 아버지 가나구리를 기념하는 아사히국제마라톤대회(지금의 후쿠오카국제마라톤대회)

급변하는 세계 마라톤

에 출전해 레이스를 마치지도 못하고 전원 기권해버린 것이었다. 신문들은 '마라톤 한국의 전통은 어디로 갔느냐', '땅에 떨어진 마라톤 왕국의 명예', '한국 마라톤 27년 만에 일본에 대패'라고 대서특필하며 규탄했다.

한국은 임종우 군에 큰 기대를 걸고 있었다. 그는 남달리 스피드가 뛰어난 선수였다. 그러나 지구력이 약한 게 흠이었다. 잘 달리다가도 종반 레이스에 지쳐 완주하지 못하는 것이었다.

아사히마라톤대회의 패배는 충격적이었지만 한국 마라톤계에 커다란 교훈을 던져주었다. 세계 마라톤의 조류는 급속히 변하고 있었다. 종래 한국이 세계를 제패한 것은 선수들의 끈질긴 정신력과 지구력 덕분이었다. 그러나 이제 시대가 변했다. 끈질기게 버티는 것만이 마라톤이 아니었다. 10,000m를 달리듯 정확히 측정된 스피드의 조절 없이는 우승할 수 없게 되어 버린 것이다. 세계 기록은 벌써 2시간 15분 벽을 돌파, 초인적인 스피드를 보였다. 1957년에 이미 마라톤 강국 핀란드의 비스가리는 2시간 14분 14초를, 소련의 세르게이 포포프(Sergei Popov)는 2시간 15분 17초를 마크했다. 세계 마라톤은 지구력이 아닌 스피드의 싸움이 되었고, 20분대 안에 들어야 우승을 낙관할 정도가 되었다.

한국 마라톤은 사실상 1935년 내가 세운 국내 기록 2시간 25분 14초, 메이지신궁대회 기록 2시간 26분 42초에서 후퇴해왔다. 2시간 30분 밖에서 맴돌던 기록은 1947년 서윤복 군에 의해 간신히 2시간 25분대로 들어섰다. 선수에 대한 과학적인 스피드 분석 없이 이를 악물고 그때그때 레이스에서만 이겨내면 된다는 식의 비과학적인 훈련이 계속되었기 때문이다.

1958년 5월 일본이냐, 한국이냐로 마라톤의 우열을 가리는 또 한 차례의 대결이 도쿄에서 벌어졌다. 제3회 아시아경기대회였다. 이번에도 진다면 한국 마라톤의 회생 가능성은 찾기 어려웠다.

서윤복 군이 코치를 맡고 이창훈, 임종우 군 등이 출전했다. 28도의 더운 날씨였다. 아시아 6개국 10명의 선수가 출전했으나 모두가 더위로 기진맥진이었다. 레이스 중반까지도 임종우 군이 선두로 쾌주했다. 그는 전해 후쿠오카 아사히마라톤대회에서 당했던 참패를 떠올리며 만회를 위해 급피치를 올렸다.

그러나 또다시 중반에 접어들며 임종우 군의 체력이 떨어지기 시작했다. 완주할 수 있을지 걱정스러울 정도로 지쳐 있었다. 마치 릴레이에서 바통을 넘겨받듯 이창훈 군이 선두를 떠맡고 나섰다. 메인스타디움 트랙을 돌 무렵에는 이창훈 군의 두 눈이 감기다시피 할 만큼 무척 지쳐 있었다. 결승 테이프를 몸에 감은 채 끝내 쓰러져 의식을 잃고 말았다. 2시간 32분 55초. 더위와 피로와 책임감과의 생사를 건 싸움에서 승리한 것이다. 그는 곧 들것에 실려 의무실로 옮겨졌다. 서윤복 코치가 불안한 표정으로 의무실까지 따라가 지켰다.

"이겼는데 쓰러지면 어떻고, 까무러치면 어떠냐!"

나는 통쾌했다. 일본을 이기고 한국 마라톤이 우승한 것이었다.

"한국 마라톤은 이렇게 건재하다. 우승하고 죽은들 사내답고 장한 일이 아니냐?"

이창훈 군은 거의 15분이나 지나서 정신을 차렸다. 땀이 말라 소금기가 허옇게 어린 그의 얼굴을 들여다보며 나는 지난 3년간 숙식

대한체육회 공훈상을 받다

1959년 대한체육회 창립 40주년을 맞아 한국 마라톤 선수 육성과 세계 제패의 공을 치하하며 손
기정에게 공훈상을 수여했다.

을 같이하며 비바람과 새벽 찬공기를 마다 않고 정진하던 그의 훈련
모습을 생각했다. 규칙적인 훈련과 체력 관리, 그리고 강인한 정신력
이 없이 마라톤 우승은 불가능한 것이다. 이 군은 이상백 선수단장
으로부터 금메달을 받았다. 이승만 박사도 축전을 보내왔다.

더욱 기쁜 것은 임종우 군이 레이스를 포기하지 않고 사력을 다해
결승점을 밟아 4위를 차지한 것이었다. 2시간 46분 13초로 부진한
기록이었지만 최선을 다해 전해에 진 빚을 갚았다.

이창훈 군은 이 무렵 국내 마라톤 제1인자로서 각종 마라톤대회를
휩쓸었다. 1959년 9월 29일 한국일보가 주최한 9·28 서울 수복 기
념 서울-인천 간 국제마라톤대회에서도 국내외 33명의 선수와 겨루
어 2시간 24분 7초 8로 우승했다. 1964년 4월 19일에도 동아일보사

가 경영단축마라톤을 처음 풀코스 마라톤으로 연장한 동아마라톤대회에서 2시간 27분 13초 8로 우승했다.

1959년 12월 나는 서윤복, 함기용, 이창훈 등과 세계 마라톤을 제패한 후배들을 길러냈다는 공으로 대한체육회 공훈상을 받았다. 선수 본인들의 뼈와 살을 깎는 훈련으로 세운 공을 대신 치하받는 것 같아 면구스러웠다.

이창훈 군은 동료 몇 명과 함께 내 집에서 지내는 동안 나도 모르는 사이에 딸아이 문영과 가까워진 모양이었다. 문영은 진명여고를 나와 중앙대 가정과에 진학, 이창훈과 대학 동창이어서 쉽게 친해진 듯했다. 1963년 1월 20일, 둘의 뜻이 맞아 시민회관(지금의 세종문화회관) 예식장에서 혼인식을 올렸다. 정작 아버지인 나는 도쿄 올림픽 남북 단일팀 구성 문제로 로잔 남북회담에 참석하느라 결혼식에 가보지도 못했다. 딸아이에게는 물론 후배이자 사위인 이 군에게도 매우 미안스러운 일이었다.

이창훈 군은 행복한 시대를 산 마라토너였다. 그는 세계 무대, 아시아 무대의 정상을 달리던 마라톤 왕국 한국의 마지막 주자였다. 한국 마라톤은 벌써 높은 고개를 올라선 뒤여서 이후 내리막길로 접어들게 되었다.

맨발의 성자 아베베

1960년 로마 올림픽은 한국 마라톤의 종막을 예고하는 듯했다. 이

급변하는 세계 마라톤

미 전성기를 넘어선 이창훈과 김연범(金連範), 이상철 등이 출전했으나 모두 20위권 밖으로 밀려났다. 그나마 일본에 뒤지지 않은 게 한 가닥 위안이었다.

1960년 세계는 새로운 마라톤 영웅을 맞았다. 맨발로 달리는 세계 마라톤의 황제 아베베 비킬라(Abebe Bikila)가 출현한 것이었다. 로마 올림픽에 출전했을 때 벌써 그의 나이는 28세. 에티오피아 셀라시에 황제의 친위대원으로 이름 없는 용사이던 그는 로마 올림픽에서 맨발로 달려 2시간 15분 16초 2의 올림픽 최고 기록을 세우며 조국 에티오피아에 처음 올림픽 마라톤 금메달을 바쳤다.

셀라시에 황제는 그를 에티오피아 최고의 영웅으로 칭송했고 소위로 임관시켜 친위대 체육교관에 임명했다. 세계는 큰 키에 비쩍 말라 마치 고행하는 수도자처럼 달리는 그를 '성자(聖者)', '철인(哲人)'이라 부르며 존경을 표했다.

1964년 32세의 나이에 그는 또 한 번 세상을 놀라게 했다. 도쿄 올림픽에서 2시간 12분 12초 2라는 경이적인 기록으로 두 번째 마라톤을 제패한 것이다. 올림픽 마라톤 2연패는 사상 최초의 일이었다. 이번에 그는 한결 세련된 장교의 모습으로 마라톤 운동화를 신고 뛰었다.

에티오피아는 '맨발의 성자' 아베베로 인해 세계적인 마라톤 강국으로 떠올랐다. 1968년 멕시코시티 올림픽에서는 마모 월데(Mamo Wolde)가 아베베의 대를 이어 2시간 20분 26초 4로 우승, 에티오피아는 사상 처음 올림픽에서 세 번 거듭 마라톤을 제패한 나라가 되었다. 그 이전에는 육상 강국 핀란드가 1920년 한네스 콜레마이넨,

서울에서 만난 손기정과 아베베 비킬라

에티오피아군으로 6·25전쟁에 참전했던 아베베가 다시 한국을 찾았다. 그는 1966년 10월 9·28 서울 수복 기념 국제마라톤대회에 출전해 2시간 17분 4초로 우승했다. 그러나 이 대회는 그가 두 다리로 완주한 마지막 대회였다. 1969년 교통사고로 하반신이 마비되어 더는 뛸 수 없었지만, 양궁, 펜싱, 탁구 등 여러 종목 선수로 장애인 대회에 출전했다.

1924년 알빈 스텐로스의 우승으로 두 번 연속 마라톤 제패를 기록했을 뿐이다.

1969년 3월 아베베는 폭우가 쏟아지는 가운데 자가용으로 출장을 가다가 교통사고로 하반신이 마비되어 다시는 마라톤 레이스에 나설 수 없게 되었다. 그가 왜 위험을 무릅쓰고 폭우 속에 출장을 가야만 했는지 세상에 억측이 구구했다. 맨발의 마라톤 황제 아베베는 다시는 두 다리로 일어서지 못했다.

급변하는 세계 마라톤

1964년, 일본은 1940년 올림픽 개최권을 전쟁으로 포기한 지 24년 만에 아시아 대륙에서 처음 올림픽을 열게 되었다. 한편 IOC는 한국과 북한에 도쿄 올림픽에 남북한 단일팀을 구성해 파견하라고 종용, IOC의 중재하에 남북이 분단 이후 처음 마주 앉게 되었다.

1963년 1월 24일 로잔 IOC 본부에서 제1차 남북회담이 열렸다. 오토 마이어(Otto Mayer) IOC 사무총장이 사회를 보고 단일팀 구성에 따른 문제들을 차례차례 상정, 토의했다. 우선 남북한 단일팀을 구성한다는 기본 원칙에 합의했다.

나라의 상징인 국기를 어떤 걸로 쓰느냐의 문제에서부터 양측 의견이 팽팽히 맞섰다. 우리 측은 태극기 아니면 안 된다는 주장을 고수했고, 북한 측은 한 면에 태극기, 다른 한 면에 북한 기를 그리자는 안과 한반도를 그리고 그 허리에 오륜 마크를 그리자는 두 가지 안을 냈다. 그러나 북한 측의 두 가지 안은 한국 측에서 유치하다는 의견을 내며 거부했다. 그렇다고 태극기를 쓰자는 주장을 북한 측이 들어 줄 기미는 보이지 않았다. 나는 분연히 일어나 1936년 베를린에서 겪었던 울분과 한을 되새겼다.

"일장기를 달고 올림픽에서 우승한 그 날 우리 민족이 얼마나 분해서 울었느냐. 그때 우리 가슴속에 그리던 국기가 무엇이었느냐? 우리의 국기는 당연히 태극기라야 한다."

분위기가 자못 숙연해지고 북한 측이 궁지에 몰려 있던 참에 우리 측 대표 김진구(金振九) 대령이 "자, 국기 이야기는 나중으로 돌리고

남북체육회담 대표들과 함께

1963년 스위스 로잔에서 열린 남북체육회담은 한반도 분단 후 한국과 북한이 처음 마주하는 자리였다. 동서독 단일팀의 선례를 바탕으로 1964년 도쿄 올림픽에 남북한 단일팀을 구성해 파견하기 위해 마련된 이 회담은 결국 남북의 의견 차이로 불발되고 말았다. 사진의 맨 오른쪽이 손기정이다. 그러나 이후 남북의 올림픽 단일팀 파견 논의는 계속되었고, 1991년 탁구와 청소년 축구 세계선수권대회에 이어 올림픽으로는 처음으로 2018년 평창동계올림픽 여자아이스하키에 남북한 단일팀이 출전했다.

국가부터 먼저 다룹시다. 우리 고유의 민요인 아리랑이 어떻겠습니까?"라고 화제를 바꾸었다. 북한 측은 얼씨구나 잘 되었다는 듯 "아리랑도 신아리랑, 구아리랑이 있으니 들어보고 합시다" 하고는 가져온 테이프를 꺼냈다. 그들은 그만큼 주도면밀하게 회담 준비를 해왔다. 거기에 비하면 우리 측 준비는 좀 허술한 느낌이었다.

　우리 측 대표단장은 원래 이상백 씨였으나 김진구 대령이라는 사람이 뉴욕에서 총영사이던 한병기(韓丙起) 씨를 대동하고 오더니 실질적인 단장으로 모든 사항을 지시했다. 당초 스포츠 실무자로는 대한올림픽위원회(KOC) 사무국장인 월터 정밖에 없었다. 떠날 무렵에야 월터 정이 운동 관계 회의에 운동선수 출신이 안 가서야 말이 되느냐고 해서 나와 김정연 씨가 불려 나갔다. 처음엔 소외된 감도 있고 딸 결혼식도 있고 해서 갈 생각이 없었으나 국가적인 일이라 마다할 수 없었다.

로잔 1차 조정회의에서는 남북한 중 더 많은 선수가 뽑힌 쪽에서 선수단장을, 그보다 선수가 적은 쪽에서 부단장을 맡는다는 안에 합의했다. 국기에 대해서도 확정적인 것은 아니었으나 오륜기 아래에 영문으로 'KOREA'라고 표기한다는 것에 대체적인 합의가 이루어졌다. 그 밖의 남은 문제는 5월 홍콩 회담에서 토의키로 했다.

모든 절차는 동·서 독일의 선례를 참고하기로 했다. 독일은 이미 1956년 멜버른과 1960년 로마 올림픽에 단일팀을 구성, 출전해 게르만 민족의 단합을 과시했었다. 그들은 베토벤 합창교향곡의 종장 〈환희의 송가〉를 국가로, 제1차 세계대전 후 바이마르 공화국기에 오륜 마크를 넣은 기를 들고 나왔다. 선수 선발은 동독에서 한 번, 서독에서 한 번, 두 차례의 선발전으로 했다. 1961년 베를린을 동서로 나눈 장벽이 생기고 양 독일 간의 감정이 극단으로 치달았으나 프라하 등 제3국에서 선발전을 치르면서 단일 대표팀 구성의 의지를 보였다.

나는 북한 대표들로부터 보통학교 시절 은사였던 이일성 선생이 북한육상경기연맹 회장이라는 사실을 듣게 되었다. 그이와 이야기하면 분위기라도 좀 더 좋아질 것 같았다. 다음번 홍콩 회담 때 꼭 같이 나오도록 당부했다.

그러나 정작 홍콩 회담에서는 내가 대표단에서 빠져 이일성 선생을 만나지 못했다. 5월 15일 홍콩의 페닌슐라 호텔에서 남북한 2차 회담이 열려 이일성 선생은 북한 대표로 참석했다. 그이는 조심스럽게 우리 측 기자들에게 "손 씨는 잘 있느냐?"라며 안부를 묻더라고 나중 전해 들었을 뿐이다. 마침 스케이트 선수였던 이성덕이 홍콩에 드나들 때여서 이일성 선생을 만나 옛날이야기를 한두 마디 나누어 본 정도였다. 그는 북한 측 수석대표인 김기수(金基洙)가 환갑이 다된 이일성 선생에게 불손했다면서 분개했다.

홍콩에서 두 차례의 회담이 진행되었으나 선수 선발 장소, 시기, 절차 등 여러 가지 문제가 얽혀 쉽게 해결되지 않았다. 체제가 다른 남과 북은 이미 사고방식이나 행동이 남처럼 달라져 이해의 벽을 넘기가 어려웠다. 남북으로 갈라놓은 휴전선으로 인해 양측의 사고와 이해의 차이가 갈수록 깊어졌다. 서로 손을 잡을 수도 없이 된 한반도의 현실은 올림픽의 이상과는 너무나 거리가 멀었다. 결국 회담은 결렬되고 한반도의 비극적인 오늘을 초래했던 일본 땅에서 남과 북은 두 팀으로 나뉘어 겨룰 판이었다.

그러나 북한은 IOC의 규정을 위반한 가네포 대회[23]에 참가했다 해서 우수 선수 대부분이 참가 자격을 박탈당해 도쿄에까지 보냈던 선수단을 모두 철수시켰다.

급변하는 세계 마라톤

스포츠계의 권력욕도 정치계의 그것과 크게 다를 바 없다. 명예직이라는 스포츠 단체의 요직을 놓고도 죽을 등 살 등 싸우는 것을 보면 인간의 명예욕이 얼마나 대단한 것인가를 실감케 된다.

1949년 보스턴마라톤대회 파견 선수단을 놓고 창피한 싸움이 벌어졌다. 1954년에는 두 개의 육상연맹이 생겨 세상 사람들의 망신을 샀다. 김은배, 손복룡 씨 등 육상연맹에 오래 관계하던 이들은 4월에 동양버스 사장인 이동근(李東根) 씨를 회장으로 선출, 집행부를 구성했다. 그러나 안호연(安浩然), 김혁진, 나종헌(羅鍾憲), 인강환(印康煥) 씨 등 이른바 소장파들은 자신들이 소외된 가운데 집행부가 구성되었다고 반발, 7월에 윤치영(尹致暎) 씨를 회장으로 한 또 하나의 육상연맹 집행부를 구성했다.

4월 총회 때부터 양 파의 대립이 심화되어 자못 형세가 험악하더니 끝내는 이같이 분열상을 드러내 세상의 지탄을 받아야 했다. 윤치영 씨가 육상연맹의 분쟁을 겨우 수습해 이끌어갔으나 내분은 여전히 계속되었다. 육상연맹의 집행부를 맡은 측과 밀려나서 서울육상연맹으로 재집결한 측의 새로운 싸움이 시작되었다.

결국 1961년에 대한체육회가 육상연맹에 정권 처분을 내리고 임시운영위원회를 구성했다. 이듬해 정권 조치가 풀리고 석공 총재 유흥수(劉興守) 씨를 회장으로, 김환민(金煥民), 이희태(李熙泰) 씨를 부회장으로 육상연맹이 재건되었다. 나는 전무이사라는 무거운 짐을 맡게 되었다. 남들이 어떻게 받아들이든지 상관치 않고 나는 될 수 있는 대로 선수를 위하고 기록 향상을 위한 행정을 하느라 힘썼다.

1963년 유홍수 회장이 물러난 후에는 마땅한 인사가 없어 1965년까지 내가 후임 회장직을 맡았다. 임기 중에 북한이 국제육상연맹총회에 가입신청을 내 또 한 번 남북한이 신경전을 벌였다.

한국은 국제연맹 정식 회원국 자격을 가지고 있었으나 잦은 집행부 교체와 집안싸움으로 총회에 제대로 참가한 적이 없었다. 총회장에서는 소련의 지원 아래 북한 가입안이 거론되고 있었다. 나는 의사 발언 시간을 얻어 한국 측 입장을 설명했다.

"나는 1936년 내 나라를 빼앗겨 일본 대표로 나가서 베를린 올림픽 마라톤에서 우승했던 손기정입니다. 나라를 되찾은 후 한국은 한반도를 대표해서 국제연맹에 가입했습니다. 지금 남과 북이 따로 가입하면 훗날 통일된 후에는 둘 중 하나는 탈퇴해야 하지 않겠습니까. 한반도가 통일되면 지금의 가입 논의는 저절로 해결될 일입니다. 국제연맹의 귀중한 회의 시간을 한반도 문제로 낭비한다는 것은 대단히 안타깝습니다."

그러나 북한 가입안은 쉽사리 종결되지 않고 투표로 결정케 되었다. 우리는 밤새 타자를 쳐서 한국 측 견해서를 각국 대표들에게 돌렸다. 소련 대표는 한국 대표단이 정치하러 왔다고 비난했다. 결국 북한 가입안은 부결되었다.

파벌 의식과 불신 풍조로 비롯된 한국 육상계의 내분은 그 후로도 그치지 않았다. 1978년에는 부완혁(夫完赫) 회장과 그 집행부의 적법 여부를 놓고 지지파와 반대파가 법정 투쟁까지 벌였다. 너나 할 것 없이 부끄럽게 여기고 반성할 일이다.

급변하는 세계 마라톤 |

1966년 제5회 방콕 아시안게임에는 대한체육회와 대한올림픽위원회가 대립하고 싸우는 통에 내가 떠밀려서 선수단장이 되었다. 출발에 앞서 결단식에서 약속했던 것처럼 금메달을 각 도에 하나씩 주고도 남는 열두 개나 땄지만, 대회 기간에 단장 구실을 제대로 못 하고 허수아비 꼴이 되고 말았다. 스포츠가 정치 싸움에 휘말린 데 대한 울분을 참지 못해 나는 대회가 끝난 후 삭발하고 돌아왔다. 쓰라린 기억들이다.

재
생

뮌헨 올림픽은 내게 새로운 희망을 안겨주었다.
대한민국의 올림픽 우승자 손기정으로 새로운 생명을 얻은 것이었다.
그들은 베를린 올림픽 마라톤 우승자를 기억하고 있었다.
적국의 기를 가슴에 달아야 했던 그 비극적인 사연을.

파산

불행은 홍역 앓듯 한 번으로 물러서지 않는 것인가. 이순이 가까운 나이에 나는 팔자에도 없는 재산 문제로 일생 잊을 수 없는 곤욕을 치렀다.

1953년 서울이 복구되면서 사회가 점차 안정을 되찾아갔다. 나도 다시 마라톤 운동에 나섰다. 그러나 예전처럼 이 사람 저 사람 찾아다니며 찬조금을 얻어낸다는 게 여간 어렵지 않았다. 자립의 길을 찾지 않고서는 마라톤 부흥은 불가능한 일이었다.

나는 이 박사를 만나 우리 마라톤의 부흥을 도와달라고 부탁해야겠다고 마음먹었다. 그러나 쉽지 않았다. 우선 경무대를 에워싸고 첩첩이 막아선 사람들의 장벽을 헤치기도 힘겨웠다.

이 박사 주변에서 일하던 손노디(孫Nodie)[24] 씨를 찾아 이 박사를 만나 뵙겠다고 말했다. 그는 다짜고짜 "당신은 트러블맨이야"라고 질책했다. 내가 깡패처럼 군다는 것이었다. 경무대에는 들어가 보지도 못하고 문전에서 쫓겨났다. 화가 나서 경무대 서정학(徐廷學) 서장에게 분풀이를 했다. 그는 오사카의 도시샤대학(同志社大学)에서 검도하던 이다.

"여보, 내가 깡패라는 데 왜 잡아넣지 않소?"

"그게 무슨 말이오?"

"아니, 손노디가 내가 깡패라서 이 박사를 못 만나게 한다는데, 그래 내가 깡패요?"

"손 형, 나는 그 정치 얘기는 잘 모릅니다. 오히려 나를 좀 봐주시오."

하는 수 없이 다른 길을 찾아나섰다. 경무대 유창준(俞昶濬) 비서를 찾아갔더니 역시 난색을 표했는데 그의 부친께서 만나게 해주라고 아들에게 일렀다. 그는 "이 박사에게 무얼 말하겠소?" 하고 먼저 묻더니 조선방직 얘기는 아예 꺼내지도 말라고 다짐을 해두었다.

마침내 이 박사 면전에 서게 되었다. 대통령 만나 뵙기가 이렇게 어려울 줄이야. 나는 사정 이야기를 하고 마라톤 부흥을 위해 재정을 도와주십사 요청했다. 이 박사는 "이 사람 일제 때 큰일 한 사람이야. 그 사람 말하는 대로 도와줘" 하고 나를 내보냈다.

안심하고 물러나 귀속재산 관리를 담당하던 안 비서에게 부산의 제빙공장을 불하해달라고 했다. 그는 제빙공장은 벌써 다른 사람에게 넘기도록 되어 있으니 생각해보고 월요일 다시 이야기하자고 했다. 그러나 약속한 날 찾아갔더니 그는 안 되겠다, 나는 모르니 이기붕 의장을 만나라고 발뺌했다.

국회로 달려갔다. 이기붕 씨는 국회의장, 체육회장에 자유당의 실력자였다. 비서가 나에게 잠시 기다리라더니 통 나타나지 않았다. 안으로 들어가보니 이기붕 의장이 뒷문으로 빠져나가고 있었다. 내가 다급히 달려가 "회장님, 어디로 가십니까?" 하고 붙잡았더니, "아, 잠깐 다녀올 테니 기다리게" 해놓고서 그는 영영 돌아오지 않았다.

이튿날 다시 자유당 재정 책임자이던 최순주 씨를 찾아갔다. 그는 귀속재산 리스트를 꺼내 훑어보더니 "조일(朝日)창고가 어떻소? 목돈 받기 어려우니 다달이 거마비나 받아 가시오"라고 말했다. 나는 용돈이나 얻으려는 게 아니라 내 힘으로 후배들을 길러보고 싶은 게 포부라고 말하고는 맥이 풀려 돌아왔다.

이리저리 혼자 뛰어다녀보았으나 모두 허사였다. 학교를 찾아가 양정 동창회의 지원을 요청했다. 엄경섭(嚴儆燮) 교장과 이병규(李丙圭) 교감이 동창회장 백홍균(白泓均) 씨와 공군참모총장 장덕창(張德昌) 씨, 재무장관 김현철(金顯哲) 씨를 동원했다.

김현철 씨가 다시 유 비서에게 말해줘 6·25로 불타버린 풍국제분의 헌 창고를 불하받게 되었다. 재무부서에서 공개 입찰이 열렸는데 누구라도 경쟁자가 나섰다가는 입찰 가격이 엄청나게 뛸 테여서 걱정이 태산 같았다. 혼자 입찰하기 위해 경쟁자를 막을 지원부대까지 동원해가며 간신히 단독으로 낙찰받게 되었다.

1955년 풍국산업진흥회사라는 것을 만들어 사장이 되었다. 그러나 명색이 사장이라 했지만 수지 타산과 경영에도 어두울뿐더러 육상연맹, 마라톤 일로 쫓아다니느라 회사를 돌볼 겨를이 없었다. 가까운 일가붙이가 없어서 재혼한 처 김원봉(金源奉)과 처가에 회사 일을 맡겼다.

딸 문영과 아들 정인을 신의주 형님댁에 맡겨놓았던 1944년에 나는 황해도 사리원에서 나서 중앙보육학원을 중퇴한 김원봉을 둘째 처로 맞았다. 처남 김원권(金源權) 역시 육상선수였다. 그는 1947년 서윤복 군이 보스턴마라톤대회에서 우승한 기념으로 열린 육상대회 세단뛰기에서 15m 86의 세계적인 기록을 세웠다. 그는 게이오대학 선수로 일본육상선수권대회에서 멀리뛰기와 세단뛰기를 석권, 1940년 일본에서 열릴 예정이던 제12회 올림픽의 유망주로 기대를 모았으나 전쟁으로 기회를 놓쳤다. 내가 재혼할 무렵, 그는 고려대학교 조교수로 있었다.

해방이 되어 아이들을 데리러 신의주로 갔다가 말로만 듣던 공산주의자들의 서슬에 쫓기듯 그냥 돌아온 후 늘 북에 두고 온 아이들이 걱정스러웠다. 1947년 마침 북에 다니러 가는 사람이 있어 처를 함께 데리고 가도록 부탁했다. 내가 가면 다시 붙잡힐지도 몰라 대신 아이들을 데려오도록 한 것이다. 그때만 하더라도 은밀히 38선을 안내해 넘도록 해주는 사람들이 있어 아주 내왕이 끊긴 것은 아니었다. 처는 원산을 거쳐 신의주로 올라갔다.

딸 문영이 여섯 살, 아들 정인이 겨우 네 살이었으니 내려오는 길은 고생이 이만저만이 아니었다. 큰아이는 걷게 하고, 작은아이는 업어서 사리원 고모댁에서 쉬다가 해주를 거쳐 간신히 서울로 돌아왔다. 6·25전쟁이 터졌을 때엔 나는 피신해 다니고 아이들은 처와 함께 장충동 집 다락방에서 숨어 지냈다. 이러한 연유로 나는 사소한 말썽은 참아 넘기고 웬만한 일은 모두 처에게 믿고 맡겼다. 회사 일역시 마찬가지였다.

1969년 봄, 처는 세계제패기념체육관을 지으려면 대부를 받아야 한다며 대부 신청 서류를 작성했다. 돈이 더 필요하다며 남들에게 어음을 써주기도 했다. 물론 내 명의로 된 것이었고 몇 군데에서는 상환을 독촉하기도 했다. 부도로 처리되었다가는 재산을 다 날릴 테고 오히려 처는 내가 자리에 없는 게 일 해결이 쉬우니 일본에라도 다녀오라고 했다. 나 또한 그럴듯하다 싶어 훌쩍 일본에 다녀왔다.

그사이에 모든 일, 모든 흉계가 터져 버렸다. 돌아오자마자 부도 어음이 쏟아졌고 나는 엄청난 빚더미에 올라앉게 되었다. 처는 어디로 갔는지 찾아볼 수도 없었다. 처를 찾아다니다가 빚쟁이들에게 붙들려 덕수궁 옆 다방으로 끌려갔으나 해결 방법은 없고 식은땀만 흘리며 담배 세 갑을 모두 태웠다.

빚이란 참으로 무섭고 인정사정없는 것이었다. 빚쟁이들은 자신이 입은 피해를 보상받기 위해 물불 가리지 않고 달려들었다. 채무자의 재산이 남아 있는 한 하나라도 더 차지하려고 못살게 굴었으며, 신고 있던 양말 짝이라도 벗겨 갈 듯한 기세였다.

1970년 7월 13일, 그 와중에 대한체육회 창립 50주년을 맞아 나는 국민훈장 모란장을 받게 되었다. 정일권(丁一權) 국무총리로부터 받은 모란장을 달고 식장을 나서려는데 한 빚쟁이가 지키고 섰다가 붙잡고 늘어졌다.

"빚진 돈 내시오!"

"아니, 지금 돈이 어디 있다고 여기서 이러시오?"

"이제 방금 훈장과 금일봉을 받지 않았소?"

이 어처구니없는 시비 끝에 나는 하도 딱해 "저기 정 총리가 아직 있으니 가서 물어보시오"라고 말했다. 이렇게 들볶이느니 차라리 죽

어버릴까 하는 생각마저 들었다. 오전에 받은 훈장을 쥔 채 오후에
는 재판받으러 가야 하는 판국이었다.

재생의 길

사람은 으레 남에게 도움을 베풀며, 또 도움을 받으며 살아가게 마
련인가 보다. 파산이라는 헤어나기 어려운 수렁에서 나는 또 한 사
람의 은인을 만나게 되었다. IOC 위원인 백상(白想) 장기영(張基榮)
선생이다. 장기영 선생은 방향을 잃고 표류하던 나를 붙들어 재생의
길을 열어주었다. 그는 조선은행 조사부장, 조선일보 사장, 한국일보
사장으로 무서운 끈기와 추진력을 보였으며, 남이 미처 생각하지 못
하는 기발한 아이디어를 내놓곤 했다.

내 어려운 처지를 알게 된 한종흠 선배가 이 궁리 저 궁리 끝에 찾
아간 이가 장기영 위원이었다.

"손 씨가 빚으로 고생 중인데 창고를 정리해 부도를 수습하고, 공
지를 팔아 사채를 갚고 하면 풀릴 것도 같습니다."

한 선배의 이야기를 듣던 장 위원은 "손기정 씨 뒤에 사람은 한 선
생밖에 없소"라며 칭찬했다고 한다. 그는 계산 빠르고 명석한 한종
흠 선배에게 반했던 듯하다. 평소 내게 각별한 호의를 가졌던 장기
영 위원은 크리스마스이브에 자신의 고문 변호사를 대동하고 한국
일보사 13층으로 내 채권자들을 하나하나 불러들였다. 장 위원이 경
제기획원 장관 겸 부총리에서 물러나 한국일보 사장으로, IOC 위

원으로 신문과 체육 사업에 몰두할 때였다. 장 위원은 변호사의 지원을 받으며 특유의 기지로 채권자 한 명 한 명을 붙잡고 담판, 채무 관계를 정리해나갔다. 아직 담보에 들지 않은 땅으로 흥정해서 사채는 웬만큼 해결되었다. 그러나 억대가 넘는 은행 부채를 해결하는 데에는 장 위원 자신의 고충과 피해가 적지 않았으리라 짐작된다.

미처 일이 해결되기도 전에 모 기관 김 차장으로부터 소환장이 날아왔다. 영문도 모르는 데다 겁도 나서 장 위원과 상담했다. 장 위원은 친히 전화를 걸어 "손 씨는 운동밖에 모르는 사람이오. 사실 부인 탓이지 그가 고의로 저지른 잘못이 아니니 선처해주도록 하시오"라며 부탁했다. 이튿날 장 위원 전화만 믿고 김 차장을 찾아갔다. 부근 다방에 앉아 차 한 잔 시켜놓고 나는 따라온 한종흠 선배에게 신분증이니 담배니 할 것 없이 주머니에 든 것을 털어내 맡겼다.

"이제 들어갑니다. 앞으로 어떻게 될지 알 수 없으니 맡아주시오."

자못 비장한 각오를 하고 들어섰다. 그러나 뜻밖에도 김 차장이라는 이는 내가 잘 아는 얼굴이었다. 1966년 방콕 아시안게임에 단장으로 갔을 때 그는 조사 연구원으로 따라갔었다. 나는 두렵던 중 반가워서 "김 선생, 오랜만이외다" 하고 손을 내밀며 다가섰다. 그는 얼른 "당신 빚진 거 아시오? 돈을 빌렸으면 빨리 갚아야지 나이가 몇인데 부인에게 잘못을 미루는 거요"하면서 뿌리쳤다. 주춤주춤하며 당했던 모욕감을 잊을 수 없다.

그 후에도 나는 몇 차례나 무슨 과장이 보잔다고 해서 불려갔다가 사면이 흰 벽으로 죄어들 듯한 방에 혼자 앉아 떨며 기다리다 별일도 없이 물러나곤 했다. 재산은 몽땅 날아갔다. 부채 정리 후에도 부도에 대한 형사 책임은 남아 있어서 여러 차례 재판정에 불려 다녔다. 변호인은 나를 위해 공판 연기 신청을 냈으나 나는 모든 게 귀찮고 지긋지긋해서 "그냥 계속합시다" 하고 소리쳤다가 후배들에게 "손 선배를 위해 연기하는 것입니다. 그럼 그냥 옥살이라도 하겠단 말입니까?"라는 책망을 듣기도 했다.

1970년 7월 17일, 나는 서울 형사지법에서 부정수표를 발행한 죄로 징역 1년, 집행유예 2년을 선고받았다. 주위의 도움과 마라톤에만 골몰해온 내 정상이 참작되어 실형만은 면하게 된 것이다.

7월 27일, 보광동을 거의 다 뒤지다시피 해서 도피했던 처 김원봉을 만났다. 이미 이혼소송을 걸어둔 때였다. 처가 왜 그랬는지 도저히 납득할 수 없었다. 1972년 4월, 그는 병으로 세상을 떠났다. 부고 소식은 받았으나 나는 옛일이 생각나서 끝내 일어서지 않았다.

"이미 마음이 떠난 사람, 지금 보면 무얼 하겠느냐."

가정도 재산도 깨어지고 망가지고 남은 것이 없었다. 나는 사위 집으로 거처를 옮겼다. 소란통에 정릉 집에 두며 가보처럼 아끼던 오세창(吳世昌) 선생의 족자, 아사히 문화상, 일본 조각가가 만들어준 내 조각상… 모든 것을 잃어버렸다. 남들에게 소용이 닿지 않는 신문 스크랩들만 몇 보따리 남았을 뿐.

몸은 풀려났으나 마음은 끝없는 허탈 속에 빠져 병이 날 것만 같았다. 그러던 어느 날 일본 후지(富士) 텔레비전에서 초청 출연 교섭을 해왔다. 〈귀한 손님〉이라는 인터뷰 프로그램에 나와달라는 것이었다. 어디고 마음 붙일 데가 없던 터라 일본 갈 준비를 서둘렀다. 그러나 일이 쉽지 않았다. 부정수표를 발행한 전과 때문에 여권이 나오지 않는다는 것이었다.

후배 서윤복 군이 또 모교의 엄경섭 교장을 모시고 동창인 문 검사를 찾아가 탄원해 간신히 출국의 길을 열어주었다. 파산으로 은둔 생활을 하는 동안 장태영(張泰榮) 씨가 어려운 소식을 전해 듣고 매달 용돈을 보내주며 도움을 베풀었다. 그는 일본 체육전문학교를 나와 공주사범대학 교수로 있었다. 마침 아들이 장가가는데 내가 나타나질 않자 식장에 나온 사람들에게 "손 선생이 내게 무슨 나쁜 감정이라도 있느냐?"고 물었다가 사업이 망해서 사위 집에 은거하고 있다는 소식을 듣게 된 것이었다.

풍국산업의 파산으로 그 후로도 나는 많은 비난을 샀으며, 마라톤에 종사하는 일부 사람들에게 적의마저 품게 만들었다. 마라톤 후원 사업의 근거를 날려버렸다는 원망 때문이었다.

다시 만난 올림픽 영웅들

실의 속에서 지내던 1972년 뜻밖에 반가운 편지를 받았다. 뮌헨 올림픽조직위원회로부터 온 것이었다.

"올림픽에서 우승했던 귀하를 뮌헨 올림픽의 귀빈으로 초대하고 싶습니다. 오고 가는 모든 비용은 물론, 뮌헨에 체재하는 동안의 모든 편의를 우리 조직위원회가 마련코자 합니다."

꼭 36년이 흘렀다. 다시 밟아보는 독일 땅, 스물넷의 젊음을 송두리째 불살랐던 105리의 마라톤 길. 베를린에서 뮌헨으로 자리를 옮

뮌헨 올림픽의 특별 초청자들과 함께

1936년 베를린 올림픽 후 36년만인 1972년 독일 뮌헨 올림픽이 개최되었다. 뮌헨올림픽조직위원
회는 올림픽 영웅 13명을 특별 초청했다. 손기정은 반가운 얼굴들을 만날 수 있었다. 가장 왼쪽부
터 에밀 자토펙, 아베베 비킬라, 제시 오언스, 세 명 건너 손기정, 그리고 베라 차슬라브스카이다.

겼으나 환갑을 맞는 나이에 다시 생의 정점을 새겼던 독일 땅을 밟
게 된 나는 말할 수 없는 감회에 젖었다.

8월 23일 루프트한자 일등석을 타고 도착한 뮌헨 공항엔 김영주
(金永周) 대사와 대사관 직원들이 마중 나와 있었다. 손에 손에 든 태
극기 물결이 눈부셨다. 36년 전, '또 조선인이 끼었느냐'고 불평하던
일본대사관원들이 아니었다. 이제 떳떳한 독립 국가의 한 귀빈으로
참석한 내 시야에 펄럭이는 태극기. 나는 눈시울이 붉어져 숫제 얼
굴을 돌려야 했다.

뮌헨 올림픽은 내게 새로운 희망을 안겨주었다. 대한민국의 올림픽 우승자 손기정으로 새로운 생명을 얻은 것이었다. 그들은 베를린 올림픽 마라톤 우승자를 기억하고 있었다. 나라를 빼앗겨 적국의 기를 가슴에 달아야 했던 그 비극적인 사연을 이해하고 있었다.

나를 포함해 파보 누르미, 제시 오언스, 에밀 자토펙, 베라 차슬라브스카(Věra Čáslavská) 등 13명이 뮌헨 올림픽의 명예 귀빈으로 초대되었다. 모든 귀빈이 불편 없도록 한 사람의 호스티스가 시중을 들고 증명서 한 장으로 모든 경기장, 모든 체육·문화 프로그램을 관람할 수 있었다. 호스티스는 사전에 자리를 만들어주었고 어디서나 정중한 대접을 받을 수 있도록 조치되었다. 지나칠 만큼 융숭한 대우에 오히려 당황할 지경이었다. 우리가 묵은 숙소는 카티코부스(Kathi-Kobus)가의 비탈리스 호텔이었다.

나는 조직위 사무국장 트뢰거 씨에게 "일본에서는 마에하다 여사가 베를린 올림픽 영웅으로 더 칭송이 자자한데 왜 나를 불렀소?"라고 물었다. 트뢰거 씨의 대답은 이러했다.

"우리가 초청한 귀빈들은 올림픽 영웅 중에서도 정신적으로 육체적으로 불우한 분들입니다. 우리의 초청이 없으면 이곳에 참석하기도 어려운 분들이지요."

역시 독일인다운 깊은 생각이었다. 일본 대표였지만 나는 압박받던 식민지 한국의 선수였다. 오언스 역시 미국 백인들의 멸시 속에서 학대받던 흑인 선수였다. 체코슬로바키아의 자토펙은 1952년 헬싱키 올림픽에서 마라톤과 5,000m, 10,000m를 휩쓴 장사였지만, 1968년 소련 탱크가 자유를 부르짖던 프라하를 침공하자 이를 비난하다가 군 대령에서 하루아침에 청소부로 전락했다. 작업복 같은 낡은 옷차림으로 뮌헨에 도착한 자토펙은 거의 매일 술로 지냈다. 그는 굳은살 박힌 손으로 내 손을 만지며 울음을 터뜨리기도 했다.

체조의 여왕 베라 차슬라브스카도 마찬가지 이유로 소련 당국의 탄압을 받고 있었다. 그는 소련 침공을 비난하는 체코슬로바키아 지식인들의 서명운동에 가담, 국민적 영웅에서 반동분자로 몰렸다. 1968년 멕시코시티 올림픽에서 강적 소련 선수들과 싸워 이겨 금메달을 따낸 베라 차슬라브스카는 조국 체코를 소련의 마수에서 건지기 위해 온 힘을 기울이던 알렉산드르 둡체크에게 존경의 표시로 자신의 금메달을 증정했다. 둡체크는 눈물을 흘리며 베라의 손을 붙잡고 이렇게 말했다.

"베라, 세상 사람들이 모두 당신을 체조의 여왕이라고 부른다지만 내게는 당신이 언제나 우리의 베라일 뿐이오."

에티오피아의 마라톤왕 아베베는 1960년, 1964년 로마와 도쿄 올림픽에서 마라톤 2연패의 위업을 쌓았으나 불의의 자동차 사고로 휠체어를 타고 뮌헨에 왔다.

제2차 세계대전이 발발하기 전인 1936년에 베를린에서 올림픽을 치른 후 폐허에서 다시 일어난 독일은 36년 만인 1972년 뮌헨 올림픽을 통해 훌륭하게 재건된 독일의 모습을 만방에 과시했다. 베를린 올림픽에서 우승한 나로서는 감회가 남달랐다. 베를린 올림픽이 완전한 형식미를 갖춘 대회라면 뮌헨 올림픽은 기능과 조직 운영에 있어 매우 훌륭했으며, 미적 감각까지 선보인 완벽한 대회였다.

뮌헨에서의 일정은 빡빡했다. 귀빈들에 대한 대회 조직위원회의 수많은 리셉션과 모임의 스케줄이 완벽하게 짜여 있어 마치 유치원 생들의 생활처럼 그대로 따르지 않으면 안 되었다. 8월 25일에는 올림픽 개막을 앞두고 빌리 브란트 서독 수상이 베푼 리셉션에 참석했다. 개막일에는 구스타프 하이네만 서독 대통령의 리셉션, 그 이튿날에는 올림픽위원회가 마련한 환영 리셉션에 참석, 수십 명의 국가 원수들과 함께 자리했다. 대회 이틀째 리셉션에서는 뮌헨이 수도인 바이에른주 주지사 알폰스 고펠 씨 부처를 만났다. 이들은 내가 우승하던 1936년 아들을 낳았다며 반갑게 대해주었다.

나는 일장기를 달고 뛴 약소민족의 선수였기 때문에, 제시 오언스는 백인들과 히틀러로부터 멸시받던 흑인 선수였기 때문에, 그리고 자토펙은 체코 자유화운동에 앞장서다가 박해를 받고 있었기 때문에 더 자주 화제에 올랐고 외국 기자들의 질문 공세를 많이 받았다.

나는 우승 당시의 모습이 담긴 패넌트를 만들어 참석한 사람들에게 기념품으로 선사했다. 패넌트에는 '코리아 손기정'이라고 새겨 넣었다. 36년 전 베를린 올림픽 마라톤 우승자가 일본인이 아닌 한국인임을 확인시켜주고 싶었기 때문이었다.

나와 인터뷰한 일본 기자가 패넌트를 달라고 청했다. 나는 "패넌트의 손기정에게는 일장기가 아닌 태극기가 붙어 있으니 줄 수 없다"고 거절했다. 그는 "손 선생은 너무 국가 의식이 강해서 찬바람이 돈다"라며 웃었다. 기자들 앞에서 가장 난처했던 질문은 이번 뮌헨 올림픽에 누가 한국 마라톤 선수로 출전하느냐는 것이었다. 명예 귀빈으로 초대된 모든 사람이 자신들의 뒤를 이을 후배들을 자랑스럽게 이야기하는데 나만 묵묵부답 할 말이 없었다. 한국 마라톤은 이미 쇠퇴일로를 걷고 있는 데다 선수 이름도, 기록도 내세울 만하지 못했기 때문이었다. 마라톤 왕국이라던 한국의 누구를 오늘날 올림픽 선수라고 떳떳이 말할 수 있단 말인가.

빈틈없는 대회 운영, 완벽한 시설, 과학적인 전자 장비 등으로 뮌헨 올림픽은 올림픽의 역사에 또 하나의 새로운 장을 마련했다. 그러나 이 경사스런 스포츠 잔치가 피로 물들게 될 줄이야.

9월 5일 아침, 우리 초대된 귀빈 일행은 오스트리아 접경인 명승지 쾨니히호반으로 야유회를 떠났다. 뜻밖에도 라디오를 들고 온 일행 중 하나가 올림픽 선수촌이 테러단에 피습당했다는 소식을 전했다. 팔레스타인 특공대 '검은 9월단'이 이스라엘 숙소를 덮쳐 선수들에게 총격을 가한 것이었다.

뮌헨으로 돌아왔을 때는 어둠이 깔리고 있었다. 테러범들과 경찰은 대치 상태에 있었고 시가는 온통 불안에 휩싸여 있었다. 밤사이 테러범들의 요구에 응해 헬리콥터가 동원되었고 올림픽은 피로 얼룩진 채 일시 중단되고 말았다. 브런디지 IOC 위원장과 올림픽 조직위원회 관계자들이 "테러로 인해 올림픽이 중단되어서는 안 된다"고 주장, 하루를 쉬고 경기는 재개되었다.

그런 와중에 반가운 일도 있었다. 일흔 살의 현역 기자 레니 리펜슈탈을 뮌헨에서 다시 만나게 될 줄이야. 테러에 희생당한 이스라엘 선수들의 추모식을 마치고 막 경기장을 나설 무렵 큼직한 카메라를 어깨에 메고 젊은이처럼 활기찬 걸음으로 나를 향해 다가오는 그를 나는 직감적으로 레니라고 믿었다. 그런 젊음, 그런 활기를 레니 아닌 다른 사람에게서는 볼 수 없다고 생각했기 때문이었다. 덥석 손

뮌헨 올림픽 참사를 보도한 신문 기사

1972년 뮌헨 올림픽 테러는 팔레스타인의 무장단체 '검은 9월단' 소속 테러범 여덟 명이 올림픽 선수촌에 침입, 이스라엘 선수 두 명을 사살하고 선수와 스태프 등 아홉 명을 인질로 잡아 이스라엘에 구금된 팔레스타인 포로 석방 등을 요구하면서 벌어졌다. 테러범들의 탈출 중 교전이 일어나 인질 전원과 경찰 한 명, 테러범 다섯 명이 사망했다. 이 사건으로 올림픽이 중단되었다가 34시간 만에 재개했는데, 이때 브런디지 IOC 회장이 "올림픽은 계속되어야 한다(The games must go on)"라는 말을 남겼다. 위 신문은 손기정 선수 수집품으로, '충돌의 경기장'이라는 제목을 달고 있다. 기사 사진은 추모식 장면으로 추정되며, 왼쪽이 손기정이다.

을 마주 쥔 우리는 서로 늙었다고 한마디씩 주고받으며 한바탕 웃었다. 레니는 영국의 《타임스(The Times)》 특파원으로 뮌헨 올림픽을 취재하고 있다고 말했다.

그는 언제나 현대의 새로운 과학 장비로 더 멋진 올림픽 기록영화를 만드는 것이 소망이었다. 지금의 장비라면 〈민족의 제전〉보다 훨씬 더 멋진 영화를 만들 수 있으리라는 것이었다. 그러나 이러한 그의 희망은 독일올림픽위원회로부터 차갑게 거절당했다. 나치와의 관계를 이유로 그들은 레니에게 뮌헨 올림픽 취재에 필요한 프레스 카드

재생

발급마저 거부했다. 《타임스》는 '헬렌 제곱슨'이란 가명으로 프레스 카드를 발급받아 이 역량 있는 노기자에게 취재의 길을 열어주었다.

뮌헨에서 재회의 기쁨을 나누었던 핀란드의 장거리 왕자 파보 누르미는 이듬해 10월 2일 76세로 세상을 떠났다. 오늘날 헬싱키 국립 경기장 앞에 세워진 힘차게 달리는 모습을 한 그의 동상은 장거리 왕국 핀란드의 후배들을 격려하고 있다. 맨발의 마라톤왕 아베베 비킬라는 1973년 10월 25일 41세라는 젊은 나이에 유명을 달리했다. 셀라시에 에티오피아 황제는 영웅과의 결별을 슬퍼하며 국장을 지내주어 수천 명의 장례 인파 속에 영웅 묘지에 안장케 했다.

제시 오언스는 1980년 3월 31일, 66세로 숨을 거두며 비로소 미국 육상의 불멸의 스타로 추앙받았다. 그는 짐승이나 다를 바 없이 천대받던 '검둥이'로 태어났으나 미국 스포츠계의 가장 위대한 인물로 세상을 떠났다. 1968년 대령에 진급한 후 체코 자유화운동에 참여한 대가로 군과 당에서 추방당했던 자토펙은 1977년에야 복권되어 체코 스포츠위원회 공보센터에서 새 일자리를 얻었다.

일본이냐, 한국이냐

뮌헨 올림픽이 열리기 2년 전인 1970년 8월에 기상천외한 해프닝이 벌어졌다. 베를린 올림픽 경기장의 우승기념탑에 새겨진 마라톤 우승자 손기정의 국적이 일본에서 갑자기 한국으로 바뀐 것이었다. 국내외에서 또 한 번 내 국적에 대한 시비가 일어났고 심중의 아픈 상처를 다시 마주하게 되었다. 광복 25돌인 1970년 8월 15일 독일을 방문 중이던 박영록(朴永祿) 국회의원이 일으킨 일이었다. 그는 나흘 전부터 경기장 안팎 경비를 확인하고 기념탑에 새겨진 내 이름의 위치와 크기를 파악해두었다. 15일 밤 부인과 함께 스타디움에 숨어 들어간 박 의원은 정으로 JAPAN이라는 글자를 쪼아내고 대신 KOREA라고 새겨 넣었다. 한밤중의 작업이어서 5시간이나 걸렸다. 그는 서울에서부터 석공에게 정 쓰는 법을 배웠으며 사다리까지 준비해 떠났다. 아이들의 물음엔 몽블랑 등반에 필요한 장비라고 거짓 말했다고 한다.

이런 그의 용의주도한 비밀 작업으로 나는 불법적이지만 일시적이나마 KOREA의 손기정이 되었다. 박 의원은 곧 현지 특파원들에게 이 사실을 알렸고 국내 신문에도 대서특필되었다. 그 기사를 읽고 또 읽으며 나는 흥분을 누르지 못했다.

나는 베를린을 방문할 때마다 기념탑에 쓰인 내 이름 옆에 나란히 붙은 '일본'이라는 국적명을 원망스럽게 쳐다보았다. 이렇게 떳떳이 독립한 대한민국의 국민으로 왔는데 아직도 일본의 손기정이란 말인가. 내 국적은 영원히 고쳐질 수 없는 것인가. 베를린 경찰 당국은 공공시설을 파손했다는 죄목으로 박영록 의원 체포령을 내렸다. 그러나 그가 벌써 베를린에서 탈출한 후였다. 나는 이 일로 벌어질 국제적 물의가 두려웠다. 과연 박 의원이 고친 대로 세계 스포츠계가 내 국적을 한국으로 용인해줄 것인가.

활발한 논쟁이 시작되었다. 국내에서조차도 '바람직한 일이지만 불법적'이라는 의견과 '훌륭한 거사'라는 의견으로 엇갈렸다.

1991년 베를린 올림픽 경기장 앞의 우승자들의 이름을 새겨 넣은 기념판 앞에서

국제육상연맹회의 참석차 출국했던 민관식(閔寬植) 대한체육회장이 서독에 들러 고무적인 약속을 받아냈다. 서독 올림픽위원장인 빌리 다우메 씨로부터 일본 올림픽위원회(JOC)와 국제육상연맹(IAAF)의 동의만 얻으면 내 국적을 한국으로 인정하겠다는 내용이었다. 그러나 이 문제가 IOC, JOC, IAAF를 맴돌고 있는 동안 베를린 올림픽 경기장 기념탑에 새겨진 '한국'이란 글자는 인부들에 의해 지워져버렸다.

국제 스포츠 기구들의 반응도 냉담했다. IAAF나 IOC에서는 1936년 베를린 올림픽에 한국이 출전한 사실이 없고 대회 조직위원회에 제출된 명단에도 손기정은 일본 선수로 되어 있었다는 것이다. 더욱이 출전 당시나 우승 당시 일본 국적에 대해 아무런 항의도 없었다는 것이다. 그 당시 과연 누가 '손기정은 한국 선수요' 하고 항의할 수 있었겠는가. 역사는 힘을 가진 자, 권력을 가진 자에 의해 마음대로 조작될 수 있지만 이미 지나간 것을 올바르게 고치기란 그렇게도 어려운 일인가. 베를린 올림픽 기념탑의 손기정은 지금도 일본 선수로 남아 있다.

1928년 암스테르담 올림픽에 프랑스 선수로 우승하여 그 후 프랑스 식민지배에서 벗어나 조국 알제리의 독립을 맞게 된 마라토너 부게라 엘 와피(Boughera el Ouafi)도 프랑스 선수로 남아 있다. 1956년 멜버른 올림픽에 출전, 체코슬로바키아에 투원반 금메달을 안겨준 여걸 올가 피코토바(Olga Fikotova)는 그 후 망명하여 1960년 로마 올림픽, 1964년 도쿄 올림픽, 1968년 멕시코시티 올림픽에서 남편의 나라 미국 선수로 출전, 더욱 국적 문제를 어렵게 만들어놓았다.

1975년 1월 20일, 역대 올림픽과 세계선수권대회, 아시안게임에 나가 한국 스포츠의 이름을 선양한 선수들을 위해 처음 '메달리스트의 밤'이 마련되었다. 오후 6시 무교동 체육회관 강당에서 베풀어진 이 '메달리스트의 밤'에는 나를 비롯한 메달리스트 18명이 초청되어 많은 하객의 뜨거운 박수갈채 속에 종신 연금 증서를 받았다.

올림픽에서 유일하게 금메달을 딴 나는 금장(金章) 지급 증서를 받았다. 복싱 은메달리스트 송순천(宋順天), 정신조(鄭申朝), 지용주(池龍珠), 레슬링의 장창선(張昌宣) 씨 등이 은장(銀章)을, 남승룡 선배 등이 동장(銅章)을 받았다.

이 종신연금제도[25]는 우리 스포츠에 젊음을 바친 체육인들을 위해 처음 마련된 것이었다. 연금을 받으면서도 송구스러웠다. 다른 종목에서는 훌륭한 선수들이 많이 나와 활약하는데 왜 내 종목 마라톤에 좋은 후배들을 길러내지 못했나 하는 자책감이 앞섰다. 연금은 생계가 어려운 메달리스트들의 노후 생활에 큰 도움이 될 것이다. 체육인들을 위해 고마운 일이다.

인연이란 참 기묘한 것이다. 나는 환갑이 넘은 나이에 세 번째 장가를 들게 되었다. 나이 64세, 오히려 늙어갈수록 마음의 위로를 주고받고 싶은 욕심이 간절했다. 이화여대 장 모 교수로부터 소개받은 세 번째 처 송영숙(宋泳淑)은 기이하게도 30여 년 전에 고생고생하다 먼저 세상을 떠난 첫 번째 처 강복신의 동덕여학교 제자였다.

1976년 9월 24일 남산 기슭 퍼시픽호텔 중국음식점에서 양가 가족 30여 명이 모여 조촐한 결혼식을 올렸다. 남들의 호기심 어린 눈을 피하느라 밖에는 '손기정, 송영숙 가족 모임'이라고만 써 붙였다. 주례고 격식이고 없었다. 서로 마음을 합쳐 여생의 반려자로 산다는 약속이 전부였다. 나는 몬트리올 올림픽 기념 금화에 줄을 엮어 결혼 기념 선물로 처의 목에 걸어주었다.

딸 문영은 자기보다 더 아버지를 알뜰히 모실 분을 찾아 기쁘다고 축하해주었다. 사위 이창훈 군도 '효자보다 악처가 낫다'는 옛말을 하며 기뻐했다. 일본 민단(재일본대한민국민단) 본부에서 근무하던 아들 정인도 달려와 새어머니에게 '아버지를 잘 부탁한다'며 넙죽 절을 올렸다. 주책스런 아버지의 마음을 이해해준 자식들이 눈물겹도록 고마웠다.

노병의 소망

"한국 선수의 승리가 한국 젊은이들의 피를 끓게 하고
침략자에 대한 저항심을 높였다는 것은 매우 값진 일이다.
투구를 반환할 수 없다는 독일올림픽위원회의 말은
히틀러 같은 선조들의 잘못을 되풀이하는 것일 뿐이다."

세계 제패 40주년

1976년 7월 한국 스포츠계는 더없이 큰 경사를 맞았다. 몬트리올 올림픽 레슬링에 출전한 양정모(梁正模) 군이 세계의 강호들을 누르고 광복 이래 처음 올림픽 금메달을 획득한 것이었다. 베를린 올림픽 마라톤 우승 이후 무려 40년 만에 고대하던 두 번째 금메달을 손에 쥐게 되었다. 올림피아드에 처음 태극기가 오르고 〈애국가〉가 울려 퍼지는 동안 경기장에 있던 우리 선수단은 감격의 눈물을 뿌렸다. 국내외에서 그 소식을 전해 들은 동포들도 감격과 기쁨을 감추지 못했다.

8월 31일 금메달리스트 양정모 군을 맞는 가운데 체육회관 강당에서는 나의 베를린 올림픽 마라톤 제패 40주년을 축하하는 파티가 성대하게 베풀어졌다. 한국체육인 동우회가 마련한 이 자리에는 김옥길(金玉吉) 이화여대 총장, 장기영 IOC 위원, 김원기(金元基) 대한올림픽위원회 부위원장, 이종갑(李鍾甲) 대한체육회 부회장 등의 인사와 많은 체육인이 참석, 40년 전의 쾌거를 치하해주었다. 베를린

베를린 올림픽 마라톤 우승 40주년을 맞아

1976년 8월 31일 체육회관에서 베를린 올림픽 마라톤 우승 40주년 기념행사가 열렸다. 많은 체육인이 모인 이 자리에서 손기정은 한국 마라톤 재건을 위해 여생을 바치겠다고 약속했다. 행사장에는 베를린 올림픽 금메달과 함께 우승 관련 소장품들을 전시했다.

올림픽에 함께 나갔던 농구인 이성구 씨 등과 메달리스트 막내둥이 양정모 군도 함께 자리했다.

　김용우(金用雨) 동우회장이 기념패를, 모교 양정의 엄규백(嚴圭白) 교장이 옛날의 감격을 되새겨 모교 교정에 심어 무성하게 자란 월계수로 월계관을 만들어 내 머리에 씌워주었다. 이주훈(李周勳) 육상연맹 회장은 행운의 열쇠를 주었다. 더욱 감격스러운 일은 동우회가 일장기 말소 사건으로 고초를 겪었던 동아일보 이길용 선생의 미망인에게 전하는 선물을 마련해준 것이었다. 변변치 못한 내가 하지 못한 일을 동우회원들이 대신했으니 부끄러우면서도 고마웠다. 선물은 부친을 이어 체육 기자로 활약하는 자제 이태영(李台永) 씨가 받았다.

나는 인사말로 "이렇게 성대한 잔치를 베풀어주신 여러분께 감사합니다. 그러나 나라를 잃었을 때도 이겼던 우리 마라톤이 제 나라를 가진 지금은 왜 못 이깁니까? 사람이 하는 일에 못 할 게 뭐 있겠습니까? 후배들을 위해 한 일이 없다고 생각할 때 제 자신이 한편 부끄럽기도 합니다. 여생이나마 한국 마라톤 재건을 위해 바치겠습니다"라고 말했다. 말하는 동안 북받쳐오르는 감정을 간신히 참아냈다. 언제나 분통 터지고도 부끄러운 일은 여건이 좋아질수록 마라톤은 더더욱 후퇴하고 있다는 사실이었다. 이날 축하회장에 나는 그동안 모아두었던 올림픽 기념품과 자료 들을 내놓아 전시했다. 베를린 올림픽 마라톤에서 우승했을 때 받았던 금메달과 축하 전문, 사진, 패넌트, 트로피 등을 전시했다. 9월에는 미도파백화점 전시장에서 '올림픽 사진 및 메달 전시회'가 열렸다. 체육에 대한 국민들의 이해를 넓히고 관심을 모으기 위해 열린 이 전시회에는 역대 올림픽에서 모은 메달 31개, 사진 150여 점, 대통령의 축하 전문 등이 진열되어 많은 시민의 눈길을 모았다.

노병의 소망

돌아오지 않는 전리품, 그리스 청동 투구

나의 오랜 소망 중의 하나는 올림픽제패기념관을 마련, 거기에 우리의 올림픽 역사를 한데 모아두는 것이다. 이러한 소망은 광복 이후 계속된 것으로 여러 차례의 계기를 갖기도 했으나 여태껏 이루어지지 않았다. 다른 나라를 여행할 때마다 그들이 자랑하는 체육기념관, 박물관, 도서관을 관람하며 나는 부러움을 금치 못했다. 세계 스포츠 선진국들은 이러한 시설들을 마련해 옛 선배들의 자취를 연구하고 새로운 역사를 써나가고 있었다. 풍부한 자료와 옛 선조들의 훈훈한 향취 속에서 그들은 자부심과 새로운 힘을 만들어내는 것이었다.

세월이 흐르며, 또 6·25와 이러저러한 개인사를 겪으면서 그동안 알뜰히 모아온 자료들이 적지 않게 분실되어 나는 자식을 잃은 듯 늘 허전하고 불안하기까지 했다. 1946년 광복 이듬해에 베풀어진 세계 제패 10주년 기념식 때 황을수 씨의 발의로 이루어졌던 기념체육관 건립 계획은 흐지부지되어버렸고, 자력으로 추진하던 기념관 건립 계획도 파산으로 끝났다. 이상백 박사와 장기영 위원이 생존해 있을 때만 해도 이 문제가 다시 거론되어 여기저기에서 큰 호응을 얻었으나 뜻을 가진 분들이 하나둘 세상을 떠나고 이젠 아쉬움만 남는다.

이리저리 굴러다니며 유실되어가는 내 삶의 증거들이 안타깝기도 해서 1979년 세계 아동의 해를 맞아 내 소장품 중 일부를 어린이회관에 내놓았다. 자라나는 어린이들에게 스포츠에 대한 이해와 꿈을 심어줄 수 있었으면 하는 바람이었다.

수집한 자료를 정리하는 손기정

손기정은 꼼꼼한 수집가였다. 자신의 사진과 지인들과 주고받은 편지, 올림픽 등 여러 대회에서 받은 우승 상품과 기념품은 물론 스포츠 관련 신문기사, 우표, 각종 대회 팸플릿 등을 주변 사람들의 도움을 받아 모으고 정리했다. 전쟁과 파산 등으로 그중 많은 자료가 분실되었지만, 그래도 다수의 소장품이 손기정기념관에 남아 그의 생애와 우리의 역사를 증언하고 있다.

　서울 성동구 능동에 있는 어린이회관의 올림픽 기념 전시실에는 1936년 베를린에서 우승할 당시의 사진과 금메달, 그리고 세계 각국을 순방하며 모은 갖가지 트로피, 메달, 사진, 프로그램, 기념 배지, 우표 등 1,500여 점의 자료가 진열되어 있다.[26]

　전시품 중에 특히 내 마음을 뭉클하게 하는 것은 윤치호 선생 등 국내 저명인사들과 각 도의 도민들이 그 어두운 시대에 마치 한 줄기 광명이라도 잡은 듯한 감격으로 내게 보내온 축전들이다. 일제에 핍박받던 우리 겨레에게 기쁨과 울분을 터뜨려 마침내 그 발로로 일어난 일장기 말소 사건, 그 당시의 기사들도 한 장 한 장 정성스럽게 모아 내놓았다. 그 외에도 나는 각종 경기대회에 참가하며 우리 스포츠계에 참고가 될 만한 자료들을 열을 올려 수집했다. 제1회 아테네 올림픽 화보, 제3회 세인트루이스 올림픽 기념 우표 등등.

어린이회관 올림픽 전시실에 들어서면 내 일생의 조각 조각들을 다시 만나는 듯 감회에 젖게 된다. 또한 이 전시실에 드나드는 어린이들과 내 생을 이야기하고 정을 나누는 듯하여 뿌듯해진다.

그동안 많은 귀중한 자료가 흩어져 없어지거나 개인 능력으로는 찾을 수 없게 되었다. 마라톤 우승 당시에 입었던 유니폼은 신의주 조카 정봉(正奉)에게 맡긴 후 전란으로 다시 찾을 수 없게 되었다. 광복 직후 모교 양정에서《양정체육사》발간을 위해 자료를 정리하던 한 후배가 나를 찾아왔다.

"손 선배님, 선배님의 우승을 축하해서 그리스 투구를 기증했다는 기사가 있는데 어찌 된 겁니까?"

그때까지도 나는 투구에 대해 전혀 아는 바가 없었다. 내게 직접 투구를 전해준 사람도, 또 투구를 받게 되었다는 이야기를 해준 사람도 없었다. 사실 신문 스크랩조차 내 손으로 일일이 할 수 있을 만큼 시간 여유가 있었던 것도 아니었다. 상당 부분은 나를 아끼던 벗들의 우정으로 이루어진 것이었다.

아직 마라톤이 시작되기도 전인 1936년 7월 19일자《요미우리신문》4면에서 나는 아테네에서 보내온 그리스 투구 기사 한 토막을 발견, 뒤늦게 복사해두었다. 그리스의 유력 신문인《브라디니(Vradini)》의 아라반티노스 사장이 이번 베를린 올림픽의 마라톤 우승자에게 자신이 소장하고 있는 기원전 6세기경 그리스 코린트에서 만들어진 청동 투구를 기증한다는 내용이었다.

1946년 8월 17일, 나의 세계 제패 10주년 기념식과 때를 같이해 비로소 《동아일보》에 '마라톤 우승자 손기정 씨의 이름을 새긴 고대 그리스 투구가 손기정 씨에게 증정되었으나, 일본이 전쟁 중에 흐지부지 처리했다'는 기사가 나갔고 나는 신문과 맥아더 사령부를 통해 투구를 찾아줄 것을 요청했다.

그러나 도대체 그 투구가 누구의 손에 의해 어떻게 처리되었는지는 물론 지금의 소재조차 분명하지 않았다. 1956년 베를린에서 세계군인 육상선수권대회가 열렸을 때도 수소문해 보았으나 독일 사람들이 모든 박물관의 유물을 전란을 피해 소개시켰다 해서 알아보지 못했다.

1976년 내가 투구를 찾고 있다는 신문 기사를 본 베를린 동포 노수웅(盧秀雄) 씨가 자신의 일을 제쳐놓고 1년 반이나 독일의 박물관들을 훑고 다니다 마침내 베를린의 샬로텐부르크 박물관에 보관된 문제의 투구를 찾아냈다. 서베를린의 샬로텐부르크 박물관 제5실 그리스관 제2호 전시함에 놓인 그 투구는 2,600년의 세월이 흐른 지금도 청록색 녹을 쓰고 원형 그대로의 우아한 모습을 지니고 있었다. 함께 전시된 여섯 개 투구 중 전시 번호 3번을 붙인 그 투구는 박물관에서 가장 아끼는 보물이라 했다.

'그리스 정부가 브라디니 신문사를 통해 1936년 올림픽 마라톤 우승자에게 증정한다는 선물. 독일올림픽위원회 소장.'

투구 앞에 붙여놓은 설명서에는 이렇게 씌어 있었다. 투구가 어떻게 독일올림픽위원회의 소장품이 되었는지에 대해서는 일본이 동맹

고대 그리스 청통 투구

1 손기정이 베를린 올림픽 마라톤 우승 기념으로 받은 고대 그리스 청동 투구다. 1986년 손기정에게 반환되어 1987년 독립기념관에 의탁했다가 1994년 문화체육부에 기증했다.

2 샬로텐부르크 박물관에 전시되어 있던 투구의 모습이다. 베를린 올림픽 마라톤 우승자에게 선물하기로 했던 이 투구가 어떻게 해서 샬로텐부르크 박물관에 전시되었는지는 알 수 없다. 독일에서 살고 있던 교민 노수웅 씨가 발 벗고 찾아나선 덕분에 투구의 행방을 알 수 있었다.

국인 나치 독일에 기증했다는 이야기가 전해질 뿐 게흐르그 박물관 장조차 자세한 연유를 모르고 있었다.

나는 투구를 되돌려 받기 위해 힘이 닿는 대로 백방의 노력을 기울였다. 일본 대표 육상팀 주장이었으며《마이니치신문》체육부장이던 오오시마 겐키치(大島鎌吉) 씨, 아테네신문대학원 교수이며 한국-그리스친선협회 회장인 타키스 파파야 노풀로스 씨 등이 투구 반환 작업을 위해 힘썼다. 이들은 투구가 베를린 올림픽 우승자인 손기정에게 반환되어야 한다고 독일 측에 촉구했다.

그러나 독일올림픽위원회의 대답은 전혀 다른 것이었다. 문제의 투구가 손기정 개인에게 증정된 것이 아니라 역대 올림픽 마라톤 우승자에게 전달하는 상징적인 기념품으로 기증받았다는 것이었다. 이러한 결정은 아마추어 선수에게는 어떠한 부상도 주어질 수 없다는 IOC 규정에 따른 것이라는 게 그들의 해석이었다. 타키스 씨는 즉각 반박문을 보냈다.

"투구는 브라디니 신문사가 정부로부터 베를린 올림픽 마라톤 우승자에게 주기 위해 정식으로 반출 허가를 얻어 제1회 아테네 올림픽의 마라톤 우승자인 스피리돈 루이스 선수단장을 통해 기증한 것이다. 그리스는 IOC의 아마추어 규정 때문에 투구를 IOC에 기증하지 않고 베를린올림픽조직위원회로 전달했다. 한발 양보해서 독일 측 주장대로 역대 올림픽 우승자에게 전달하는 상징적 기념품으로 받은 것이라면 왜 42년 동안 여러 번의 올림픽이 열렸는데도 역대 우승자에게 전달되지 않았는가. 투구가 샬로텐부르크 박물관에서 잠자고 있을 이유는 아무 데도 없다."

노병의 소망

타키스 씨는 또 《브라디니》의 당시 체육부장이었던 카피초글루 씨에게 사건의 내용을 전해 1936년 당시의 상황을 확인했다. 카피초글루 씨의 답장 내용은 이러했다.

'아라반티노스 사장은 당시 집권하고 있던 메탁사스 정부로부터 마라톤 우승자에게 기증한다는 조건으로 투구를 얻어냈고 반출 허가까지 받아 독일올림픽위원회에 보냈다. 내 기억으로는 독일올림픽위원회가 투구 기증에 대해 감사문을 보내오기는 했으나 우승자에게 투구가 확실히 전해졌는지에 대해서는 아무런 이야기가 없었다. 상당한 시간이 흐른 후에야 독일올림픽위원회가 박물관에 소장케 했다는 사실을 알았다. 이 문제를 해결하는 방법은 브라디니 신문사가 투구를 되찾아와서 마라톤 우승자에게 전달하거나 아니면 한국올림픽위원회 측에 돌려주어 일본의 침략하에서도 굳건한 민족정신을 키웠던 한국 국민들의 한 상징으로 한국 내 박물관에 보관케 하는 것이다. 한국 선수의 승리가 한국 젊은이들의 피를 끓게 하고 침략자에 대한 저항심을 높였다는 것은 매우 값진 일이다. 한 가지 의문은 브라디니 신문사와 그리스올림픽위원회, 한국올림픽위원회가 왜 서로 힘을 합쳐 당연히 되찾아야 할 투구의 반환 청구를 하지 않고 있느냐는 것이다. 투구를 반환할 수 없다는 독일올림픽위원회의 말은 히틀러 같은 선조들의 잘못을 되풀이하는 것일 뿐이다.'

카피초글루 씨의 말대로 우리 측은 아무런 외교적 교섭도 없이 이 문제를 수수방관, 투구 반환 문제는 내 가슴속에 한만을 남긴 채 아직 해결되지 않고 있다. 한국 신문에 게재된 내 비극적인 인생을 읽고 공감한 일본 분카방송(文化放送)의 젊은 기자 고바야시 쇼이치 씨가 그리스 투구의 수수께끼를 풀기 위한 탐문 여행에 나서 새로운 의문을 제기했다.

그는 거의 한 달 동안 베를린과 아테네를 방문, 영광의 투구는 1936년 베를린 올림픽 마라톤 우승자 손기정에게 돌아가야 한다는 결론을 자신의 기획 특집 프로그램에 실어 방송했다. 고바야시 기자는 이렇게 말했다. "투구가 손기정 씨에게 전달되지 않은 이유가 아리송하다.《브라디니》와 일본의 신문은 '투구는 IOC 결정에 따라 우승자의 이름만 새겨 베를린 박물관에 보관토록 한다'고 보도했었다. 그러나 그 뉴스의 출처는 모두 독일대사관일 뿐 IOC가 그런 결정을 내렸다는 자료는 없다. 카피초글루 씨가 IOC의 결정에 대해 독일대사관에 문의했을 때 대사관 측이 '그런 것은 알 필요가 없다'리며 답변을 거부한 사실을 밝혔다."

고바야시 기자의 추적대로 투구는 숱한 의문에 싸여 주인을 찾지 못한 채 베를린의 박물관에서 잠자고 있다. 나는 숨질 때까지 이 문제를 거듭 거론해 투구를 되찾을 수 있도록 노력할 작정이다.

에필로그

이날이 오기를 고대하고 있었다.
온 세계 사람들에게 나의 국적은 한국이고 이름은 손기정이라고
드디어 알리게 된 것이다. 나리를 가진 민족은 행복하다.
조국 땅 위에서 구김살 없이 달릴 수 있는 젊은이들은 행복하다.

바덴바덴의 감격

1980년 모스크바 올림픽은 사상 처음 공산권에서 열리는 올림픽이었다. 공산권이 세계 스포츠와의 벽을 헐고 1952년 헬싱키 올림픽에 처음 참가한 이후 28년 만에 올림픽을 개최하게 된 것이다.

우리 선수들은 더욱 좋은 성적을 거두기 위해 태릉선수촌에서 합숙하며 피땀 어린 훈련을 했다. 그러나 뜻하지 않은 정치 분쟁에 또다시 올림픽은 멍이 들었고, 우리 선수들은 4년의 수고가 덧없어지자 눈물을 흘려야만 했다. 소련이 아프가니스탄을 침공하자 카터 미국 대통령이 그에 항의해 올림픽 보이콧을 제안한 것이다.

1980년 5월 17일 대한올림픽위원회는 대한체육회와 합동 회의를 열고 한국 선수단을 파견하지 않는다는 최종 결정을 내렸다. 태릉선수촌에서 이 소식을 들은 우리 선수들은 눈물을 흘렸다. 그들에게 4년은 너무 긴 시간이다. 한번 놓친 기회를 되잡기란 실로 어려운 것이다.

모스크바 올림픽은 반쪽짜리 스포츠대회로 전락했다.[27] 미국인들은 모스크바 하늘에 비둘기 대신 독수리를 날리라고 야유했고, 개최국 소련도 폐막식에서 카드 섹션으로 올림픽 마스코트인 아기곰 미샤가 눈물 흘리는 모습을 연출, 불참국들에 대한 비난을 표시했다.

거듭 이야기하지만 스포츠와 정치는 엄격히 분리되어야 한다. 모든 인종과 종교와 정치와 이념을 초월해서 세계 평화를 위하는 것이 근대 올림픽의 근본정신이다. 올림픽이 더는 정치의 제물이 되어서는 안 된다.

1988년에는 대한민국에서 올림픽이 열리게 된다. 1981년 9월 독일 바덴바덴에서의 감동은 지금도 잊을 수가 없다. 내 평생 그렇게 즐거운 날은 없었던 것 같다. 내가 우승했던 독일 땅에서, 나를 울게 했던 일장기를 들고나온 일본과 대한민국이 경쟁한 결과 압도적인 승리로 올림픽 주최국으로 선정된 것이다. 개표 결과가 발표되는 순간 나는 이제 올림픽을 못 보고 눈을 감아도 여한이 없다고 생각했다. 압박받던 식민지에서 올림픽 개최국의 당당한 국민이 될 수 있다는 것은 얼마나 꿈같은 일인가.

서울 올림픽 유치설이 나돌기 시작한 것은 1979년이었다. 대한체육회, 서울시, 문교부가 잇따라 유치 계획을 발표하면서 국내는 올림픽 유치 무드에 들뜨게 되었다. 체육인들이 흥분한 것은 당연한 일이었다.

그러나 올림픽 유치가 마음대로 손쉽게 이루어지는 것은 아니다. 이웃한 일본의 나고야, 오스트레일리아의 멜버른, 벨기에의 브뤼셀, 브라질의 상파울루 등이 1988년 올림픽 유치운동에 나섰다. 더욱이 그리스는 1980년 모스크바 올림픽의 보이콧 사태 때부터 올림픽을 아테네에서만 개최하자고 주장해온 터였다.

 1981년 IOC가 올림픽 개최지를 결정하는 해까지 마지막으로 남은 개최 후보지는 서울과 나고야. 한국과 일본의 숙명적인 표 대결이 이루어지게 되었다. 8월 29일, 제11회 올림픽의회가 서독의 휴양지 바덴바덴의 쿠어하우스에서 시작되었다. 조상호(曺相鎬) 대한올림픽위원회 위원장, 정주영(鄭周永) 유치추진위원장, 박영수(朴英秀) 서울시장 등 서울 올림픽 유치 사절단은 이미 세계를 순회하며 유치 교섭을 벌이고 9월 중순 바덴바덴에 도착했다.

 나도 9월 20일 유치 사절단원으로 바덴바덴의 본단에 합류했다. 섭섭하게도 독일 땅에서 우승했던 나는 유치 사절단으로 큰일을 할 수 없다고 생각되었던지, 아니면 1963년 남북회담 때처럼 정치인들의 뒷전에 체육인들이 밀린 탓인지 처음부터 사절단에 포함되지 않았다. 나를 독일로 부른 것은 45년 전 베를린 올림픽의 영웅을 잊지 않은 독일 사람들이었다. 나는 9월 25일 열릴 서베를린 국제초청마라톤대회 본부의 특별 귀빈으로 초대된 것이었다. 뒤늦게 바덴바덴에 도착하자 그곳에서도 많은 독일 사람이 나를 융숭히 환대했다.

 나는 9월 22일 올림픽 유치를 위한 한국 전시관의 개관 테이프를 끊자마자 베를린 올림픽 마라톤에서 우승하던 때의 모습을 담은 기념엽서를 내방객들에게 선사, 한국 유치 사절로서 한몫을 했다. 많은 사람이 악수를 청했고 기념 촬영을 요구하며 한국관의 정성들인 준비에 찬사를 보냈다.

 9월 30일 오후 2시 반, 쿠어하우스 입구에 마련된 비밀투표소에서 서울이냐, 나고야냐, 1988년 올림픽 개최지를 결정하는 IOC 위원들

독일 바덴바덴에 설치한 서울전시관에서

1981년 9월 독일 바덴바덴에서 열린 제84차 IOC 총회에서 서울이 일본 나고야와 경쟁해 52대 27의 큰 표차로 1988년 올림픽 개최지로 선정되었다. 바덴바덴에는 서울전시관을 비롯해 올림픽 유치 신청 도시들의 전시관이 문을 열었는데, 한국관은 전통문화와 6·25전쟁 이후 발전한 서울의 모습을 보여주어 방문객들의 인기를 끌었다.

의 투표가 진행되었다. 쿠어하우스 앞에서는 '나고야에서의 올림픽을 반대한다'는 현수막을 든 일본인 올림픽 반대파의 시위가 계속되고 있었다.

3시 40분, 예정 시각보다 20분이나 앞당겨 사마란치 IOC 위원장이 회의장에 등장했다. 마이크를 잡은 그는 "개최지 결정 투표 결과 서울 52표, 나고야 27표" 하고 서울의 승리를 발표했다. 우리 사절단 일행은 껑충 뛰어 일어나 만세를 불렀다. 손수건을 꺼내 눈물을 닦는 사람도 있었다. 소감을 묻는 외국 기자들에게 나는 목이 메어 제대로 대답할 수도 없었다. 개최국으로서의 공식 서명을 하는 우리 사절단에게 각국 IOC 위원들은 뜨거운 기립 박수로 축하해주었다.

52표 대 27표. 뜻밖의 압승이었다. 한국 사람들과 일본 사람들의 표정은 너무나 대조적이었다. 우리 일행이 서로 부둥켜안고 감격과 기쁨을 나누고 있는 동안 일본 대표들은 낭패감과 당혹감을 감추지 못했다. 너무나 큰 표차였다. 이 승리를 기념해서 서울시청사에는 처음으로 올림픽기가 게양되었다.

내가 우승했던 독일 땅에서 서울의 올림픽 유치 확정 축하연이 벌어진 날 나는 〈아리랑〉, 〈도라지〉를 부르는 우리 사절단 앞에서 흥겹게 춤을 추었다.

서울 올림픽 개최 결정은 여러 가지 중요한 의미를 내포하고 있다. 세계 체육인들이 올림픽 정신의 재현 의지로 서울을 올림픽 개최지로 선정한 것이다. 정치 분쟁으로 반 조각난 모스크바 올림픽의 시련을 씻으려는 올림픽 위원들의 단호한 결의라고 볼 수도 있다. 인종, 국가, 종교, 정치를 초월하는 올림픽 정신의 발굴로 그들은 분단국 한국의 서울을 선택한 것이다.

치열한 올림픽 유치 경쟁에서 승리한 것과 동시에 우리는 인류 최대의 잔치인 올림픽을 성실하게 치러내야 한다는 성스러운 임무를 부여받았다. 이 임무는 서울시와 체육 단체만의 것이 아니다. 온 국민이 짊어져야 할 자랑스런 임무다. 서울시와 정부는 수십억 원을 들여 올림픽 시설을 완비할 것이라 한다. 지금 잠실에는 올림픽 경기장 건설의 해머 소리가 우렁차다.

우리는 이제 올림픽을 개최할 자랑스러운 국가의 국민으로서 새로운 마음의 자세를 갖추지 않으면 안 된다. 우선 모든 손님에게 친절해야 한다. 잘 사느니 못 사느니 해도 친절하자는 데에는 돈이 늘지 않는다. 새벽에 신문 배달 소년을 만나도 수고한다는 말 한마디 없는 게 우리의 인사성이다. 편지 배달부에게 고맙다고 인사하는 사람은 또 얼마나 되는가.

나는 즐겨 산을 오른다. 산은 말없이 우리에게 삶의 교훈과 감명을 주기 때문이다. 그러나 마주쳐 오가는 등산객 중에 서로 인사 나누는 법을 보지 못했다. 또 산에서는 내려가는 사람이 올라오는 사람에게 길을 열어주어야 한다.

서울 올림픽에는 수많은 선수단과 관광객이 몰려올 것이다. 친절은 하루 이틀의 연습으로 되는 일이 아니라 지금부터 가다듬어 두지 않으면 나라 망신을 큰돈 들여 사서 하는 꼴이 될 것이다. 올림픽 참가 선수단은 곧 그 파견한 나라의 대표가 되는 셈이다.

도쿄는 아시아의 첫 올림픽 개최지로 좋은 모범을 보였다. 맨발로 뛰어 우승했던 마라톤 왕자 아베베는 도쿄에서 황태자가 하사한 반지를 잃어버렸다. 그는 걱정하며 신문에 광고를 냈다. 마침 청소부가 그 반지를 주워 집에 가져갔다. 그의 딸이 신문에 난 광고를 보고 즉시 대사관을 통해 아베베의 반지를 돌려주었다. 아베베는 감사의 뜻으로 기념품을 전했다. 승리보다 더욱 아름다운, 가슴 뭉클한 미담이었다. 거기서 얻는 외교적 효과는 또 얼마나 큰 것인가.

길거리에 침 뱉기, 차도에 뛰어들어 택시 잡기, 경기장 아무 데나 쓰레기 버리기…. 우리는 지금 경기 시설을 마련하는 것보다 서둘러야 할 준비들이 너무 많은 것 같다.

미래의 힘찬 승전가를 꿈꾸며

내 인생의 마라톤은 아직 끝나지 않았다. 47년 전 그날을 떠올려 본다. 나는 지금 어디쯤 달리고 있는 것일까. 비스마르크, 그 가파른 언덕을 지나 메인 스타디움의 레이스 종착점을 눈앞에 둔 것은 아닐 까. 참 긴 듯하면서도 짧은 게 인생이다. 모든 것이 순간에 지나지 않 는다.

권태하, 김은배…. 나를 이끌어 주던 존경하는 많은 선배가 이 길 을 달려갔다. 권태하 선배는 1971년 10월 10일 뇌혈전증으로 65세 의 나이에, 김은배 선배는 1980년 3월 6일 심근경색으로 70세의 나 이에 저세상으로 갔다.

요즈음 나는 가끔 105리의 긴 마라톤 코스 위에 덜렁 나 혼자 남 은 듯한 외로움을 느끼곤 한다. 아직도 결승선에는 나를 위한 결승 테이프가 걸려 있을까. 누군가가 벌써 레이스는 끝났다고 걷어버리 지는 않았을까. 베를린 올림픽에서처럼 내 인생의 마라톤도 우승으 로 끝날지, 꼴찌로 끝날지 알 길이 없다. 그저 열심히 달려갈 뿐이다.

결승선에 뛰어들기 전에 내 할 일을 다했는지, 아직도 미련과 아쉬 움이 남는다. 갈수록 후퇴한다고 한탄만 하는 우리 마라톤계. 언젠가 "후배들이 선배의 명예를 지켜주느라고 우승을 사양하는 모양"이라 고 말해서 실소를 터뜨린 적이 있었다. 내가 눈감기 전에 우리 젊은 후배들이 태극기를 가슴에 달고 우승해서 46년 전 잃었던 내 국적을 되찾을 수 있기를 간절히 바란다.

우리 마라톤의 낙후에 대해 말들이 많다. 많은 젊은이가 돈과 인기를 좇아 다른 종목으로 관심을 돌리고 있는 탓도 있다. 스스로 고행에 나선 마라토너들조차도 더러는 어떻게 하면 쉽고 편하게 밥을 먹고 사느냐에 더 관심을 쏟는 것 같다. 마라톤 중흥을 위해 일부에서는 신기록을 내면 1억 원을 주겠다느니 하는 모험을 하고 있는 모양이다. 돈은 좋은 기록을 내서 우승한 후에 필요한 것이 아니라 낙후된 가운데 투자해서 좋은 기록을 내도록 하는 데 쓰여야 할 것이다. 승리는 결과보다 과정이 더욱 중요한 법이다. 공식 대입과 어려운 산술 과정을 거치지 않고 정답이 나올 수는 없지 않은가.

1945년 광복의 감격 속에 우리는 조선마라톤보급회를 결성했다. 모두 마라톤 부흥 외에는 다른 욕심이 없었다. 돈도 없었다. 여기저기 돌아다니다가 찬조금이 많이 걷힌 날에는 땀흘리는 선수들에게 설탕 다섯 숟갈 탄 물을, 적게 걷힌 날은 설탕 한 숟갈 탄 물을 마시게 했다. 모두가 극기의 정신으로 마라톤에만 몰두했다. 그 어려움 속에서도 서윤복, 함기용, 최윤칠, 이창훈 군이 세계 무대에 나가 한국 마라톤의 이름과 위신을 지켰다.

그러나 지금은 물질이 부족한 것이 아니라 사람이, 정신이 부족한 것 같아 안타까움을 느낀다. 한국 마라톤의 기록은 갈수록 세계 수준과 멀어지고 1976년 몬트리올 올림픽에는 부끄럽게도 마라톤 출전 선수마저 없었다. 부진한 한국 마라톤계에 자극을 주려고 일부러 선수를 파견치 않았던 것이다. 그러나 한 번 올림픽을 거름으로써 또 얼마나 우리 마라톤의 수준은 떨어지게 될 것인가. 그래서 원하던 자극제가 오히려 다시 일어나기 어려울 만큼 무거운 형벌이 되지는 않았는지.

1979년에는 모처럼 한국 마라톤의 장래를 걱정하는 사람들이 머리를 맞대고 새로운 발전책을 강구하는 반갑고 대견스러운 모임이 만들어졌다. 나를 비롯해 서윤복, 최윤칠, 함기용 씨와 돌아가신 김은배 선배도 함께 자리해 마라톤 후원회 준비위원회를 결성했다. 한국 마라톤 노병들이 이처럼 일치단결해 움직이기는 처음이었다. 나는 우리 마라톤에 대한 마지막 봉사의 기회로 여기고 준비위원장을 맡았다.

우리의 사명은 6,000만 원의 기금을 마련해 후배 선수들을 과학적이고 체계적으로 지도하고, 집중 훈련을 시킴으로써 로스앤젤레스 올림픽 때까지 2시간 16분 15초의 한국 최고 기록을 2시간 11분대로 끌어 올린다는 것이었다. 기금 조성 자체가 대단히 어려운 일이었다. 지금은 육상연맹 안에 마라톤강화위원회가 설치되어 5,000m, 10,000m, 마라톤 등 장거리 선수의 지도를 맡고 있다. 또 별개 단체로 재정을 담당할 한국마라톤후원회도 조직되었다. 약 3억 원을 자본금으로 출발했으나 그동안 선수들의 성적이 부진하다고 쓰지를 않아서 6억 원으로 불어났다 한다. 기록 향상을 위해 돈을 쓰라고 만든 후원회가 기록이 나빠서 돈을 쓰지 않았다니 알 수 없는 노릇이다. 후원회가 이자 증식을 위한 단체는 아닐 텐데.

한편으로 생각하면 오늘 우리 마라톤은 혹시 풍족해서, 먹고사는 데 큰 불편과 위협이 없어서 더 후퇴하는 것이나 아닌지. 다른 사람들이 열심히 한다면 우리는 더 열심히 하고, 다른 사람이 잘할 수 있다면 우리는 그보다 더 잘 해내야 한다.

한 길로 달려야 한다. 의지를 가지고. 승리로 가는 길은 오직 한 길

이다. 한 길로 달려 정상에 이르면 결국은 모든 것이 통한다. 내가 만
난 수많은 정치가, 예술가, 문학가, 재산가… 그들은 모두 제 나름대
로 한 길을 찾아 달린 사람들이었다.

무슨 일에든 미쳐야 한다는 김동길(金東吉) 교수의 말은 내 인생을
대변해주는 것 같다. 그의 말처럼 나는 발꿈치를 땅에 대어본 일이
없을 만큼 뜀박질에 미쳐서야 비로소 세계 제패의 꿈을 이루었다.
'미친 사람의 집념과 고집이 없었던들 어찌 식민지의 배고픈 젊은이
가 베를린 올림픽의 마라톤을 제패할 수 있었으리오.'

나의 마지막 소망은 후배 마라토너들의 힘찬 승전가를 들으며 눈
을 감는 것뿐이다.

"손기정! 코리아!"

1984년 로스앤젤레스 올림픽 폐회식이 시작했을 때 여름날의 불
볕더위는 사그라들어 있었다. 로스앤젤레스 올림픽조직위원회의 초
청을 받아 참석한 나를 포함한 여덟 명이 10만 관중에게 소개됐다.

가장 연장자였던 내가 제일 먼저 호명됐다.

"손기정, 코리아!"

분명 나를 '한국의 손기정'이라고 불렀다.

올림픽에서 늘 '손기테이(손기정의 일본식 발음)'라고 불려왔던 나
는 "손기정"이라는 소개에 신선함마저 느꼈다. 지금까지 1936년 베
를린, 1948년 런던, 1952년 헬싱키, 1960년 로마, 1964년 도쿄, 1968

드디어 나라와 이름을 되찾다

손기정은 1936년 베를린 올림픽 마라톤 우승자로서 1984년 로스앤젤레스 올림픽 성화 봉송 주자에 발탁되어 특별 초청자로 올림픽에 참가했다. 위 사진이 성화 봉송 당시의 모습이다. 폐회식에서 주최 측은 그를 '손기테이'가 아닌 "손기정, 코리아"로 소개했는데, 국적과 이름이 동시에 정확히 소개된 것은 이때가 처음이었다. 50년 가까이 흐른 뒤에야 손기정은 전 세계에 사신의 국적과 이름을 알리게 된 것이다.

년 멕시코시티, 1972년 뮌헨(특별초청), 1976년 몬트리올(특별초청) 올림픽에 참석했지만 이렇게 많은 관중 앞에서 분명히 내 이름과 국적을 불러준 적은 없었다. 나는 감격에 젖어 손을 크게 흔들었다.

그렇다. 나는 이날이 오기를 고대하고 있었다. 온 세계 사람들에게 나의 국적은 한국이고 이름은 손기정이라고 드디어 알리게 된 것이다.

'이것으로 비로소 나의 길고 긴 싸움은 끝났구나.'

이대로 인생이 끝나도 좋다는 생각이 들 정도로 감개무량했다. 눈시울이 뜨거워져 안경 너머로 보이는 관중석의 인파가 부옇게 흐려졌다.

나라를 가진 민족은 행복하다. 조국 땅 위에서 구김살 없이 달릴 수 있는 젊은이들은 행복하다. 그들이 달리는 것을 누가 막겠는가.

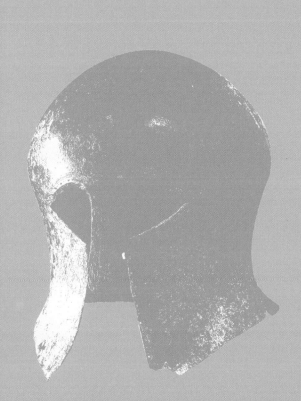

1984년 이후의 손기정

이준승(손기정기념재단 사무총장, 손기정 선수의 외손자)

50년만에 돌아온 그리스 청동 투구

서울 올림픽 개최가 확정되고 5년이 지난 1986년, 손기정 할아버지는 베를린 올림픽 마라톤 우승자에게 주어진 또 하나의 영예를 50년 만에 누릴 수 있게 되었다. 그리스의 브라디니 신문사 아라반티노스 사장이 베를린 올림픽 마라톤 우승자에게 선물한다고 했던 청동 투구를 드디어 돌려받은 것이다.

그 투구는 1875년 올림포스 제우스 신전 부근에서 발굴된 청동 투구로 그리스에서도 보물급 유물로 평가되었다. 원래는 IOC를 통해 마라톤 우승자에게 특별 부상으로 수여하려 했으나 아마추어 선수에게 고가의 부상을 수여할 수 없다는 IOC 규정에 따라 베를린올림픽위원회를 통해 마라톤 우승자 나라의 올림픽위원회(손기정의 경우 일본올림픽위원회)를 거쳐 우승자에게 전달하기로 했다.

그러나 베를린에서 일장기가 달린 운동복 착용을 거부하고 한글로만 사인하며, 해외 언론과 인터뷰를 할 때는 일본인이 아니라고 밝히는 데다 일본선수단 공식행사에는 무단으로 불참하고 조선인

1984년 이후의 손기정

들의 축하 행사에 참여한 손기정은 당시 일본올림픽위원회 관계자들에게 눈엣가시였을 것이다. 그래서인지 마라톤 우승자 손기정에게 청동 투구는 전달되지 않았다. 마땅히 손 선수에게 전달되어야 할 부상을 어떻게 모를 수가 있을까 생각하겠지만 당시 조선의 언론사는 베를린에 갈 수도 없었고, 모든 정보가 일본에 의해 통제되고 있었다.

할아버지는 1946년에야 부상품인 투구가 있었다는 것을 알게 되어, 그것을 찾기 위해 노력했으나 독일과 일본 모두 제2차 세계대전에서 패망한 상태여서 행정적인 절차가 불가능했다. 곧 한국에서도 6·25전쟁이 일어나 청동 투구를 찾는 일을 중단할 수밖에 없었다.

1976년, 베를린에 거주하는 한국 교민 노수웅 씨의 도움으로 청동 투구의 소재를 확인할 수 있었다. 이때부터 샬로텐부르크 박물관에 전시되어 있는 청동 투구 반환을 위한 실제적인 움직임이 일어났다. 한국-그리스친선협회의 타키스 회장, 1936년 일본육상대표팀 주장이었던《마이니치신문》의 오오시마 체육부장 등이 "청동 투구는 베를린 올림픽 마라톤 우승자 손기정에게 반환되어야 한다"고 독일올림픽위원회에 강력히 요청했다. 그러나 1970년대와 1980년대 초반의 대한민국은 국제적인 영향력이 미미했기에 받아들여지지 않았다. 계속되는 투구 반환 요청에 독일올림픽위원회는 복제품을 전달하겠다고 제안했지만 할아버지는 단호히 거절했다.

할아버지의 투구 반환을 위한 줄기찬 노력은 마침내 결실을 보았다. 서울 올림픽 개최 결정을 계기로 전 세계가 대한민국에 관심을 갖게 되었고, 손기정의 투구 문제도 알려지기 시작했다. 국제 여론이

50년 만에 주인에게 돌아온 청동 투구

1986년 베를린 올림픽 50주년 기념행사로 서독 베를린에서 '고대 그리스 청동 투구 전달식'이 열렸다. 손기정은 건네받은 투구를 머리에 써보며 기쁨을 감추지 않았다. 그는 "이 투구는 나만의 것이 아니라 우리 민족의 것"이라며 나라에 기증할 뜻을 밝혔다. 이 그리스 청동 투구는 서구 유물로는 처음으로 대한민국 보물(904호)로 지정되었으며, 현재 국립중앙박물관에서 전시하고 있다.

'청동 투구는 손기정에게 반환해야 한다'는 쪽으로 흐르자, 베를린 올림픽 50주년 되는 해인 1986년 서독올림픽위원회는 청동 투구를 손기정에게 되돌려 주었다.

　이렇게 할아버지는 자신에게, 그리고 우리 민족에게 주어진 두 번째 금메달, 또 하나의 영광의 상징을 되찾았다고 기뻐했다. 올림픽 개최 예정국이 되면서 1980년대 중반 대한민국의 국격이 높아져 투구를 돌려받을 수 있었다는 사실을 할아버지는 누구보다 잘 알고 있었다. 할아버지는 청동 투구가 "나만의 것이 아닌 우리 민족의 것"이라며 독립기념관에 의탁했다. 1994년에는 국립중앙박물관에 기증되어 모든 국민이 볼 수 있도록 전시되고 있다.

서울 올림픽의 성화 봉송 주자

1987년 나는 상계동 주공아파트에서 할아버지와 둘이 살기 시작했다. 거실과 방은 각종 사진과 자료가 담긴 액자와 올림픽 관련 기념품 등으로 빼곡했다. 수집한 자료에 대한 할아버지의 애착이 워낙 크기도 했지만 서울 올림픽에 따른 해외 언론과의 인터뷰를 대비한 것이기도 했다. 서울 올림픽 개막까지 1년도 더 남은 어느 날, 할아버지는 나에게 이제부터 새벽에 같이 달리기를 하자고 하셨다. 자신이 올림픽 개막식의 성화 봉송 주자가 될 것을 예상하고, 전 세계인에게 당당한 베를린 올림픽 마라톤 우승자 한국인 손기정을 보여주고자 한 것이다.

1988년 서울 올림픽의 개막식이 가까워지자 이번 올림픽의 최종 성화 봉송 주자는 누구인지에 많은 사람의 관심이 쏠렸다. 당연히 손기정이 가장 유력했고 해외 언론들도 대부분 손기정이 최종 성화 봉송 주자로 등장할 것이라고 예상했다.

그러나 개막식 3일 전, 잠실종합운동장에서 1972년 뮌헨 올림픽 마라톤 우승자 프랭크 찰스 쇼터(Frank Charles Shorter)와 함께 달리는 손기정의 모습을 비밀리에 촬영한 일본의 한 언론사가 "서울 올림픽의 최종 성화 봉송 주자는 손기정"이라고 특종 보도를 했다. 이에 서울올림픽조직위원장이던 박세직 씨는 하룻밤 새에 최종 성화 봉송 주자를 손기정에서 아시아 정상급 여자 육상선수였던 임춘애로 바꿔버렸다.

올림픽 개막식에서 최종 성화 봉송 주자로 당당한 한국인 손기정을 보여주려던 염원이 무산된 할아버지는 당시 나는 새도 떨어뜨린다는 신군부 출신의 박세직 위원장에게 직접 거칠게 항의했다. 할아버지는 그날 밤 분노하여 잠을 이루지 못했다. 어떠한 협의나 양해 없이 스포츠 비전문가들에 의한 일방적이고 경솔한 결정을 받아들이기 힘들어하셨다.

그렇지만 서울 올림픽 개막식 날, 온몸으로 기쁨을 뿜어내며 올림픽주경기장에 들어선 백발이 성성한 76세의 손기정은 어떤 각본으로도 만들어낼 수 없는 감동을 세계인들에게 전했고 경기장은 박수갈채로 떠나갈 듯했다. 아마도 역대 올림픽 성화 주자 가운데 손기정처럼 기쁨이 넘쳤던 사람은 없었을 것이다.

최종 성화 봉송 주자가 손기정이라고 보도하여 결과적으로 손기정에게 또 한 번 슬픔을 남긴 일본 언론사 관계자들은 할아버지를 찾아와 사죄했다. 할아버지는 몹시 혼날 각오를 하고 온 그들에게 기자란 특종을 위해 현장을 찾아다니는 직업이니 이해한다며 용서했다.

서울 올림픽 개회식이 끝난 후 할아버지는 이태영 기자[28]와 인터뷰를 했다. 할아버지가 느낀 환희와 기대 그리고 아쉬움이 이 인터뷰에 오롯이 담겨 있다. 인터뷰의 일부를 소개한다.

세상에서 가장 행복한 성화 봉송 주자

1988년 서울 올림픽 개막식 성화 봉송 주자가 된 손기정은 1년여 전부터 새벽 달리기를 하며 기쁜 마음으로 성화 봉송을 준비했다. 개막식을 3일 앞두고 서울 올림픽주경기장에서 프랭크 쇼터와 함께 달리는 모습이 공개되면서 최종 성화 주자의 자리를 놓치고 말았지만, 개막 당일 성화를 번쩍 들고 성성한 백발을 휘날리며 달리는 마라톤 노장의 모습은 격동의 근현대를 살아온 한국인뿐 아니라 전 세계인에게 감동을 선사했다.

서울 올림픽 개막식의 장관을 보고 나서 세계는 또 한 번 놀랐을 것이다. 세계의 언론이 이구동성으로 '환상적'이라느니, '현대와 전통문화의 멋진 조화'라느니, 찬사를 늘어놓고 있다. 분명 그들의 눈에는 경이롭게 비쳤을 것이며 모두 한국인의 저력을 의심할 수 없게 되었을 터다.

한 마디로 '우리나라가 이제는 이만큼 커졌구나' 하는 뿌듯한 자긍심을 갖게 되어 기쁘기 그지없다. 특히 나는 감회가 남다르다. 일장기의 가슴 아픈 사연을 갖고 살아온 나로서는 일본인들에게 자랑하고 싶은 게 있다. 이제는 우리가 남의 지배나 받고 사는 백성이 아니라는 사실이다. ……

혹자는 올림픽에 관하여 부질없는 우려를 하기도 하지만 나는 말한다. 스포츠의 순수함을 왜곡하지 말 것이며 우리 겨레의 얼과 슬기를 모독하지 말라고. 또한 오늘 나의 이 감동이 우리 사회의 갈등과 반목, 불신과 불만을 용해해주기를 바란다. 이미 우리 국민들의 빈틈없는 질서의식과 훌륭한 관전 태도에 대해 각국 선수단이 찬사를 보내고 있다. 지난 1986년 아시안게임 때 그랬듯이 이번 서울 올림픽 역시 아무런 소요나 사고 없이 끝날 것으로 믿는다. 이를 계기로 우리는 당당한 선진국 진입의 자격을 얻게 되기를 소망한다.

일본선수단이 손에 손에 태극기를 들고 입장하는 모습이 인상적이었다. 우리 관중들의 너그러운 박수 또한 보기에 좋았다. 또한 우리의 적대국이었던 중공(중화인민공화국) 선수단에 대해서도 야유를 보내지 않았다. 스포츠를 통한 우리의 평화 의지를 보여준 것이라고 말하고 싶다.

북한의 불참은 복잡한 여러 사정을 생각하게 한다. 올림픽 공동개최를 주장하다가 비행기 폭파와 같은 끔찍한 테러를 마다하지 않는 그들을 어떻게 이해하겠는가. 나는 1964년 도쿄올림픽 남북단일팀 구성을 위한 최초의 회담에 참석하여 분단의 아픔을 더욱 뼈아프게 실감한 바 있다. 스포츠 정신으로 마음의 문을 열기를 호소해 보았지만 얼음장 같은 정치의 장벽을 허물길이 없었다.

베를린 올림픽 50주년 기념행사에 초청받았을 때 빌리 다우메 서독올림픽위원회 위원장은 "한국 국민은 올림픽 개최국의 자격이 충분하다. 우리 사회에서도 한국인에 대한 인식이 크게 달라졌다"
고 말했다. 베를린 올림픽 당시 나와 함께 출전하여 세단뛰기에서
금메달을 따냈던 다지마는 나에게 이렇게 말했다. "일본 선수들이
과거와 같은 정신력을 잃어가는 반면 한국은 무서운 기세로 성장
하고 있다. 앞으로는 일본이 업신여김을 당할지 모른다."

자만은 자칫 퇴보를 부를 수 있다. 남의 칭찬에 너무 으쓱해져서는
안된다. 그러나 자만이 아닌 자신감은 국가적 난제를 풀어나가는
데 소중한 밑거름이 될 것이라고 믿는다. 서울 올림픽이 바로 그와
같은 국민적 자신감을 확인하는 마당이 되었으면 한다.

마라톤 장인 손기정

올림픽 마라톤의 결과를 예측하는 것은 어려운 일이다. 그런데 할
아버지는 신기하게도 올림픽 마라톤을 날카롭게 분석하고 예측하여
세 차례나 맞춰서 일본 기자들을 놀라게 했다.

1964년 도쿄 올림픽에서 일본 기자들이 손기정에게 몰려들어 "오
늘의 마라톤 결과가 어떻게 나올 것 같습니까?"라고 물었다. 그 물음
에 손기정은 이렇게 대답했다. "지금은 가을이지만 오늘처럼 구름이
끼어 꾸물꾸물한 겨울형 날씨에서는 일본 선수가 유리할지도 모릅
니다."

이 예상은 맞았다. 도쿄 메인 스타디움의 결승선에 에티오피아의
아베베가 가장 먼저 들어왔고, 영국의 바실 히틀리가 2위, 일본의 쓰

부라야 고키치가 3위로 들어왔다. 일본 선수의 첫 올림픽 마라톤 메달 획득에 성공한 것이다.

1984년 로스앤젤레스 올림픽 때도 일본 기자들은 할아버지에게 마라톤의 예상 결과를 물었다. "오늘같이 무더운 날씨에서는 우승 후보로 꼽히고 있는 선수보다 뜻밖의 무명선수가 금메달을 차지할 지도 몰라요." 이 예상도 적중했다.

당시 마라톤의 세계적인 스타는 미국의 알베르토 살라자르와 일본의 세코 도시히코였으나 찌는 듯한 무더위 속에서 치러진 그날 경기의 우승자는 포르투갈의 카를로스 로페스였다. 그는 마라톤 참가선수 중 가장 나이가 많은 37세였고 마라톤 출전 경험도 두 차례밖에 되지 않는 무명선수였다. 날씨가 무더우면 평소의 기록대로 달릴 수 없다는 것을 잘 알고 있던 손기정이 이변의 가능성을 맞춘 것이다.

1992년 바르셀로나 올림픽에서도 일본 기자가 마라톤의 예상 결과를 물었다. "이번에는 내가 보기에 한국과 일본이 우승 다툼을 벌이게 될 것 같아요. 바르셀로나가 지중해성 기후라서 아프리카 선수들이 힘을 발휘하기 어려울 겁니다." 손기정의 이 말을 듣고 질문한 기자는 일본 본사에 이 예상을 보내야 할지 말지 고민했다고 한다. 기록상 아프리카와 멕시코가 정상 다툼을 벌이게 될 것이라고 누구나 생각하고 있었기 때문이었다. 일본 기자는 망설이면서도 손기정의 예상을 기사화해서 내보냈다.

결과는 모두가 아는 대로 몬주익 언덕에서 한국의 황영조와 일본의 모리시타가 접전을 벌인 끝에 마지막 스퍼트로 황영조 선수가 금메달을 획득했다. "한일간의 대결이 될 것"이라던 손기정의 예상은

정확히 들어 맞았다.

손기정은 1992년 바르셀로나 올림픽이 열리기 전에 황영조의 우승을 내다보고 있었다. 기록으로는 도저히 황영조의 우승을 예상하기 어려웠는데, 할아버지의 눈에는 그의 가능성이 비쳤던 모양이다. 원래 할아버지는 바르셀로나 올림픽 한국 대표단의 대상자가 아니었다. 하지만 여러 경로를 통해 초청을 요청했고, 바르셀로나 올림픽에 참석해 마라톤 경기를 지켜볼 수 있었다. 그날은 1992년 8월 9일. 손기정 선수가 1936년 8월 9일에 베를린 올림픽에서 우승한 지 정확히 56년이 되는 날이었다.

할아버지는 황영조 선수의 우승에 "황영조의 가슴엔 일장기가 아닌 우리 태극기가 붙어 있다. 오늘은 베를린의 기미가요가 아닌 자랑스러운 애국가가 울려 퍼지고 있다. 오늘 드디어 56년 동안 맺혀 있던 한이 풀렸다. 영조가 내 국적을 되찾아주었다"라며 기뻐했다.

우리가 힘들 때 극복의 상징으로 함께하다

우리 민족 근현대사의 고난을 함께 한 손기정은 노년에도 우리나라가 위기에 처했을 때 다시 일어나자는 희망의 메시지를 주고자 주저 없이 나섰다. 1997년 11월 외환위기로 촉발된 IMF사태는 수많은 기업이 문을 닫고 실업자가 늘어나는 등 우리 사회 전체를 뒤흔들었다. 하지만 국민들이 '제2의 국채보상운동'이라 불린 '금 모으기 운동'을 시작하면서 예상보다 빨리 위기를 극복했다. 손기정은 이때도 광고캠페인에 참여하며 극복의 상징으로서 우리와 함께했다. 할아버지 갖고 있던 민족정신의 단면을 보여주는 사례라 생각되어 당시 광고캠페인을 기획한 실무자의 글을 소개한다.

1998년 하반기에 시행될 신규 광고캠페인의 콘셉트는 '믿음'이라는 기업의 궁극적인 목표 이미지를 달성하기 위해 "할 수 있다는 믿음-삼성"으로 결정되었다. 이는 대기업으로서 경제위기 극복을 위한 기업의 노력과 자세를 강조할 수 있다는 긍정적인 면을 가지고 있는 것으로 판단되었다.
손기정 옹(86세)을 모델로 선정한 것은 화제성과 광고 콘셉트에 대한 공감대 획득이라는 두 가지 측면에서였다. 일제하 암울했던 상황에서 국민들에게 용기와 희망을 주었던 손기정 선수가 86세의 노인이 되어 오늘의 어려움을 딛고 다시 일어서자는 내용을 잔잔한 내레이션을 통해 호소함으로써 '할 수 있다'는 의지를 강하게 표현할 수 있다는 점이 고려되었던 것이다.

"나는 돈을 받을 수 없소"

이러한 준비 끝에 우리는 분당의 손기정 선생 댁을 방문하여 기획의도와 취지를 설명드렸다. 86세의 고령으로 몸까지 불편하신 손 옹께서는 우리의 설명을 다 들으신 뒤 한 가지 조건만 충족시켜 주면 광고에 출연하시겠다고 말씀하셨다. 그것은 광고출연료를 한 푼도 받지 않으시겠다는 것이었는데, 그 이유는 당신의 조그마한 힘이라도 국민들에게 힘이 되어 다시 우리 민족이 잘살게 되고 IMF 위기를 극복하고 다시 일어설 수 있다면 그것으로 족하다는 것에서였다.

생각지도 못했던 뜻밖의 말씀을 뒤로 하고 손 옹의 댁을 나서면서 우리는 이 시대의 진정한 영웅을 뵙고 돌아간다는 뿌듯함을 느낄 수 있었다. 너무도 즐거운 밤이었다.

7월 9일 촬영 날 손 옹께서는 지난밤 촬영에 대한 기대감으로 흥분이 되어 제대로 잠을 주무시지 못했다고 하시면서도 불편하신 내색을 조금도 보이지 않으셨다. 평소 CF를 전혀 하지 않으시고 연기 경험도 없으신 데다가 성품이 강직하시다는 것을 익히 알고 있는 터라 전 스태프의 얼굴에는 긴장한 모습이 역력했다. 더군다나 손기정 옹이 누구인가? 교과서나 매스컴을 통해서만 보던 민족의 영웅이 아니던가? 그러나 우리의 이러한 걱정은 재촬영과 다시 해 보시겠다는 손 옹의 자발적인 말씀 속에서 어느덧 사라지고 없었다. 아침 9시부터 저녁까지 계속된 촬영현장에서 의자에 앉아 불편한 기색을 하지 않으시려고 애쓰시던 손 옹. 우리는 정말 큰사람 손기정을 느낄 수 있었고 존경하지 않을 수 없었다.

"우리가 누굽니까?" "못할 게 뭐입니까?"

이번 광고는 손기정 선수가 IMF 경제위기 속에서 힘들어하고 좌절해 있는 우리 국민들에게 새로운 분발을 촉구하는 내용으로 전개된다. 따라서 우리는 전체적인 내용에서 국민들에게 기억될 만한 키워드가 있어야겠다는 크리에이티브적인 고민에 빠졌다.

자칫하면 일반인들에게 거부감 있게 들릴 수도 있고 아니면 약해져서 전혀 전달력이 없게 될 수도 있기 때문이었다. 우리가 결정한 키워드는 마지막 부분에 손 옹이 국민들에게 간절한 바람을 이야기하는 것으로 결정되었는데 그것은 "우리가 누굽니까?"와 "못할 게 뭡니까?"였다.

촬영현장에서 우리는 손 옹의 목소리를 그대로 살려서 현실감을 줄 것인가 성우를 써서 전달력을 높일 것인가를 고민했는데 회의 결과 스태프들 대부분이 리얼리티를 높여야 한다는 데 의견의 일치를 보았고 현장에서 손 옹의 목소리를 녹음했다.

손 옹께서는 이북(신의주) 출신이어서 그런지 우리가 생각지도 못했던 사투리 "못할 게 뭐입니까?"가 나왔고 촬영현장은 온통 "못할

게 뭬입니까?"로 가득찼다. 촬영이 진행되는 동안 손 옹은 여러 차
례 "이제 친구가 되었다"며 오히려 제작진 및 스태프들에게 부담
을 주지 않으려고 하셨다. 그리고 스스로 부족하다고 생각되는 부
분에서는 다시 찍기를 자청하셨고 우리가 괜찮다고 말씀드려도 몇
차례 더 하신 후에야 멈추셨는데 한 컷이 끝날 때마다 자리로 돌아
와서 앉으시는 손을 부축하면서 등이 땀으로 축축해진 것을 알고
우리는 죄송스러운 마음을 떨칠 수 없었다.

집으로 돌아가는 차 안에서 우리에게 연거푸 고맙다는 말씀을 반
복하시는 모습에서는 우리 시대 살아 있는 '큰 어른'과 같이 있구
나 하는 생각마저 들었다.[29]

한국 스포츠계 영원한 별의 영면

할아버지의 응급실 방문주기가 점점 짧아졌다. 담당 의사 선생님
과 상의해 더는 응급 상황 시 연명을 위한 치료는 하지 않기로 했다.
90세 노인에게 심폐소생술은 의미가 없다고 했다.

2002년 11월 12일, 할아버지가 찾으신다고 해서 퇴근길에 어머니
집을 방문했다. 할아버지는 나와 단둘이 할 이야기가 있다며 어머니
에게 자리를 비켜달라 하고는 두 가지 유언을 남기셨다.

"나를 기억하게 해 달라. 그리고 내 딸인 네 엄마를 부탁한다."

그러고는 몇 시간 후 갑자기 호흡이 가빠져서 삼성서울병원 응급
실로 옮겨졌다. 의식 없이 산소호흡기에 의존해 힘들게 숨을 쉬는

할아버지의 모습은 마치 마라톤에서 마지막 결승점을 앞두고 전력 질주하는 것처럼 보였다. 할아버지는 15분 정도 남았다는 의사의 말이 무색하게 그 상태로 48시간을 버텼다. 그리고 국무회의에서 국립묘지 안장이 결정되었다는 소식을 듣고 살짝 미소를 띠고는 영면하셨다.

한국 스포츠계의 영원한 별이며 한국 근현대사의 전설이자 민족정신의 상징과도 같은 '영웅' 손기정은 2002년 11월 15일 새벽 생을 마쳤다.

장례식은 11월 17일 역대 올림픽 금메달리스트들이 운구하는 가운데 대한올림픽위원회장으로 엄수됐으며, 올림픽공원에서 노제를 올린 뒤 잠실주경기장과 모교인 양정고가 있던 만리동 손기정체육공원을 거쳐 대전현충원 국가유공자묘역에 안장됐다.

할아버지가 돌아가신 날 누구보다 슬피 울었던 사람은 서윤복 선생이었다. 그는 〈"조국을 위해 뛰어라" 불호령이 그립습니다〉라는 추모사를 중앙일보 지면을 통해 스승에게 바쳤다.

하늘이 무너지는 것 같았습니다. 땅이 꺼지는 듯한 느낌이었습니다. 간밤의 비보를 전해 듣고 한동안 손가락 하나 까딱할 수 없었습니다. 쩌렁쩌렁한 목소리로 후배들을 꾸짖으시던 선생님의 모습이 눈앞에 선한데 벌써 가시다니요. 부모를 여읜 자식의 심정이 이럴 듯 싶습니다. 이제는 먼 옛날이 돼버린 1936년. 저도 나이가 들어 정신이 맑지는 않지만 베를린 올림픽에서 우승하시던 선생님의 모습을 보고 육상을 시작했던 기억만큼은 또렷합니다. 먹고 살기도 어려웠던 그 시절. 후배들을 돈암동 자택으로 불러 먹이고 재우며 훈련을 시킨 그 은혜는 또 어찌 잊을 수 있겠습니까. 후배들의 훈련비를 마련하기 위해 은행을 돌아다니며 모금 운동을 하신 것은 오직 선생님만이 할 수 있는 일이었습니다. 선생님은 한국 마라톤의 아버지이자 저희의 아버지이기도 했습니다. "조국을 위해 뛰어라!" 저희들과 함께 돈암동 언덕길을 오르내리며 불호령을 내리시던 선생님의 목소리가 아직도 귓전을 떠나지 않습니다. 때로는 껄껄 웃으시면서 등을 다독대시던 모습도 눈에 선합니다. 제가 보스턴마라톤대회에서 우승하고 고국으로 돌아오던 여정은 유난히도 길었습니다. 비행기를 탈 돈이 없어 화물선을 얻어 타고 18일 만에 돌아왔을 때 환하게 웃으시던 그 미소를 다시 보고 싶습니다. 선생님은 "우승하고도 일장기를 가슴에 달아야 했던 한을 네가 풀어줬다"며 저를 격려해주셨지요. 그때를 생각하면 지금이라도 당장 운동장으로 달려나가고 싶습니다. 이듬해 런던 올림픽에서 저조한 기록을 내고도 제가 좌절하지 않고 다시 일어설 수 있었던 것 또한 선생님의 격려와 위로 덕분이었습니다. 어디 이뿐이겠습니까. 황영조가 스페인의 몬주익 언덕을 넘어 결승점에 1위로 골인할 때 마치 당신의 아들인 양 기뻐하시던 모습도 잊히지 않습니다. 말할 것도 없이 저에게도 참으로 행복한 순간이었습니다. 선생님에게 마라톤은 '삶'이자 '조국'이었습니다. 권력이나 돈에 연연하지 않고 오직 마라톤 발전에만 몸 바치신 선생님의 발자취야말로 후배들의 귀감이 될 것임을 믿어 의심치 않습니다. (중략) 쌀쌀한 초겨울. 뒷산에는 낙엽이 지고 있습니다. 지금의 이 슬픔을 이겨내기

란 42.195km의 마라톤 풀코스를 달리는 것보다 힘이 듭니다. 머지
않아 저도 선생님의 뒤를 따라야 하겠지요. 저세상에서 다시 뵐 때
는 선생님의 가슴에 일장기 대신 태극기를 달아 드리고 싶습니다.
고이 가시옵소서.

손기정의 이야기는 계속된다

장례를 치르는 동안 여기저기서 손기정기념관을 건립하겠다느니
부산에서 신의주까지 손기정 역전경주를 하겠다느니 기념사업을 하
겠다고 언론을 통해 발표했다. "나를 기억하게 해달라"던 할아버지
의 유언은 내가 나서지 않아도 잘 지켜질 것 같았다. 그러나 1년이
지나도록 그 어디서도 손기정기념사업을 추진하지 않았다.

2004년 손기정사이버기념관을 준비하던 중 극사실화 작가인 강형
구 화백과 세종문화회관 전시실에서 손기정자료전을 개최하게 되었
다. 전시회를 하면서 할아버지가 모아둔 다양한 유품의 가치를 되돌
아보게 되었다. 손기정 개인의 삶은 물론 민족의 역사를 품고 있는
이 물건들을 상자 속에 넣어두기만 해서는 안 되겠다고 생각했다.

2005년 손기정을 좋아하는 몇몇이 모여 손기정기념재단을 설립
했다. 강형구 화백의 그림 22점을 기본자산으로 하고 손기정 선수의
유족은 유품을 기증했다. 초대 이사장에 강형구 화백이 취임했고 재
단 사무실은 수원월드컵경기장의 한편에 자리를 잡았다. 재단 설립
첫해부터 손기정평화마라톤대회를 매년 개최하고 있으며 손기정평

화음악회를 통해 다양하게 할아버지의 이야기를 알리고자 했다.

마라톤대회나 음악회 이름을 지으면서 '손기정'과 어울리는 단어를 떠올려보았다. 도전, 극복, 나라 사랑… 그러다 할아버지의 삶에서 가장 필요했던 게 무엇이었을지 생각했다. 그건 '평화'였다. 일제 강점기가 아니었다면 손기정은 '슬픈 우승자'가 아니라 다른 올림픽 우승자와 같이 기쁜 모습으로 금메달을 목에 걸었을 것이다. 또 남북이 전쟁하지 않고 분단되지 않았더라면 한반도 한민족의 영웅으로 기억되었을 것이다.

손기정은 남한을 선택했다는 이유로 1990년대 김일성 회고록을 통해 소개되기 전까지 40여 년간 북한 사람들의 기억 속에 존재하지 않았다. 또 남한에서도 일부이지만 진영의 방어 논리로 1936년 베를린에서의 손기정 행적에 대해 세계가 인정하고 하물며 일본도 인정하는 민족정신을 친일이라 폄훼하고 왜곡하는 일이 벌어지고 있다. 일본의 식민지배와 6·25전쟁, 한반도 분단이라는 불행한 역사에서 비롯된 일들인 것이다.

불행한 시대를 산 '슬픈 우승자' 손기정에게 가장 필요했던 것, 그리고 다시는 손기정과 같은 '슬픈 우승자'가 나오지 않기를 바라는 마음을 담아 기념사업의 이름에 '평화'를 붙이게 되었다. 이러한 바람의 연장선에서 2007년 평양을 방문하여 임진각을 출발해 개성을 돌아오는 '손기정남북평화마라톤대회' 개최를 제의했고, 이후 정부에 사업을 제안했으나 안타깝게도 실행되지 않았다. 그러나 포기하지 않고 계속 시도할 것이다.

2012년에는 손기정 탄생 100주년을 기념해 서울 중구 만리동 손기정체육공원 내에 할아버지 평생의 염원이었던 '손기정기념관'을 건립했다. 기념관 건립을 주도한 제2대 김성태 이사장의 추진력이 없었다면 불가능한 일이었다. 손기정체육공원은 할아버지의 모교인 양정 교정이었다. 1936년 베를린 올림픽 출전 당시 할아버지는 양정 5학년생이었다. 양정에서 훈련한 선수 손기정은 1935년 11월에 2시간 26분 42초의 세계공인신기록을 세우고, 1936년 올림픽에서는 2시간 29분 19초 2라는 올림픽 신기록으로 우승했다. 그래서 옛 양정고보 교정, 지금의 손기정체육공원은 '도전의 성지'이자 '승리의 성지'라 할 수 있을 것이다. 또 일제강점기는 물론 6·25전쟁과 혼란스러웠던 한국의 현대사를 고스란히 겪은 손기정의 삶이 묻어 있는 역사의 현장으로, 역경 속에서도 결국 일어서는 한국인의 자긍심을 세계에 알릴 장소가 될 수 있기를 희망해본다.

2016년 베를린 올림픽 우승 80주년에는 가슴에 태극기를 단 손기정 동상을 서울 손기정체육공원과 독일의 베를린올림픽기념관 부근(당시 마라톤 코스)에 설치했다. 한국 외교관들이 가슴에 태극기를 단 모습 때문에 외교적 문제가 불거질 것을 우려해, 내가 직접 베를린에 가서 관계자들에게 설명하기로 했다.

1936년 베를린 올림픽 당시 할아버지가 일장기가 붙은 운동복을 거부했던 일, 일본어가 아닌 한글로 사인하며 한반도 지도를 그려준 일, 그리고 해외 언론과 인터뷰할 때 자신의 국적을 'JAPAN'이 아닌 'KOREA'라고 밝힌 일 등을 전하며, 동상은 세계열강들이 만든 현실로 인해 가장 영광스러운 자리에서 슬픈 모습으로 서 있었던 스물네 살 손기정에게 주는 선물이라고 설명했다. 베를린의 관계자들도 손

1984년 이후의 손기정

기정의 행적을 기억하고 있었기에 동상 설치를 환영했다.

손기정기념관은 2019년 도시재생사업의 일환으로 리모델링을 했지만 2012년 건립 당시보다 퇴보하여 문제점을 개선해 2022년 6월 재개관했다. 현재는 여러 기관에 소장품을 대여하는 등 활발한 교류를 통해 간접적인 전시도 하고 있으며, 손기정기념관 SNS 운영으로 온라인 소통을 강화하고 있다.

또 손기정의 삶을 다룬 영화 두 편이 대중과의 만남을 준비하고 있다. 먼저 해방 이후 국제무대에 처음으로 도전해 제자인 서윤복 선수를 우승시키는 마라톤 지도자로서 손기정을 조명한 〈보스턴 1947〉이 개봉을 앞두고 있다. 강제규 감독이 연출하고 손기정 역은 하정우 배우, 남승룡 역은 배성우 배우, 서윤복 역은 임시완 배우가 연기했다. 다른 하나는 1936년 베를린 올림픽 마라톤 우승자 손기정을 조명하는 전기영화로, 현재 제작을 준비 중이다.

"나를 기억하게 해달라"는 유언을 남기신 지 20년이 지난 현재, 할아버지가 염원했던 일들을 부족하지만 그래도 잘 진행해왔다고 생각한다. 지금까지 해온 일들을 바탕으로 손기정의 생애와 그가 추구한 가치를 세계인과 함께 이야기하며 건강한 세상을 만드는 데 기여하겠다는 마음가짐으로 다시 출발선에 서려 한다.

끝으로 1983년에 출판되었던 손기정의 자서전 《나의 조국, 나의 마라톤》 개정판 출간을 제안한 손기정기념관 한지혜 학예연구사와 출간을 흔쾌히 수락해 할아버지의 이야기를 다시 세상에 전할 수 있게 해주신 휴머니스트 출판사에 감사의 마음을 전한다.

부록

겨레와 함께 달린 민족사상의 큰 승리

—자강불식의 영원한 군자기상

안춘생(安椿生)[30]

역사는 단절 속에서도 연속된다. 그래서 우리의 끊어진 역사 일제 35년 속에서도 우리 민족사는 계속 달려야 했다. 망국에서 광복으로 달리던 형극의 역사길, 그 괴로운 역사의 가시밭길을 몸으로 달려 땀방울로 민족의 위대한 생명을 세계 역사의 높은 봉우리로 피어올린 영광스런 승리가 있었으니, 그것이 바로 1936년 제11회 베를린 올림픽에서 우리 대한 건아 손기정 선수가 거둔 눈물겨운 마라톤의 세계 제패였다.

옷깃을 여미고 생각해보자. 나라 잃은 젊은이가 눈물과 의지로 달려 거둔 세계 제패, 그것은 분명 나라를 가진 그 어떤 젊은이가 거둔 세계 제패보다도 의미가 큰 세계사적 발군의 금자탑이었다. 거기에는 망국의 비애를 이겨내야 하는 위대한 정신적 자기 극복이 있었고, 또 거기에는 나라 가진 어떤 젊은이보다도 빨리 달려야 하는 각고의 분투와 노력이 필요했다. 한마디로 일본을 포함한 온 세계 앞에서 대한 건아가 제패하였을 때 거기에는 진정 일본을 이길 활력이 있었고, 그래서 독립으로 가는 위대한 광복의 길이 분명 함께 열리고 있었다. 그것은 이 겨레가 모두, 괴로운 망국의 역사 앞에 함께 달려 위대하게 거둔 온 민족사적 자기 승리로 귀결된다. 당시 베를린 하늘 아래에서 손 선수 머리에 씌워진 월계관은 실상 이 땅의 온 민족이 함께 짊어져야 했던 가시면류관이었고, 그래서 손 선수의 가슴에 달렸던 저 일장기를 국내 신문에서 말소하였을 때 그것은 곧 이 땅 온 민족의 가슴속에 새롭게 태극기를 달아주는 광복을 향한 새 생명력이 분명했다.

손 선수가 세계를 제패하던 1936년, 나는 중국 중앙육군군관학교를 졸업하고 중국군의 육군 소령으로서 장쑤성(江蘇省) 쉬저우(徐州)에서 복무하는 한국인 청년 장교였다. 하루는 기숙사에 난징대학(南京大學)에 다니다 방학을 맞아 와 있던 여대생이 외출했다가 대서특필된 신문을 가지고 들어오면서 큰소리로 까오리(高麗)가 세계에서 우승했다고 외쳐댔다. 그녀는 자못 흥분하여 엄지손가락을 세워보이며 까오리가 세계 제일이라고 호언찬양했다. 그것이 바로 내가 처음으로 손 선수의 세계 제패 소식을 전달받은 감동적인 순간이었다. 중국 대륙까지 뒤흔든 우리 손 선수의 선풍, 그리고 한국이 세계 제일이라고 이국땅 여대생마저 감동시킨 한국 혼의 그 열기, 나는 40여 년이 지난 이 순간까지도 아직 그 감격을 잊을 수가 없다.

그 후 나는 광복군에 편입되어 항일독립전선에 투신하였는데 어느 날 갑자기 근거도 없이 우리 손 선수가 버마(지금의 미얀마) 전선에서 전사하였다는 비보가 들려왔다. 가슴이 미어지는 것만 같았다.

하지만 그것은 사실이 아니었고 한국인의 사기를 꺾기 위한 간교한 일본인들의 허위 전파였음이 밝혀졌다.

이같이 나를 감격시키기도 했고 안타깝게도 했던 그 뜻깊은 손 선수를 나는 광복 후 고국에 귀국하여 어느 환영 연회석상에서 처음 만났다. 기뻤고, 소중했고, 진지했다.

나와 손 선수의 만남은 평수(萍水)의 상봉이 아니라 진정 필연의 해후였다. 옛글에서 연상약(年相若)이요 도상사(道相似)라고 했는데, 비슷한 연대로 태어나서 망국의 비애를 의지 하나로 뚫고 달린 그 길 또한 서로 비슷했으니 광복된 조국 땅에서 우리의 이 만남이 어찌 평수상(萍水上)의 우연이었겠는가? 이제 그 소중한 손 선수가 아니, 그 보람찬 생으로 이제 사계(斯界)의 중진이요 강호의 선배가 함께 되신 어엿한 학발홍안(鶴髮紅顏)의 손기정 인형(仁兄)이 이제까지 지나온 자기 생애의 뛰어났던 훈적과 향훈 들을 한데 모아 죽백(竹帛) 위에 아름다운 한 폭의 수로서 엮으시니 여기에 바로 자전의 노겸(勞謙)과 계속(繼續)의 광영(光榮)이 함께 빈빈(彬彬)하기만 하다.

구의(舊誼)를 잊지 않고 머리글[31]을 청해 왔기로 만일에 불감당(不敢當)하나 사모하는 정분만은 누를 길 없어 여기 미충(微衷)을 무사(蕪辭)에 담아 붙여 보내니 다시 한번 인형이시여, 망지엄(望之嚴)이요 즉지온(卽之溫)이라 그 근엄 온화하신 의표(儀表)로서 오늘도 이 민족사의 길을 부디 뜻깊게 영원히 달려주소서. 군자는 본래 자강불식인지라 인형의 그 풍도(風度)와 기상(氣象)을 따라 유래의 군자국인 이 조국의 명운도 청창고강(靑蒼故彊)에서 함께 영원불식하리라.

거래와 함께 달린 민족사상의 큰 승리

손기정 선수의 자서전을 추천하며

—아마추어리즘의 상징

홍종인(洪鍾仁)[32]

올림픽의 왕자라는 영광은 멀리 그리스 시대에서 오늘에 이르기까지, 인간이 가진 최고의 체력과 정신력의 끈질긴 힘을 유감없이 보여준 마라톤 경주 승리자에게 돌아간다.

이제 1986년의 아시안게임과 1988년의 올림픽 개최국이 된 우리가 1936년 베를린 올림픽에서 마라톤 우승의 영광을 차지했던 손기정 선수와 3위에 입상했던 남승룡 선수, 이 두 분을 오늘 이 땅에 가졌고 다시 한번 그날의 영광을 자랑할 수 있다는 것에 우리는 큰 자부심을 가져야 할 것이다.

이러한 때 《한국일보》에 연재되어 큰 감명을 주었던 손기정 선수의 〈나의 이력서〉를 바탕으로 새로 집필한 자서전이 책자로 발간하게 된 것은 아주 뜻 있는 일이라고 아니할 수 없다. 나는 1936년 베를린 올림픽 당시 《조선일보》 사회부 데스크를 맡았던 기자로서 손 선수의 승리를 보도했을 때의 기억을 더듬어 여기에 실음으로써 손기정 선수 자서전 간행을 기념하고자 한다.

8월 9일, 승리의 그 날

8월 9일, 1936년 베를린 올림픽의 대미를 장식하는 최종, 최대의 경기인 마라톤, 26여 마일의 장거리 경주가 벌어지는 날이었다. 올림픽의 꽃이라 할 마라톤 경기에서 누가 승리할 것이냐 하는 예측은 여러 가지로 있을 수 있었다. 전번 올림픽의 우승자 아르헨티나의 자발라 선수도 유력한 우승 후보로 평판이 높았다. 그러나 아직 중학생이라고는 하지만 기록으로 보아 손기정 선수가 유력한 우승 후보라는 전망도 강력했다. 그런 만큼 손 선수에게 거는 국내의 기대와 우승을 비는 마음은 참으로 간절했다. 더구나 손 선수가 우승을 못하더라도 6위 안의 입상권에만 들어도 호외를 발행하여 우리 민족의 기세를 올려보자는 생각을 가슴에 품고 있었던 나를 비롯한 신문사 사람들에게 있어서는 더욱 그랬다. 이날 해가 저물고 밤이 깊어갈수록 초조할 정도로 가슴이 조여들었다. 그러나 우리가 은밀하게 진행하고 있던 호외 발행은 경쟁상대가 있는 만큼 신문사 내에서도 그리 알려지지 않은, 일종의 '비밀 아닌 비밀'로 되어 있었다. 그날은 마침 조간신문이 없는 날이라 승리의 호외로 온 장안 독자의 잠을 깨워줘야겠다는 생각에 초저녁부터 가슴이 부풀어 있었다. 그 당시 체육부는 독립된 부서가 아니었고 스포츠는 사회부 소관이었다. 스피드 스케이트 선수였던 고봉오 군과 또 한 사람의 기자가 스

　　　　　　　　　　　손기정 선수의 자서전을 추천하며

포즈를 담당했었는데, 고봉오 기자의 열성은 대단했었다. 특히 손기정 선수에 대한 기대는 일종의 신념처럼 굳었다. 그는 손 선수가 우승, 남승룡 선수가 2위 아니면 3위를 할 것이라 전망했다. 그렇지 못하다 해도 두 선수 중에서 한 사람이라도 6위 내의 입상권에 들어만 다오 하는 소망이 컸다. 그것은 일본인의 압제 속에 갖은 멸시와 수모를 받으며 살았을 뿐 아니라 운동선수까지도 여간 성적이 좋지 않고서는 대표선수로 뽑아주지 않는 서러움을 겪었기 때문이다. 이처럼 가슴에 맺힌 울분이 손 선수, 남 선수에 대한 기대를 더 크게 했던 것이다.

호외 수송 작전

호외 발행은 이미 '우승'을 차지했다는 걸 전제하고 두 페이지에 마라톤 관계, 육상 관계 기사며 손 선수, 남 선수의 끈기 있고 당당한 모습과 선수로서의 뛰어난 자질이며 품격을 소개하는 기사, 그리고 '이제 우리는 이겼노라' 하는 식으로 축하하는 '담화' 비슷한 것도 만들었다. 사진은 첫머리에 손 선수의 연습 때의 포즈를 큼직하니 만들어놓고 제목도 우승의 경우는 몇 단, 그렇지 못한 경우에는 몇 단으로 한다는 면밀한 계획하에 두 면의 판을 대충 짜놓고 승리의 낭보를 기다리고 있었다.

그러나 이 날 밤 호외 발행에는 몇 가지 더 신경을 써야 할 일이 있었다. 베를린과 서울 간의 시간 차이는 8시간인데, 마라톤 경기 출발 시간과 경기 시간 2시간 몇십 분을 감안하여 골인할 시간을 서울 시간으로 계산하니 10일 오전 1시 몇십 분에서 2시 가깝다는 계산이 나왔다. 이 시간에 기사를 받아서 호외를 발행해야 하니 여간 촉박한 일이 아니었다.

따라서 호외 제작 시간을 가능한 한 단축해야만 했다(다른 경쟁사에서도 우리와 다름없이 호외를 발행할 것이라는 것을 전제로 하고). 또 서울에도 빨리 배부해야겠지만 지방에도 최대한으로 신속히 배부하자면 당시로서는 가장 빠른 교통기관인 기차 편을 잘 이용하지 않으면 안 되었다. 당시 새벽 2시 20분경에는 평양과 신의주에만 정거하는 북행 특급열차가 서울역을 통과하고 3시 몇 분인가에는 대구·부산으로 직행하는 특급열차가 서울역을 통과하고 있었다. 우리는 어떤 일이 있어도 이 두 개의 열차 편에 호외를 실어야 한다는 작전을 세웠다. 한밤중의 호외 발행이라 배달원도 미리 불러두어야 했다. 그러나 이 작업 역시 다른 경쟁사의 배달원들이 눈치채지 않도록 소집돼야 한다는 주의도 각별했다.

골인 손기정 1착!

이윽고 밤은 깊어 자정이 지났다. 체육기자 한 사람은 통신사에 보내두었다. 그 당시 통신사는 일본 도쿄에 본사를 가진 반관(半官) 조직인 '도메이(同盟)' 통신사가 있어서 모든 외신을 통제·중계했는데, 서울에 그 지사가 있어 일본과 직통전화선으로 송신·수신을 할 수

손기정 선수의 자서전을 추천하며

있었다.

　새벽 1시가 지나면서 마음은 더 바빴다. 바로 내 데스크 앞의 전화는 아무도 건드리지 못하도록 하고 걸려오는 전화를 초조하게 기다리고 있었다. 몇 시인가 기억이 나지는 않지만 따르릉 소리와 함께 통신사에 배치된 기자로부터 전화가 걸려왔다. '골인, 손기정 1착!' 이란 소리가 고막을 울리는 순간 내 머리는 무엇인가 한 대 얻어맞은 듯 얼떨떨했다. 자리를 차고 일어서면서 곧 공장으로 달려갔다. 준비했던 '손기정 1위'의 큰 제목을 내걸고 있노라니, '2위에 영국 선수 하퍼, 그리고 곧 이어서 3위 남승룡!'이란 연락이 왔다. 어처구니가 없다 할 정도로 기뻤다. 그 순간 편집국과 공장이 벅찬 감격으로 떠들썩해졌다. 그러나 내 눈은 조판을 마무리하는 데만 쏠려 있었을 것이다. 1위에서 2위, 3위의 기록도 넣어서 호외가 여유 있게 제작된 솜씨를 보이려고 했다. 지형을 뜬다, 연판을 뜬다… 나는 아무 말도 없이 시계를 꺼내 들고 조판에서부터 제판까지 공원(工員)의 뒤를 따라다녔다. 그것은 곧 시간의 독촉이었다.

　윤전기가 돌아갈 무렵, 발송원에게 다시 재촉했다. '2시 차에 대야 한다, 호외에는 아무도 손을 대지 말라, 시내 배달은 뒤로 돌려라, 무슨 일이 있든지 2시 차편에 호외를 실어야 한다…' 2시 몇 분의 북행 열차는 평양에서 이 승리의 소식을 내려놓고 다시 손기정 선수의 고향 '신의주'로 가야 하는 것이다.

　그때 갑자기 비가 쏟아졌다. 거리엔 사람 하나 없었다. 그 당시 호외를 돌릴 때 신문 배달원들은 어깨에 어린애 주먹만 한 방울을 여남은 개씩 달고 절랑절랑 소리를 내며 달렸었다. 지방 발송이 끝나고 드디어 시내 배달 차례가 왔다. 배달원들은 신이 나서 새벽 거리를 달렸다. 그동안 비도 그치고 방울 소리는 더 요란스러웠다. 시민들은 새벽잠을 깨고 승리의 감격을 만끽했다. 호외! 호외! 승리의 호외! 베를린 올림픽의 왕자가 탄생한 승리의 호외!

이날 나는 손 선수 우승의 민족적인 감격과 함께 호외 경쟁에서 내가 몸담고 있던 《조선일보》가 완전한 승리를 거둔 기쁨을 맛보았다. 감히 덧붙인다면 필자의 한평생 기자 생활에서 가장 통쾌한 승리라고 할 수 있을 것 같다.

아침 좀 늦어서 신문사에 나갔더니 편집국장 자리에는 신의주, 평양, 대구, 부산에서 온 축하 전보가 수북이 쌓여 있었다. 친구들이 싱글벙글하면서 내게 악수를 청한다. "수고했어, 수고했어…."

베를린과의 국제전화

신문 보도 중에서 무엇보다도 신속이 생명인 작업 중의 하나가 호외이며, 또 화려한 경쟁 끝에 승리의 쾌감을 맛볼 수 있는 것도 호외다. 신문사가 가진 잠재력이 유감없이 발휘되는 것이 호외 발행이지만, 호외 발행 경쟁은 결코 '호외' 한 장으로 끝날 수는 없는 것이다.

신문 보도에는 사건이나 문제가 크면 클수록 폭발된 사실의 그 뒤를 끈기 있게 추적하는 일이 중요하다. 즉 폴로 업(follow up)이란 것이다. 8월 10일 새벽의 《조선일보》 호외는 손기정 선수가 마라톤 경수에서 20억 인류의 선두에 서서 골인했다는 결과만의 보도로 그쳤

손기정 선수의 자서전을 추천하며

을 뿐, 그동안의 경과라든지, 승리의 작전, 승리의 소감 등을 뒤쫓아 가며 묻고 들어, 온 시민에게 전해주어야 했던 것이다.

당시도 국제전화란 것이 있기는 했으나 독일 베를린과의 통화는 일본 도쿄에서만 가능했고 그나마 잡음이 심했다. 또 전송사진도 가능하다고는 했지만 너무 흐려서 인화된 사진에 다시 손질을 하여 그 럴듯이 그려 넣게 마련이었다.

그때 체육 담당 고봉오 기자야말로 극성이었다. 도쿄 지사에 전화를 걸어서 베를린의 손기정을 불러서 무슨 소리든 이야기를 시켜야 한다고 야단이었다. 도쿄 지사에는 한때 우수한 일선 기자로서 이름을 날렸던 김동진 지사장이 있었다. 베를린 국제전화는 개통된 지 얼마 안 될뿐더러 잡음 때문에 도쿄에서도 별로 이용되지 않았지만 억지가 사촌보다 낫다는 말이 있듯이 베를린 국제전화는 통했고, 그리고 베를린에서도 여기저기 수소문해서 간신히 손기정 선수를 전화통에 불러낼 수 있었다. 그때가 저녁때였다. 줄곧 전화통에 매달려 있던 고봉오 기자가 "도쿄, 도쿄… 베를린 전화요" 하면서 나를 붙들고 숙직실 딴 방으로 끌고갔다. 김동진 지사장은 어렸을 때부터 평양에서 한 학교에서 자란 친구요, 또 신문기자로서도 그는 《동아일보》, 나는 《조선일보》에서 같이 '총독부' 출입을 하던 터라, 전화를 통해 주고받는 말에도 호흡이 잘 맞아 넘어갔다.

…기자 생활 덕분에 베를린 국제전화도 처음 해보기는 했으나 무슨 소리인지… 잡음이 많아서…. 그런데 손기정은 전화통을 붙들고 엉엉 울어대기만 하잖아… 울기는 왜 울어… 기쁘잖아… 무슨 말이고 묻는 대로 보라고 야단을 해주었구먼…. 그리고 그곳에 전부터

살고 있는 안중근 의사의 사촌동생을 비롯한 몇몇 동포들의 저녁 대접도 받았노라고 하고…. 또 골에 들어갈 때는 힘껏 달렸는데 첫째 인지 둘째인지는 거의 생각이 없이 그저 달렸을 뿐이라구…. 가슴에 테이프가 와닿았을 때야 이제 다 뛰었나 하는 생각이 드는데 그때 같아서는 좀더 뛸 수 있을 것 같더라고…. 대강 이만해두고 적당히 만들어봐요. 손 선수도 가슴이 메어서 말을 잘 못 했지만 나도 가슴이 막혀 더 말이 아니 나가는데….

이런 식으로 도쿄와 통화를 한 것이 두 차례. 되도록 승리의 뒷이야기를 남김없이 엮어보려고 했다. 그런데 당시에는 일본 도쿄에서 한반도를 거쳐 만주로 가는 일본 항공회사의 여객기 편이 있었다. 《도쿄니치니치신문(東京日日新聞)》은 그 여객기 편에 신문을 실어 날으는데, 서울에는 오후 3~4시경이면 지금 충무로 어귀에서 50전에 팔고 있었다. 마침 석간을 끝내고 충무로엘 나갔더니, 손 선수의 사진이 실리기는 했으나 사진이 흐리게 나와 손 선수의 모습은 맨숭맨숭한 맨머리와 가슴에 붙인 소위 '일장기'가 뚜렷이 보였을 뿐, 조금도 우리의 관심을 끌 만한 손 선수의 장한 모습으로 보이지 않았다. '베를린의 손 선수'라고 하여 혹시라도 이런 사진을 복사해서 재탕하는 일이 있어서는 아니 되겠다 싶어 곧 신문사에 전화를 걸어서 "신문에 난 사진을 보았는데 그런 종류의 남의 신문에 난 사진을 복사해서 써먹는 따위 짓은 결코 해서 아니 된다"라고 굳이 일러두었다. 그런 짓은 아무도 뒤따라올 수 없는 승리의 호외와 그 뒤의 국제전화 기사를 욕되게 할 뿐이라고 생각했기 때문이었다.

그 후 또 며칠이 지나고, 손 선수 승리의 흥분도 어느 정도 가라

앉았을 때쯤 해서 신문을 검열하는 총독부 도서과에서 전화가 왔다. 좀 할 말이 있다고…. 검열관이란 까다로운 일본 사람을 만났더니 처음에 넌지시 《조선일보》의 호외며 베를린 국제전화 기사며 칭찬하는가 싶더니, 그다음 하는 말이 "그런데 《조선일보》에 보도된 손 선수 사진에는 어느 하나도 가슴에 일장기가 없으니 웬일이냐"는 것이었다. 기왕 그렇게 된 것은 그때 사정이라고 해도 이제라도 손 선수 가슴에 일장기를 붙인 사진을 내줄 수 없느냐고 간청하는 듯 압력을 넣는 것이다. 나는 신문기사란 타이밍이 중요하고 그날 그날의 '밸류'가 있어야 하는 것인데 지금에 와서 그런 사진을 무엇 때문에 다시 내야 하겠소. 신문사에 돌아가서 다시 의논해보마고 하고 돌아왔다. 다음날 신문에 그야말로 억지 춘향이 격으로 손 선수의 사진을 2단으로 적당히 실었던 기억이 지금도 생생하다. 편집국장은 "할 수 없잖느냐"며 쓴웃음을 지었다.

아무도 이용할 수 없는 아마추어리즘

그런데 한 가지 중요한 에피소드가 신문사 내에서 벌어졌었다. 바로 손 선수 승리의 호외가 나온 다음 날쯤, 아래층의 광고부장이 달려 올라왔다. "자, 이것 봐요. 이만하면 됐지" 하고 장한 듯이 펴 보이는 것이 손 선수가 달리는 사진을 신문지 전면에 붙여놓은 제약회사의 광고안이었다. 광고부장은 때를 놓칠세라 손 선수의 승리를 축하한다는 제약회사의 전면광고를 짜냈던 것이다. 그 자신에게는 훌

릉한 착상이었겠지만 편집국 안의 우리 몇몇은 '이제 무슨 짓이냐'고 야단을 쳤다. 이는 올림픽 우승자에 대한 큰 모독이다, 올림픽의 아마추어 정신을 훼손하고, 더 나아가서는 손 선수가 돈에 팔려 광고에 이용되고 있다는 오해를 가져올 뿐 아니라, 올림픽 규정에 정면으로 위배되는 일이어서 그 때문에 손 선수 승리의 명예가 박탈될 경우도 생각해야 한다고 편집국에서는 광고부장에게 엄숙히 타일렀다. 혹은 손 선수는 돈을 한 푼도 받은 바 없지 않느냐고도 말할지도 모르나 민족적인 승리의 영광을 제약회사의 선전광고에 이용하려 한다는 것은 올림픽 규정을 제쳐놓고라도 우리 사회의 일반적 윤리 도덕에도 어긋나는 일이라고 하지 않을 수 없다.

원래 스포츠의 기본 목적과 정신은 어디까지나 아마추어리즘에 있는 것이다. 손 선수의 사진을 제약회사 광고에 이용하려던 것은 옛날이야기라고 하겠지만 스포츠 정신을 바로잡아야 한다는 점에서 오늘에 더욱 크게 되살려야 할 교훈이 아닐 수 없다. 한마디로 말해서 금전적인 이익을 따라 이리 옮기고 저리 옮기는 사람은 진정한 운동선수가 될 수 없다는 것이 세계 스포츠계의 움직일 수 없는 법칙이요 여론인 것이다.

보라! 손기정 선수, 남승룡 선수는 오늘까지 아마추어 스포츠맨으로 일생을 바치고 있다. 자신들의 영예를 미끼로 어떤 이익을 얻은 바도 없고 추구한 적도 없다. 이는 어디까지나 베를린 올림픽의 왕자다운 의연한 스포츠맨십을 보이고 있음을 뜻하는 것이다. 그러기에 승리의 영광을 안은 지 50년 가까운 오늘에도 스포츠맨으로서 국제사회에서 깍듯한 존경을 받고 있는 것이다. 이런 의미에서 손기정 선수의 자서전 출판은 의의가 깊다고 할 것이다.

한마디 더 강조하고 싶은 것은 모든 스포츠맨은 애국자라야 한다는 것이다. 그럼 스포츠맨이 애국하는 길은 무엇인가? 그것은 오직 나라와 민족의 이름을 등에 지고 국제무대에 나간 이상, 지고 이기고 간에 모든 힘을 다하여 나라의 이름을 더럽히지 않도록 떳떳이 최선을 다하는 것이다.

최후의 일각, 13초

끝으로 한마디. 베를린 올림픽 후 거의 1년이 지났던가. 승리의 흥분이 나라마다 거의 식어갔을 무렵, 베를린 올림픽의 생생한 기록영화가 세계의 주요 국가, 주요 도시에 나타났다. 레니 리펜슈탈이라는 여자 감독의 지휘로 제작되었다는 이 영화는 당시 독일 영화의 수준을 세계에 과시한 기록영화의 압권이었다.

영화는 개회식으로 시작하여 10일간의 열전의 모습이 감동적으로 수록되었는데, 그 절정은 올림픽의 꽃 마라톤 레이스의 골인 장면이었다. 이 경기에서 손기정 선수는 비록 가슴에는 '일장기'를 붙였었다고 하나 우리 울분의 역사 위에 불길같이 타오르는 용맹과 끈기를 남김없이 보여주었다. 선두를 달리던 자발라는 중간에 쓰러지고 영국 선수 하퍼와 어깨를 나란히 하고 달리던 손 선수는 후반에 들어서면서 끈질긴 힘을 더 보이는 듯싶더니 결승점이 내다보이는 스타디움에 들어가 400미터를 한 바퀴 달릴 때는 더욱 힘차게 달리고 있었다. 이윽고 결승점 100미터를 앞두고는 결사적인 힘을 발휘, 놀라운 속도의 라스트 스퍼트를 보여주고 있었다. 마침내 골인 테이프를 끊었을 때, 만장의 환호가 장내를 메우는 가운데 또 하나의 요란스러운 아나운스가 터져 나왔다. "지금 골인한 손 선수의 마지막 100미터 기록은 13초"란 것이었다. 다시 박수와 환호가 터져 나왔다. 초인적인 역주(力走)였다. 26마일 4분의 1을 달리고도 그 당시의 단거리 선수의 기록 11초, 10초에 육박하는 스피드를 낼 수 있는 그 힘은 어디서 나왔을까…. 손 선수는 아직도 더 달릴 힘이 남았다는 듯이 아무도 없는 필드 한가운데서 한참 조깅을 하고 있었다. 그러는 동안 2위의 뒤를 바짝 뒤따라오던 남승룡 선수가 3위로 들어왔다. 남 선수도 늠름한 자세로 조깅을 하는가 하면 왼쪽 팔을 들어 자신의 손목시계를 들여다보고 있지 않은가…. 힘의 여력보다도 마음의 여유를 보여주는 스포츠맨들, 과연 우리의 자랑, 우리의 선수들이었다.

　1986년, 1988년에 아시안게임과 올림픽을 맞이하게 되는 나라, 우리 한국에서 베를린 올림픽의 왕자 손기정 선수가 그때와 다름없는 늠름하고 씩씩한 모습을 보여줄 수 있다는 것은 우리 모두의 다시없는 자랑이 아닐 수 없다.

중학생 티를 벗지 못했던 우리의 영웅

최정희(崔貞熙)[33]

　어느 날 나는 뜻밖에도 손기정 선생 전화를 받았다. "이번에 변변치 않은 글이나마 엮어 자서전을 내게 되었는데 거기 붙여서 글을 하나 써달라"는 부탁이었다. 나는 기쁜 마음으로 쓰겠노라고 응락했다. 전화를 끊고 앉았으려니 내 눈앞으로 다가오는 그때 그 모든 광경이 어제 일같이 또렷해지는 것을 느꼈다. 조선 사람, 조선의 아들이면서 일본 국기를 가슴에 달고 출전했던 가엾은 손기정 선수. 세계의 모든 나라를 물리치고 베를린의 올림픽을 제패하고 돌아온 장하고 자랑스런 손기정 선수의 그때 그 모습이 말이다.

　나는 삼천리사에 여기자로 입사한 지 얼마 안 되던 때였는데, 그때 주간 김동환(金東煥) 씨는 부산에 출장을 가고 없었다.

　"손기정 군이 베를린 마라톤을 제패했다는 보도를 읽고 여관방에서 울 수가 없어서 밖에 나와 먼 지평선을 바라보며 통곡을 하였소이다."

부산에서 주간이 사원들에게 보내준 이상과 같은 엽서를 지금은 작고한 박계주(朴啓周) 씨가 내게 건네주면서 "이 비분강개파께서 오죽했겠어요" 하고는 박계주 씨 자신도 눈시울을 붉혔던 것이다. 겨레의 아들 손기정 선수가 일장기를 가슴에 달고 뛰어야 했던 일이 너무나 가슴 아파《동아일보》는 일장기를 지워버린 사진을 신문에 싣기까지 했다.

악몽 같은 35년을 우리 겨레는 용케도 살아왔다. 죽지 못해 살았다는 말이 맞을 것이다. 죽지 못해 살아온 그 세월 사이에 우리의 손기정 선수는 탄생되었던 것이다.

국내에서 국외에서 마라톤을 제패한 장하고 자랑스런 선수들이 어찌 한두 사람뿐이었으랴마는 우리가 손기정 선수를 아끼고 보배롭게 여기는 까닭은 제 나라를 두고도 남의 나라 국기를 가슴에 달아야 했던 바로 그 가슴 아픔 때문이며, 일제에 억눌려 살던 어두운 시절에 민족의 저력을 세계만방에 떨쳐준 영웅이기 때문이다.

앞에서도 말했지만, 삼천리사에 여기자로 입사한 지 얼마 안 되는 나에게 주간은 떨리는 목소리로 "최 기자, 우리의 영웅을 만나보고 오시오" 하며 손 선수와의 인터뷰를 지시했다.

나는 손기정 선수를 만나러 간다고 생각하니 가슴이 무척 떨렸다. 한편으로는 자랑스럽기도 했다. 주간의 지시를 받은 나는 손기정 선수에 관한 여러 자료를 수집하기로 했다. 그때까지 나는 손기정 선수에 대해 아는 것이 하나도 없었다. 키가 어느 정도며, 얼굴이 못생겼는지 잘생겼는지. 지금같이 텔레비전이 있어서 중계방송이라도 했다면 어려울 것이 없었을 텐데 50년이 가까워오는 옛날 일이니 힘

　　　　　중학생 티를 벗지 못했던 우리의 영웅

이 들었다.

더구나 나는 길눈이 어두웠다. 그래서 손기정 선수의 하숙집을 미리 확인해두는 수고도 해야 했다. 손기정 선수가 학교를 파한 뒤에 만나야 하는 약속이어서 그날 나는 해가 질 무렵에야 그를 만날 수 있었다.

손 선수의 담임 선생 댁 건넌방 저쪽, 좀 떨어진 방에서 재빠르지 않은 동작으로, 어쩌면 탐탁지 않은 몸놀림으로 봉당 아래로 내려서는 손 선수는 예상외로 중학생 티를 벗지 못하고 있었다. 조금 실망했으나 모든 사람이 '우리의 영웅'으로 떠받드는 인물에 나 혼자 실망을 느낀다면 그건 오히려 손해라는 생각이 들어서 마음을 돌리고 미리 준비한 질문을 던졌다.

"여자 팬들한테서 편지가 많이 옵니까?"

"예…. 우리 어머니한테서 왔어요. 그것도 다른 사람이 대필한…."

너무 멋이 없는 응대였다. 매력 있는 짤짤한 대꾸였더라면 하고 바랐으나 오히려 손기정 선수의 매력은 짤짤하지 못한 데 있는 듯해서 호감이 가기도 했다.

"마라톤 코스는 먼 거리였겠지요? 그 먼 거리를 달리며 무슨 생각을 하셨어요?"

"생각할 게 뭐 있어요 뛰었지요. 그저 뛰었지요. 42.195km나 먼 거리를 아무 생각 없이 뛰었단 말입니다. 이기겠다는 생각뿐이었지요."

"구두니, 양복이니, 이발두 평생 해드린다는 독지가들이 있다니 반갑고 다행한 일이에요."

"예, 그렇죠. 그렇다나 봐요" 하며 남 이야기하듯 했다.

그 후 과연 손 선수가 처음의 약속대로 대접을 받았는지는 알 길이 없다. 그러나 아무러면 어떠랴. 손기정 선수가 그런 데 관심이 있는 분도 아닐뿐더러 그 당시 우리 사회의 분위기가 우리의 영웅 손 선수에게 무언가 바치고 싶었고 무슨 방법으로든 그 빛나는 업적을 기리고 싶었다는 걸 나타내는 하나의 삽화일 뿐이다.

그로부터 어느덧 50년 가까운 세월이 흘러, 그날의 영웅 손기정 선생은 고희가 지났건만 아직도 젊은이 못지않은 정력으로 우리 스포츠계의 상징처럼 우뚝 서 있는 것을 볼 때 지극히 마음 든든한 바다.

| 손기정 연보 |

1912	8월 29일 평안북도 신의주에서 출생
1928	신의주 약죽보통학교 졸업
1928	신의주 동익상회·안둥 동익공사 취직
1932	양정고등보통학교 입학
	제2회 경영마라톤대회(단축) 2위
1933	제3회 경영마라톤대회(단축) 우승
	제9회 조선신궁경기대회 마라톤 우승(2:29:34, 비공인세계기록)
1934	제2회 풀마라톤대회 우승(2:24:51, 비공인세계기록)
1935	제1회 전일본마라톤대회 우승(2:26:14, 비공인세계기록)
	제1회 전조선마라톤대회 우승(2:25:14, 비공인세계기록)
	제3회 풀마라톤대회 우승(2:24:28, 비공인세계기록)
	제8회 일본 메이지신궁경기대회 마라톤 우승(2:26:42, 세계공인기록)
	아버지 손인석 별세
1936	제11회 베를린 올림픽 마라톤 우승(2:29:19:2, 올림픽 신기록)
	미국 헬름스 체육상 수상(아시아 대표)
1937	일본 아사히신문 체육상 수상
	양정고등보통학교 졸업
	보성전문학교 입학(1학년 1학기 중퇴)
	일본 메이지대학 입학
1939	'뛰어라! 걸어라!' 전국 순회 캠페인 전개
	강복신과 결혼(1944년 사별)

1940	일본 메이지대학 법학과 졸업
1941	딸 문영 출생
1942	어머니 김복녀 별세
1943	아들 정인 출생
1946	조선마라톤보급회 발족
1947	제51회 보스턴마라톤대회 선수단 감독(서윤복 우승)
1948	대한체육회 부회장
	제14회 런던 올림픽 선수단 기수
1949	대한체육회 경기공로상 수상
1950	제54회 보스턴마라톤대회 선수단 감독(함기용·송길윤·최윤칠 1~3위 석권)
1951	조선방직주식회사 상무이사
1952	제15회 헬싱키 올림픽 선수단 기수, 마라톤 국가대표팀 감독(최윤칠 4위)
1956	풍국제분주식회사 사장(~1970)
1957	대한민국체육상 수상
	서울신문사 체육상 수상
1958	제3회 아시아경기대회 참석(마라톤 이창훈 우승)
1959	대한체육회 공훈상 수상
1960	제17회 로마 올림픽 참석
1963	대한육상경기연맹 회장
	남북단일팀 구성을 위한 남북체육회담 참석(스위스 로잔)
	딸 문영, 마라토너 이창훈과 결혼
1964	제18회 도쿄 올림픽 참석
1966	제5회 방콕 아시안게임 선수단장
1968	제19회 멕시코시티 올림픽 참석
	국제육상경기연맹 공로상 수상
1970	국민훈장 모란장 수상
	일본 오시마스포츠문화상 수상
1971	한국올림픽위원회 위원
1972	제20회 뮌헨 올림픽 특별초청 참석
1973	부관페리주식회사 이사

1976	제21회 몬트리올 올림픽 특별초청 참석
1978	동양실업주식회사 판매 회장
1979	한국올림픽위원회 상임위원
1981	서울올림픽위원회 조직위원
	베를린국제마라톤대회 초청 참석
	서울올림픽유치대표단 참가(제84차 IOC 총회, 독일 바덴바덴)
1982	국제육상경기연맹 창립 70주년 특별기념상 수상
	대한체육회 마라톤강화위원장
1983	자서전 《나의 조국, 나의 마라톤》 출간(한국일보사)
1984	제23회 로스앤젤레스 올림픽 특별초청 참석
1985	한국올림픽위원회 상임고문
	일본 월드컵국제마라톤 특별초청 참석
1986	베를린 올림픽 마라톤 우승 특별 부상 그리스 청동 투구 반환
1987	로스엔젤레스마라톤대회 및 뉴욕마라톤대회 특별초청 참석
	비킬라 아베베상 수상
1988	제24회 서울 올림픽 성화 봉송 주자
1992	제25회 바르셀로나 올림픽 참석
1993	삼성문화재단 문화체육 고문
1995	올림픽 100주년 기념 아테네마라톤대회 특별초청 참석
1996	베를린 올림픽 60주년 기념행사 참석
1997	고려대학교 경영학 명예 학사
	원광대학교 대학원 명예 철학 박사
2000	국민체육진흥공단 마라톤팀 고문
2001	삼성전자 육상팀 고문
2002	11월 15일 타계
	체육훈장 청룡장 추서

1   역전경주(驛傳競走)는 도로를 달리는 장거리 릴레이 경기로, 1917년 일본에서 시작되었다. 정해진 형식은 없지만 보통 6명 정도의 선수가 5~20km를 나눠 달린다.

2   월사금(月謝金)은 매달 학교에 내던 수업료로, 오늘날 학교 등록금과 같다.

3   조선신궁경기대회는 1919년 일제가 서울 남산에 세운 신사인 조선신궁 봉찬 대회로, 1925년 10월 15일 경성운동장(지금의 동대문운동장) 개장을 기념해 조선체육협회가 제1회 대회를 개최했다. 매해 열린 이 종합경기대회는 조선 전역 13개 도의 대표선수들이 출전해 활약했으며, 일제가 총력전 체제에 돌입하기 전인 1942년 제18회 대회까지 개최되었다.

4   경영마라톤대회는 지금의 동아마라톤대회의 모체로, 1931년 3월 고려육상경기회 주최, 동아일보사와 조선체육회 후원으로 제1회 대회가 열렸다. 경성과 영등포를 왕복하는 23.2km의 구간으로 광화문 동아일보 사옥에서 출발해 태평통(지금의 태평로), 남대문, 한강인도교(한강대교), 노량진, 영등포역을 돌아오는 코스였다. 일장기말소사건으로 동아일보가 무기한 정간 처분을 받아 1937년 봄(7회)·가을(8회) 대회가 무산되었다. 제10회 대회부터는 동아일보사가 단독 개최했으나 또다시 일제의 탄압으로 중단되었다가 해방 후 1954년에서야 '경영 간 단축마라톤대회'로 재개되었다. 1964년 제35회 대회부터 '동아마라톤대회'로 이름을 바꾸고 42.195km의 풀코스 대회로 열리게 되었다. 자서전에서 손기정은 동아일보사 주최로 밝혔지만, 정확하게는 1939년부터 동아일보사 단독 주최였다.

5   메이지신궁경기대회는 일본체육협회가 주최한 일본의 종합경기대회다. 1924년부터 1943년까지 14회 개최되었디.

6   랩타임은 중장거리 경주에서 트랙을 한 바퀴 돌 때 걸리는 시간을 말한다. 수영, 스케이트, 육상 등의 경기에서 측정하며, 이 시간을 통해 경기 중 선수의 힘의 안배 경향을 알 수 있어 기록을 예측할 수 있다.

7   당시 마라톤 정규 거리는 일정하지 않았다. 가나구리가 참여한 마라톤 일본 예선 경기는 스톡홀름 올림픽(1912) 마라톤 거리를 기준으로 진행되었는데, 그 거리는 40.2km였다. 최초의 근대 올림픽인 1896년 제1회 아테네 올림픽 마라톤 때는 40km, 1908년 런던 올림픽 때는 지금과 같은 42.195km, 1920년 앤트워프 올림픽 때는 42.75km로 올림픽 주최국의 사정에 따라 거리가 달라졌다. 1924년 파리 올림픽 때에야 42.195km로 마라톤 거리가 확정되었다.

8   가나구리는 1912년 스톡홀름 올림픽 당시 26.7km 지점에서 일사병으로 쓰러져 근처의 농가로 옮겨졌다. 다음날 농가에서 깨어난 그가 올림픽 조직위원회에 기권 의사를 표시하지 않고 그대로 귀국하는 바람에 경기 도중 행방불명으로 기록되었다고 한다. 이후 그는 1920년 앤트워프 올림픽 마라톤에 출전해 16위를 기록했고, 1924년 파리 올림픽 마라톤에서는 기권했다.
1967년 3월, 스웨덴 올림픽위원회가 스톡홀름 올림픽 개최 55주년 기념행사에 가나구리를 초청해 결승선을 통과하는 이벤트를 열었고, 가나구리는 마침내 스톡홀름에서의 레이스를 마칠 수 있었다. 그날의 기록 54년 8개월 6일 32분 20초 3은 세계 최장 마라톤 기록으로 기네스 세계 기록에 올라있다.

9   1935년 3월 21일 일본 도쿄에서 열린 순회 마라톤대회의 코스가 일본육상경기연맹의 정식 계측을 거치지 않은 비공인 코스라는 이유로 손기정과 스즈키의 기록은 공인받지 못했다.

10   1933년까지 독일체육위원회(Deutscher Reichsausschuss für Leibesübungen, DRA)가 독일의 여러 체육 단체를 관리하고 있었다. 같은 해 집권한 나치가 한스 폰 차머 운트 오스텐을 체육위원장(Reichssportführer)으로 임명, 모든 체육 단체를 통합해 나치의 관리하에 두기 위해 독일체육위원회를 해산하고 독일체육연맹(Deutscher Reichsbund für Leibesübungen, DRL)을 설립했다. 1938년에는 국가사회

주의체육연맹(Nationalsozialistischer Reichsbund für Leibesübungen, NSRL)으로 명칭을 변경, 나치(국가사회주의독일노동당)의 공식 산하 조직으로 격상했다. 오스텐은 1943년 사망할 때까지 이 조직을 이끌었다.

11 제시 오언스 박물관 홈페이지의 소개에 따르면, 오언스의 할아버지가 노예로 미국에 왔고 부모는 목화를 재배하는 소작인이었으며, 형제자매는 오언스를 포함 10명이었다. 어린 시절 가난 때문에 목화 수확 철이 되면 학교에도 가지 못한 채 부모를 도와 목화밭에서 온종일 일해야 했다. 힘든 시간 속에서 오언스는 혼자 달리기 시작한다. 그는 훗날 "나는 항상 달리기를 좋아했습니다. 잘 하진 못했지만 내가 가진 힘으로 혼자서 할 수 있는 일이라 좋아했어요"라고 말했다. 오언스가 여덟 살이 되던 해에 그의 가족은 남부의 흑인 차별을 피해 오하이오주 클리블랜드로 이사했고, 1927년 중학교 입학 후 육상부의 찰스 라일리 코치를 만나 육상선수로서 올림픽 챔피언을 향한 변신을 시작했다.

12 1936년 8월 3일 제시 오언스는 100m 경기에서 첫 금메달을 땄다. 메달리스트를 불러 축하 인사를 하던 히틀러가 이때는 오언스를 만나지 않았다. 오언스가 흑인이기 때문에 거부한 것이라 알려졌지만, 히틀러가 오언스를 향해 손을 흔들었다(또는 경례했다)는 신문 보도가 있었고, 1936년 10월 열린 미국 공화당 집회 연설에서 오언스가 그 보도 내용이 사실이라고 밝혔다. 오언스는 "히틀러는 나를 무시하지 않았다. 날 무시한 것은 우리 대통령이었다. 그는 나에게 전보조차 보내지 않았다"라고 덧붙였다. 실제 프랭클린 루스벨트 미국 대통령은 베를린 올림픽에서 우승한 아프리카계 미국인 선수 18명의 우승을 공개적으로 축하하지 않았고, 올림픽이 끝난 후 백인 선수들만 백악관에 초대되었다. 1976년에서야 제럴드 포드 미국 대통령이 오언스에게 자유의 메달을 수여함으로써 오언스의 업적은 국가적으로 인정을 받았다.

13 레니 리펜슈탈은 1972년 뮌헨올림픽조직위원회에 기록영화 촬영을 제안했으나 거부당했다. 가명의 사진기자로 참여한 리펜슈탈은 비록 영상은 아니었으나 사진 필름에 뮌헨 올림픽을 기록했다. 그의 사진은 영국의《선데이 타임스 매거진(Sunday Times Magazine)》에 실려 찬사를 받았다. 리펜슈탈은 101세가 되던 2003년에 암으로 사망했는데, 불과 한 해 전 직접 다이빙해 촬영한 기록영화 〈수중의 인상(Impressionen unter Wasser)〉을 발표하는 등 사망 직진까지 영화

감독이자 사진작가로 활발히 활동했다.

14 최정희는 실제 1906년 생으로, 출생신고 연도는 손기정과 같은 1912년이다.

15 1936년 베를린 올림픽 마라톤 우승 당시 손기정이 히틀러에게서 받은 나무는 사실 월계수가 아닌 참나무다. 올림픽 월계관은 월계수로 만들지만, 독일 베를린 올림픽 때는 참나무로 월계관을 만들어 우승자에게 참나무 묘목과 함께 수여했다. 양정 교정에 심어진 그 나무는 1982년 서울특별시 기념물로 지정되었고, 지금도 손기정기념관(옛 양정 교정) 옆에 자리하고 있다.

16 라파엘레 만가니엘로(1900~1944)는 파시스트당 고위 간부로 1940년 11월부터 1943년 7월까지 이탈리아올림픽위원회 의장을 맡았다.

17 조선육상경기연맹은 대한민국 정부 수립 후 대한육상경기연맹으로 이름을 변경, 지금의 대한육상연맹(2016)에 이르렀다.

18 일본은 조선 청년들을 대동아전쟁에 동원하고 독립운동가들의 사기를 저하시킬 목적으로 손기정이 군에 자원입대하여 필리핀상륙작전에 참여했다 전사했다는 거짓 정보를 흘렸다.

19 보스턴마라톤대회는 미국 매사추세츠주 보스턴에서 매년 개최하는 국제마라톤대회다. 1773년 미국 독립전쟁의 도화선이 된 보스턴 차 사건이 일어난 후 영국과 북아메리카 식민지 사이의 갈등이 깊어지고, 북아메리카 식민주들의 독립을 위한 본격적인 움직임이 일었다. 1775년 4월 19일 영국군은 이 독립군을 진압하기 위해 쳐들어왔다(렉싱턴 전투). 주민들은 무기를 들고 이에 맞서 싸워 독립을 이루어냈다. 그 후로 매사추세츠주와 메인주는 매년 4월 셋째 주 월요일(1968년까지는 4월 19일)을 '애국자의 날'로 정하고 각종 기념행사를 열었다. 그러던 중 보스턴체육협회 회원이자 초대 미국 올림픽 팀매니저 존 그레이엄(John Graham)이 1896년 아테네에서 열린 제1회 근대 올림픽 마라톤 경기에 크게 감동해, 애국자의 날을 기념하며 1897년 보스턴마라톤대회를 시작했다. 이 대회는 미국 내 대회에서 처음 외국 선수들이 참가하는 국제대회로 성황을 이루어 오늘날 가장 권위 있는 국제마라톤대회로 성장했다.

20 미코 히에타넨의 마라톤 개인 최고 기록은 1947년 보스턴마라톤대회 기록인 2시간 29분 39초이다. 1946년 유럽육상선수권대회 마라톤에서 2시간 24분

55초로 1위를 했지만, 코스 거리가 40.1km로 짧았기 때문에 신기록으로 기록되지 않았다. 따라서 그는 마라톤 세계 기록을 보유하지 않았다. 그러나 히에타넨은 1946~1948년 3년 동안 중장거리에서 6개의 세계 기록을 세웠다.

21 하트 브레이크 힐은 보스턴마라톤대회 코스 중 뉴튼의 네 개 언덕 중 마지막 언덕이다. 보통 '심장이 터질' 것 처럼 달리기 힘든 언덕으로 알려져 있다.《보스턴글로브》기사에 따르면 '하트 브레이크 힐'이라는 이름은 1936년 보스턴마라톤대회의 한 장면에서 유래했다. 타잔 브라운은 지난해 대회 우승자인 존 켈리보다 앞서 선두로 달리고 있었다. 언덕이 시작되는 지점에서 켈리가 브라운을 추월하며 격려하듯 그의 어깨를 두드렸다. 이에 자극받은 브라운은 마지막 언덕에서 켈리를 따라잡아 선두로 나서 1위를 차지했다. 켈리는 언덕에서 앞서 달려나가는 브라운을 추격하느라 체력을 소진해 5위에 그치고 말았다. 당시《보스턴글로브》기자 제리 네이슨은 이 언덕에서 "켈리는 상심(heartbreak)했다"라고 보도했다. 1907년《보스턴글로브》기사에서도 "가슴이 찢어질 듯한 언덕들(heart-breaking hills)"이라고 언급된 적이 있지만, 1936년 네이슨의 보도 이후 '하트 브레이크 힐'이라 불리게 되었다.

22 1956년 멜버른 올림픽은 하계 올림픽이지만, 남반구라는 개최지의 지리적 특성상 11월 22일~12월 8일에 열렸다. 소련은 올림픽 개막 전인 1956년 10월 23일에 일어난 헝가리 혁명을 2주여 만에 무력으로 진압, 이에 항의하는 스페인과 네덜란드, 스위스 세 나라가 멜버른 올림픽에 최종 불참했다(스톡홀름에서 열린 승마 경기에만 참가).

23 가포네 대회는 신흥 국가들이 벌이는 경기대회로 1963년 제1회 대회가 인도네시아 자카르타에서 열렸다. 영어로 'Games of the New Emerging Forces'라고 하여 '가네포(GANEFO)'라는 약칭으로도 불린다.

24 손노디는 하와이에 이민한 한인 여성으로, 하와이에서 범미태평양부인연합회 한인 대표와 한미친애회·한미친선회 회장, 하와이동지회 임원 등을 지내며 이승만의 독립운동을 지원했다. 그 공로로 대한민국 정부 수립 후 귀국해 외자구매처장, 대한적십자사 부총재, 대안부인회 외교부장을 지냈다.

25 종신연금세도는 오늘날의 경기력향상연구연금으로, '체육연금'이라고도 부른다.

26 어린이회관에서 보관하던 손기정 선수의 자료는 2009년 손기정기념재단에 반환되었고, 2012년 손기정기념관이 건립되어 지금은 손기정기념관에서 소장·전시하고 있다.

27 1980년 제22회 모스크바 올림픽은 서방 국가들이 참가하지 않음으로써 최종 80개국만 참가, 참가국이 가장 적은 올림픽으로 기록되었다. 공교롭게도 1984년 제23회 올림픽은 미국 로스앤젤레스에서 개최되었는데, 이때 소련을 포함한 공산권 국가들이 올림픽 보이콧을 하면서 다시 반쪽짜리 대회가 되풀이되었다.

28 이태영 기자는《동아일보》일장기 말소 사건을 주도한 이길용 기자의 셋째 아들이다. 그 역시 아버지처럼 체육 기자(중앙일보)로 활약했으며, 대한체육회에서 펴낸《불멸의 혼 손기정》을 썼다.

29 이 글은 제일기획 사보 1998년 9월호에 당시 윤석준 제일기획 차장(현 부사장)이 기고한 〈우리가 누굽니까? 못할 게 뭐입니까? '98 삼성 공동브랜드 광고캠페인 "할 수 있다는 믿음-삼성"〉이다.

30 안춘생(1912~2011)은 황해도 벽성 출신으로 안중근의 종질(從姪)이다. 안중근의 이토 히로부미 저격 사건으로 일제의 탄압을 피해 1917년 가족이 만주로 망명했다. 1936년 중앙육군사관학교를 졸업하고 중국군에 있다가 1940년부터 한국광복군에 소속되어 항일운동을 벌였다. 광복 후 귀국하여 육군사관학교 교장, 국방부 차관보, 제9대 국회의원, 제5대 광복회장, 독립기념관건립위원회 위원장 등을 지냈다.

31 1983년 발행된 손기정 자서전 초판에는 안춘생의 글이 서문으로 실려 있다.

32 홍종인(1903~1998)은 평안남도 평양 출신으로, 1925년《시대일보》에 들어가며 기자 생활을 시작했다. 1926년부터 조선일보사 사회부 기자로 있으면서 1936년 베를린 올림픽 당시에는 사회부 차장, 1938년 이후에는 사회부장 겸 체육부장을 지냈다. 1940년 일제에 의해《조선일보》가 폐간되자 매일신보사로 자리를 옮겨 사회부장·정치부장·체육부장으로 있었다. 해방 이후 다시《조선일보》로 복귀, 조선일보사 회장, 한국신문편집인협회 위원장 등을 역임했다.

33 최정희(1906~1990)는 1931년《삼천리》기자로 일하며 단편소설〈정당한 스파이〉를 발표하여 소설가로 데뷔했다. 1934년 조선프롤레타리아예술동맹(KAPF) 사건에 연루되어 구속되었다가 1935년 무죄로 풀려났다. 1939년 조선총독부에서 결성한 조선문인협회 간사를 지냈고, 여러 친일 작품을 펴내며 조선임전보국단 결전부인대회 등에서 강연을 하는 등 일제에 협력했다. 해방 후에는 작품을 발표하며《주부생활》주간, 한국여류문학인회 회장 대한민국예술원 대표위원 등을 지냈다.

나의 조국 나의 마라톤

손기정 자서전

1판 1쇄 발행일 2022년 8월 9일

지은이 손기정

발행인 김학원
발행처 (주)휴머니스트출판그룹
출판등록 제313-2007-000007호(2007년 1월 5일)
주소 (03991) 서울시 마포구 동교로23길 76(연남동)
전화 02-335-4422 **팩스** 02-334-3427
저자·독자 서비스 humanist@humanistbooks.com
홈페이지 www.humanistbooks.com
유튜브 youtube.com/user/humanistma **포스트** post.naver.com/hmcv
페이스북 facebook.com/hmcv2001 **인스타그램** @humanist_insta

편집주간 황서현 **편집** 최인영 이영란 **디자인** 김태형
조판 홍영사 **용지** 화인페이퍼 **인쇄** 청아디앤피 **제본** 민성사
사진 제공 및 구입처 손기정기념관, 대한체육회, 헬로포토, Alamy.com

ⓒ 손기정기념재단, 2022

ISBN 979-11-6080-880-3 03910